KB260390

대한민국 복지국가

회고와 전망 21세기 첫 10년대 한국의 복지

대한민국 복지국가

회고와 전망 21세기 첫 10년대 한국의 복지

초판 1쇄 발행 2013년 1월 25일

기 획 참여연대 사회복지위원회
엮 음 남찬섭

기획편집 권혁기, 이주연, 양송희
마 케 팅 김범수, 이광택, 김성은
관   리 유승호, 양소연
디 자 인 하주연, 이지선
인터넷사업부 백윤경, 이정돈

펴 낸 곳 사회복지전문출판 나눔의집
등록번호 제25100-1998-000031호
등록일자 1998년 7월 30일

주   소 서울시 금천구 가산동 60-3 대륭포스트타워 5차 1105호
대표전화 02-2103-2480 **팩스** 02-2624-4240
홈페이지 www.ncbook.co.kr / www.issuensight.com

ISBN: 978-89-5810-089-8(93330)

대한민국 복지국가

회고와 전망

21세기 첫 10년대 한국의 복지

참여연대 사회복지위원회 기획 / 남찬섭 엮음

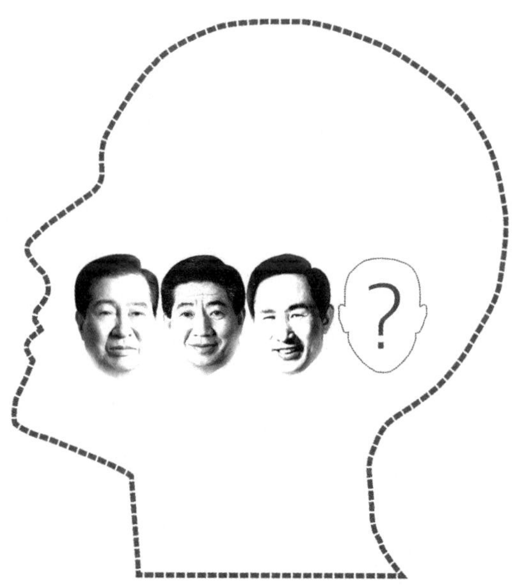

사회복지 전문출판 나눔의집

한국 현대사는 참으로 극적인 반전과 굴곡의 역사를 거쳐 왔지만 21세기 첫 10년대의 기간도 정치·사회·경제적으로 어느 기간에도 뒤지지 않을 소용돌이 같은 시간을 거쳐 왔다. 우선 이 기간은 국민의 정부로부터 참여 정부에 이어 MB 정부라는 3개의 정권이 차례로 등장하였던 기간이다. 또한 정치적으로 이 기간은 민주화로 시작하여 반反민주화로 끝났다. 경제적으로 이 기간은 IMF 경제위기로 시작하여 그 끝도 경제위기로 마무리했다. 사회적으로 이 기간은 양극화와 노동시장 유연화로 시작하여 양극화와 유연화의 극치로 치달았다. 이런 소용돌이 같은 굴곡과 반전은 복지에도 여실히 나타났다. 21세기 첫 10년대 한국은 복지국가의 본격적 발전을 위한 '때늦은' 고군분투로 시작하였지만 이 노력을 벌인지 10년이 채 되지 않아 복지국가를 위한 노력 자체가 그 근본부터 불투명해지는 상황으로 내달리고 있다. 복지국가 건설 노력에서 이와 같은 굴곡과 반전이 나타난 원인은 여러 가지로 진단할 수 있을 것이다. 복지국가 건설을 위해 노력했던 국민의 정부와 참여 정부의 정책적 한계도 원인으로 들 수 있을 것이다. 실제로 일부 학자들은 이 두 정부의 복지정책을 신자유주의적인 것이라고 규정하면서 비판해왔다. 그러나 복지국가 건설을 위해 노력했던 두 정부가 한계를 가졌던 것은 분명하지만 그 한계를 두 정부의 신자유주의적인 복지정책이 아니라 다른 데에서 구할 수도 있다. 그것은 아마도 산업화 시대의 복지모형과 탈산업화·지구화 시대의 복지모형 양자가 주는 한계였다고 할 수 있을 것이며 또 발전주의적 유산의 뿌리가 상상을 초월할 정도로 강고하다는 데에서 주어진 한계였다고 할 수 있을 것이다. 한국의 복지국가 건설 노력은 결국 산업화 시대를 전제한 복지모형을 발전시키려는 시도와 탈산업화·지구화·저출산·고령화 흐름에 따른 복지조정을 추구하려는 시도가 뒤섞인 채 진행되었던 것이며 이것이 여러 국내적 요인과 함께 어울려 복지국가 건설 노력에 제약요인으로 작용하였던 것이다.

이 과정에서 수많은 쟁점이 등장하였고 이 쟁점을 둘러싼 수많은 논란과 갈등이 전개되었다. 처음에 나타난 쟁점은 논란과 갈등을 거치면서 성격이 전화되기도 하고 그렇게 전화되면서 새로운 갈등을 불러일으키기도 하였다. 아직도 많은 갈등과 논란, 긴장을 안고 있는 한국의 복지국가는 이제 '때 이르게도' 그 많은 갈등과 논란, 긴장을 시장적이고 반민주적인 방식으로 해결하려는 길로 너무나도 급하게 들어서고 있는 것처럼 보인다. 혹자는 MB 정부 기간 사회지출이 크게 늘어난 것은 아니라 할지라도 초기의 예상처럼 후퇴나 축소가 없었으므로 한국의 복지국가도 큰 후퇴는 없는 것이 아닌가라고 할지도 모르겠다. 하지만 21세기 첫 10년대 한국의 민주정부가 벌인 복지국가 건설 노력에서 우리는 복지국가를 사회의 다른 부문과 관계없는 것처럼 가정하고 그것의 확충을 위해 노력하는 것이 얼마나 헛된 것인지를 너무나 뼈저리게 깨달았다. 복지국가를 둘러싼 조세제도를 왜곡시키고 경제의 운용을 왜곡시키고 반민주적이고 시대착오적인 정치환경과 언론환경을 조장하고 노동시장의 민주적 운영을 억압하는 등 MB 정부가 저지르고 있는 모든 행태들 – 이 행태들은 한마디로 반민주적이고 반상식적인 행태라 할 수 있을 것이다 – 은 한국 복지국가의 앞날을 지극히 불투명하고 부정적인 것으로 만들고 있다. 복지개혁을 위해 나름의 청사진 – 부족한 점은 있었지만 – 을 가지고 노력했던 민주정부와 달리 복지에 대한 아무런 비전도 없는 MB 정부가 반민주적으로 내지른 정책이 한국 복지국가에 큰 영향을 미치게 된다면 그것이야말로 역사의 아이러니라 하지 않을 수 없을 것이다. 최근 범사회적으로 벌어지고 있는 복지국가 논쟁은 MB 정부 기간에 저질러진 무모함으로 한국의 복지 나아가 한국사회 전반이 더 이상 휘둘리지 않게 그리고 그 무모함의 영향을 반전시키고자 하는 열망의 반영이다.

이제 우리는 21세기의 두 번째 10년대를 맞이하면서 그 첫 10년대에 한국의 복지국가가 어떤 과정을 거쳐 왔는지를 정리하고 그 의미를 생각해 보고자 한다. 21세기 첫 10년대 한국의 복지국가에는 어떤 일들이 있었던가? 어떤 쟁점이 있었고 그 쟁점들은 왜 발생했으며 어떤 갈등을 낳았고 어떻게 전화되었으며 또 다른 어떤 논란과 긴장을 배태했는가? 또 이 모든 과정은 무엇으로 설명할 수 있는가? 그리고 이런 것들을 짚어볼 때 한국의 복지국가는 어디에 서 있으며 어디를 향하고 있고, 그 향하는 방향에 어떤 새로운 문제와 도전이 기다리고 있는가?

이 모든 질문들에 답하는 것은 대단히 어려운 일이지만 어떤 형태로든 답하기 위한 노력을 시도해야 한다. 참여연대 사회복지위원회는 지난 2009년 12월 제134호 『복지동향』에서 이 질문들에 대한 답을 실험적으로 시도한 바 있다. 이제 그 때 시도했던 실험을 좀 더 다듬어 그 때보다는 약간이나마 진일보한 답을 찾아보고자 이 책을 기획하였다. 물론 이 책에 실린 글들로 21세기 첫 10년대 한국의 복지에 대한 평가가 완결될 수 있는 것은 아니다. 평가는 끊임없이 시도되어야 할 것이다. 우리들의 시도도 그러한 지속적인 평가의 한 과정이며 또한 이를 통해 현재 한국사회에서 벌어지고 있는 복지국가논쟁에도 조금이나마 실천적인 보탬이 되고자 한다.

끝으로 10여 년에 이르는 기간의 정책을 평가한다는 어려운 과제에도 불구하고 소중한 원고를 집필해준 필자들에게 심심한 사의를 표하며, 출판을 맡아준 나눔의집에도 감사드린다.

2012년 11월
집필진을 대표하여
남찬섭 씀

목차

1장

한국 복지국가, 회고와 전망

: 생산적 복지의 등장과 그 이후

들어가며

첫 10년대에 복지는 사상 유례를 찾기 어려울 정도로 급속하게 확충되기 시작하였다. 소득보장의 중핵이라 할 수 있는 사회보험제도의 틀이 상당 정도로 자리 잡게 되었고 국민기초생활보장제도를 비롯한 공공부조의 근대화도 상당 정도로 이루어졌으며, 사회복지서비스도 빠른 속도로 확충되었다. 논쟁과 과제도 많았다. 이른바 구사회위험에 대응하기 위한 사회복지제도의 정비와 확충을 어떻게 할 것인가와 관련하여 많은 사람들에 의해 많은 과제가 제시되었고 그것을 둘러싼 많은 논쟁이 진행되었으며 뿐만 아니라 저출산·고령화나 노동시장 유연화 등이 가져온 신사회위험에 대응하기 위한 사회복지제도의 조정을 어떻게 할 것인가와 관련해서도 많은 과제가 제시되었고 또 그것을 둘러싼 많은 논쟁이 있었다. 또한 그

*남찬섭 _ 동아대학교 사회복지학과 교수

러한 많은 과제가 제시되고 그 중 일부가 채택되어 추진되기도 하면서 다시 새로운 논쟁을 불러일으켰다. 또한 21세기 첫 10년대 후반부에 새 정권이 집권하면서 그간의 복지확충 노력이 위협받지 않느냐는 우려는 우려대로 존재하는 가운데 한국 역사에서 보기 드문 광범위한 복지국가 논쟁이 정치권을 중심으로 촉발되더니 21세기의 두 번째 10년대 벽두에는 범사회적인 규모로 확산되고 있다.[1]

이와 같은 역동적인 전개과정 속에서 학계에서는 2002년경부터 국민의 정부 복지개혁을 둘러싼 논쟁이 전개된 바 있으며 참여 정부의 복지개혁에 대해서도 국민의 정부 복지개혁보다는 상대적으로 소수이지만 몇 편의 평가가 나온 바 있다.[2] 국민의 정부 복지개혁과 관련해서는 그 복지개혁의 성격을 이론적 또는 실증적으로 밝히려는 논의가 주로 진행되어 다양한 평가가 나온 반면 참여 정부의 복지개혁과 관련해서는 그 성격을 밝히려는 논의보다는 그 성과 혹은 성공 여부를 진단하려는 논의가 주로 진행되었다. 이는 아마도 참여 정부는 현실 정치에서 정권재창출에 실패하였고 이로 인해 그간 진행되었던 복지개혁의 향방에 대해 일말의 우려가 있었기 때문이라 생각되는데 어쨌든 참여 정부 복지개혁에 대해서는 여러 가지 시도가 있었으나 결과적으로는 큰 성과를 거두지 못하였다는 평가가 지배

---

1. 이미 참여 정부 후반기에 한국 사회에서는 보기 드물게 복지국가라는 단어를 단체이름에 정식으로 사용한 '복지국가 소사이어티'가 출범하여 2010년 8월 31일에는 '역동적 복지국가를 위한 시민정치포럼'을 결성하기도 하였다. 또한 한 일간지에서는 정치권을 중심으로 거론되는 이른바 '삼차원 복지국가론', '정의로운 복지국가론', '역동적 복지국가론', '보수의 복지국가론'을 기획기사로 소개하기도 하였다(한겨레신문, 2010.8.17; 2010.8.23). 이 기획기사에 소개된 복지국가론들 중 삼차원 복지국가론은 최근 '사회연대 복지국가론'으로 재정리되어 발표(조승수, 2011)되었으며, 보수의 복지국가론은 '한국형 복지국가론'(박근혜, 2010)으로 공식화되었다. 최근에는 민주노동당도 이른바 '노동중심 평화복지론'을 공식적으로 발표하였다(이의엽, 2011).
2. 국민의 정부 복지개혁과 관련해서는 이른바 '한국복지국가 성격논쟁'이 전개되었고 이는 9명의 저자가 참여한 김연명 편(2002)과 29명의 학자가 참여한 정무권 편(2009)에 실려 있다. 참여 정부 복지정책에 대한 평가로는 김연명(2008), 전병유(2008), 양재진(2008), 김원섭(2009), 김영순(2009) 등이 있다.

적인 것으로 보인다.

이 글도 참여 정부의 복지개혁이 거둔 성과에 대한 평가에 있어서는 기존 연구들과 크게 차별성을 갖지 않는다. 하지만 이 글은 기존의 연구와 다르게 한국 역사에서 보기 드물게 범사회적으로 전개되고 있는 복지국가 논쟁이 이미 개시된 시점에서 국민의 정부에서부터 참여 정부에 이르는 복지개혁을 되돌아볼 수 있는 위치에 있다. 최근의 복지국가 논쟁은 어떤 특정 복지제도의 확대 여부를 둘러싼 논쟁으로도 나타나고 있지만 그럼에도 불구하고 그런 성격과 함께 새로운 정치경제적 여건에 대비하여 한국 사회가 갖추어야 할 대안적인 모습에 관련된 논의의 성격도 가지고 있다. 이는 최근의 복지국가론들이 복지국가라는 이름 아래 성장과 분배의 조화를 강조한다든지 복지국가라는 이름 아래 재벌개혁이나 금융자본에 대한 통제 등을 강조하는 것에서도 알 수 있다. 이런 점에서 최근 복지국가 논쟁은 그 중심테마가 복지국가이기는 하지만 좁은 의미의 복지에 관한 논쟁을 포함하면서도 그보다 넓은 의미의 대안사회에 관한 논쟁이라 할 수 있다.

이와 같은 대안사회에 관한 논쟁이 복지국가를 기치로 전개될 수 있게 된 데에는 크게 보아 두 가지 여건 때문이라고 본다. 한 가지는 말할 것도 없이 객관적인 사회경제적 여건의 변화이며 다른 한 가지는 국민의 정부와 참여 정부라는 민주정부 10년의 복지개혁 경험이다. 특히 국민의 정부와 참여 정부의 복지개혁을 거치면서 저출산·고령화 문제나 성장과 분배의 관계 문제, 소득파악과 조세개혁 문제, 사각지대 문제, 탈산업화와 세계화 등으로 인한 노동시장 유연화 문제를 둘러싼 논쟁과 그런 문제들에 대한 대응책의 경험 그리고 그 대응책을 둘러싼 논쟁이 없었다면 지금과 같은 범사회적인 복지국가 논쟁도 가능하지 않았을 것이다. 하지만 최근의 복지국가 논쟁을 등장시킨 거시적인 사회경제적인 변화는 국민의 정부와 참여 정부의 노력에도 불구하고 아직 미해결 상태에 있다.

이런 점에서 이 글에서는 민주정부 10년의 노력에도 불구하고 미해결 상태에 있는 그리고 그로 인해 최근의 복지국가 논쟁을 등장시키는 데 기여한 거시적인 사회경제적인 변화가 무엇이었는지를 정리해보고 그런 거시적인 사회경제적 흐름에 대해 국민의 정부와 참여 정부는 복지개혁을 통해 어떤 지향성으로 대응했으며 그런 대응이 거시적인 사회경제적 흐름과 관련하여 어떤 결과를 낳았는지 하는 점들을 중심으로 논의를 전개하고자 한다. 이와 같은 논의를 시도하는 이 글은 다음의 두 가지 의의를 갖는다고 볼 수 있다. 첫째는, 민주정부 10년의 복지개혁을 개별 복지정책의 산출이나 복지개혁의 성격에 대한 평가를 넘어 혹은 그것과 달리 거시적인 사회경제적 흐름과 연관 지어 평가함으로써 보다 거시적인 평가의 토대를 제시해본다는 것이며, 둘째는 그러한 평가를 토대로 최근에 전개되고 있는 복지국가 논쟁과 관련하여 개략적이나마 과제를 제시해볼 수 있다는 것이다.

생산적 복지기와 거시적인 사회경제적 흐름

한국 복지국가의 전개과정과 생산적 복지기

한국 복지국가는 거시적으로 보면 연속적으로 발전해 온 것이지만 그

표 1-1 복지확장기와 정치 · 사회 · 경제적 특징

구분		정치	사회	경제
외환위기 이전	1960년대 초반	권위주의 독재체제	시민사회 · 노동 배제	산업화 단계 (발전국가적 개발전략)
	1980년대 초반	권위주의 독재체제	시민사회 · 노동 배제	산업화 단계 (발전국가적 개발전략)
	1980년대 후반	민주화	시민사회 · 노동의 항쟁	산업화 단계 (발전국가적 개발전략)
외환위기 이후	국민의 정부 · 참여 정부 (생산적 복지기)	민주정권 집권기	시민사회 · 노동의 모순적 성장ᐟ 저출산 · 고령화 경향	세계화 · 탈산업화 경향 (성장과 분배의 균형 추구)

주: 이 기간에 노동운동은 조직률이 하락했으나 의회진출에는 성공했음. 그리고 시민사회가 성장했으나 시민단체 간의 이념적 분화가 본격화하였음.

럼에도 불구하고 이전 시기와 구분되는 몇 번의 급속한 확장기를 거치면서 불연속적으로 발전해왔다. 한국 복지국가 전개과정에서 나타난 불연속적인 급속한 확장기는 대체로 4시기로 구분할 수 있는데, 그것은 ① 1960년대 초반 군사정권기와 ② 1980년대 초반 5공 정권 출범기, ③ 1980년대 후반 민주화 투쟁 이후 시기, 그리고 ④ 외환위기 이후 국민의 정부와 참여 정부 10년 기간(생산적 복지기)이다(〈표 1-1〉 참조).

그리고 이들 4시기는 정치 · 사회 · 경제적인 면에서 각기 다른 특징과 연관되어 있다. 정치적인 면에서 ①과 ②의 복지확장기가 권위주의 체제와 관련된 것이라면 ③과 ④의 복지확장기는 민주화와 관련되어 있다. 또한 사회적인 면에서 ①과 ②의 복지확장기가 시민사회나 노동운동의 성장과 큰 관련이 없는 것이라면 ③과 ④의 복지확장기는 시민사회와 노동운동의 성장과 상대적으로 큰 관련이 있다. 그리고 ④의 복지확장기는 저출산 · 고령화 경향과도 연관이 있다. 경제적인 면에서 ①과 ②, 그리고 ③의 복지확장기가 산업화와 연관된 발전국가적 경제개발과 관련된 것이라면

④의 복지확장기는 경제의 세계화 및 탈산업화 경향과 관련된다.

이처럼 한국 복지국가의 전개과정은 연속적이면서도 불연속적으로 이루어졌고 그 불연속적인 확장기를 중심으로 몇 단계의 구분이 가능하지만, 그럼에도 불구하고 가장 기본적인 구분은 외환위기 이후와 그 이전, 다시 말해서 생산적 복지기와 그 이전의 구분이라고 볼 수 있다. 논자에 따라서는 1980년대 후반을 기준으로 그 이전과 그 이후를 나누는 것이 더 기본적인 구분이라고 생각할 수도 있을 것이다. 하지만 1980년대 후반 민주화 투쟁으로 복지제도가 대량 도입된 것은 사실이고 그것이 대단히 중요한 의미를 갖는 것도 사실이나 그것은 그 이후 실질적인 제도내실화를 위한 노력으로 이어지지 못하여 한 단계를 구성할 만큼의 성과를 낳지는 못했다. 생산적 복지기라는 명칭과 관련해서도 혹자는 생산적 복지는 국민의 정부의 대표적인 슬로건이었으므로 생산적 복지기 역시 국민의 정부에만 관련된 것이며 참여 정부에는 해당하지 않는 것이라고 주장할 수도 있다. 또 복지정책의 확충, 특히 사회복지서비스 확충의 면에서 참여 정부는 국민의 정부와 차별성이 있는 것도 사실이다. 하지만, 참여 정부 스스로가 복지정책에 있어서 국민의 정부를 계승했다고 말했으며 또한 실질적으로도 참여 정부의 복지개혁 노력은 국민의 정부의 복지기조와 다르지 않으면서 그것의 골격에 내용을 채우려는 시도였다고 볼 수 있다(예컨대, 노무현, 2009: 193 참조). 이런 점에서 국민의 정부와 참여 정부 모두를 생산적 복지기에 해당하는 것으로 분류하는 것도 나름의 타당성이 있다고 본다.

거시적인 사회경제적 흐름

민주정부 10년간의 복지개혁의 배경을 이루었던 거시적인 사회경제적 흐름은 어떤 것이었는가? 이 글에서는 이를 최근의 복지국가 논쟁으로부터 거꾸로 유추해보기로 한다. 이렇게 하는 첫째의 이유는 서론에서도 언급한 바와 같이 최근의 복지국가 논쟁은 단순한 복지정책 논쟁이라기보다는 거시적인 의미의 대안사회 논쟁이며 이와 같은 거시적인 대안사회 논쟁은 그 자체가 거시적인 사회경제적 과제에 대응하기 위한 성격을 갖기 때문이다. 둘째의 이유는 최근의 복지국가 논쟁을 등장시킨 거시적인 사회경제적 과제는 이미 민주정부 때에도 나타났던 것들이며 아직도 우리 사회는 그와 관련하여 사회적 대안의 합의를 필요로 하는 상태에 있기 때문이다. 이런 점에서 이 글은 최근의 복지국가 논쟁에 비추어 민주정부 10년을 되돌아보는 의미도 갖는다.

현재 복지국가 논쟁은 진행 중이며 앞으로도 많은 쟁점을 낳게 될 것이지만 현 상태에서 이 논쟁을 본다면 그 특징을 다음과 같이 정리할 수 있을 것이다. 첫째, 최근의 복지국가론들은 대체로 성장과 분배의 균형 확립 그리고 세계화·탈산업화로 인한 양극화나 노동시장 문제에 대한 해결을 복지국가의 전제조건으로 보고 있으며 더욱이 이들을 '복지국가'라는 이름 아래 제시하고 있다.[3] 과거 민주정부도 성장과 분배의 균형을 강조했으나 이들을 복지국가라는 이름으로 주장하지는 않았다. 최근의 복지국

---

3. 물론 예외도 있다. 한국형 복지국가론은 성장과 분배의 균형을 명시적인 용어로 표현하지는 않고 있다(안상훈, 2010 참조). 또한 민주노동당의 노동중심 평화복지론은 경제개혁을 중요하게 주장하지만 그와 동시에 분단 상황임을 전제로 평화를 강조하고 있으며 노동이 빠진 현재의 복지국가 논쟁을 비판하고 있다(이의엽, 2011).

가론들이 이와 같은 과감한 주장을 전개하는 것은 양극화를 초래한 근본 원인에 대한 접근 없이는 분배(복지)도 불가능하다는 반성에서 비롯된 것이며 따라서 그만큼 성장과 분배의 균형이라는 과제, 특히 세계화·탈산업화 시대에서 그 과제가 중요하며 그와 관련하여 대안 마련이 시급하다는 인식을 보여주는 것이다.

둘째, 최근의 복지국가론들은 양극화와 노동시장 유연화에 대한 대응으로서 그리고 저출산·고령화에 대한 대응으로서 보편적 복지를 주장하고 있다.[4] 그리고 이들이 말하는 보편적 복지는 전통적인 의미의 복지정책에만 국한되는 것이 아니라 교육·주거·의료를 포함하는 매우 넓은 범위의 전략으로 제시되고 있다. 이 보편적 복지는 2010년 6월 지방선거 때 무상복지로 쟁점이 된 바 있으며 그 후 민주당의 이른바 "3+1복지"[5]로 큰 논란이 되었고 지금도 논쟁이 되고 있다. 보편적 복지가 주장되고 논쟁이 되는 배경 역시 세계화·탈산업화로 인한 양극화라든가 저출산·고령화에 대한 대응책 마련이 중요하게 인식되고 있기 때문이다.

셋째, 현재까지 진행되고 있는 복지국가 논쟁은 특히 보편적 복지의 실현을 위한 재정마련의 문제를 둘러싸고 전개되고 있다. 향후 재정마련의 쟁점 외에 다른 쟁점이 부상할 수도 있지만 이 문제는 복지국가 그리고 그것으로 표현된 대안사회 구축을 위해서는 피해갈 수 없는 쟁점이다. 하지만 이 문제는 단순히 재정마련의 문제라기보다는 조세개혁의 문제이기도 하다(조수진, 2011). 그리고 최근의 복지국가론들도 논쟁의 진행과 관계

---

4. 여기에도 예외는 있다. 한국형 복지국가론은 내용상으로는 보편적 복지를 말하고 있지만 보편적 복지라는 용어는 사용하지 않고 있다(안상훈, 2010 참조).
5. 이른바 "3+1복지"란 무상보육, 무상급식, 무상의료의 세 가지 무상복지와 반값 등록금을 의미한다.

없이 조세개혁을 중요한 과제로 제시하고 있다.

최근의 복지국가 논쟁의 특징에 관한 정리를 통해 우리는 4가지 중요한 화두를 발견할 수 있다. 그것은 이러한 논쟁이 촉발된 배경과 관련된 것인데, 성장과 분배 간의 관계 설정, 세계화 · 탈산업화 및 저출산 · 고령화에 대한 대응, 조세개혁(재정마련) 문제가 그것들이다. 물론 앞으로 논쟁이 어떻게 전개되느냐에 따라 새로운 쟁점이 부상할 수도 있고 그럴 가능성은 매우 높지만 그것들은 구체적인 전략 내지 정책과 관련하여 나타날 것이며 새로운 쟁점이 부상하더라도 그것은 위에서 말한 4가지 화두들로 표현된 사회경제적 맥락을 배경으로 하여 그 한계 내에서 전개될 것이다. 그리고 이들 4가지 사회경제적 맥락은 지난 민주정부 10년의 복지개혁을 둘러싼 거시적인 사회경제적 흐름이기도 하다. 성장과 분배의 관계 문제는 국민의 정부 때 양자 간의 균형으로 제시된 이래 참여 정부 기간 내내 이를 둘러싼 논쟁이 전개되었으며, 세계화 · 탈산업화 및 저출산 · 고령화 흐름 역시 민주정부 10년 간 문제가 되었고 복지개혁의 방향을 결정짓는 데 중요한 영향을 끼쳤다. 또한 조세개혁 혹은 재정마련 문제도 특히 참여 정부 기간에 이른바 "세금폭탄론"으로 표현될 만큼 보수세력의 저항을 불러 일으켰던 쟁점이다.

이들 4가지 사회경제적 흐름은 앞의 〈표 1-1〉에서 정리한바 생산적 복지기가 정치 · 사회 · 경제적인 면에서 갖는 의미와 연결되어 있다. 그런데 이와 관련하여 4가지 사회경제적 흐름은 그 역사적 연원에 있어서 조금씩 다른 의미도 갖는다. 그것은 성장과 분배의 균형과 조세개혁이라는 두 가지 과제는 1980년대 후반 국내 민주화 투쟁의 성과로부터 제기된 것인 반면 세계화 · 탈산업화 및 저출산 · 고령화 흐름은 국내 민주화 투쟁과는 무관하게 외환위기 이후 새롭게 제기된 것이라는 점이다. 후자의 2가지는 주지하다시피 이른바 새로운 사회적 위험을 초래하는 것으로 노동시장 양극화 등으로 인한 사회 양극화, 노후소득보장문제, 가족구조 및 기능의 근본적 변화 등 다양한 문제와 관련된 것들이다. 전자의 2가지 중 성장과 분배의 균형은 1990년대 중반 이후 성장과 분배의 관계에 관련된 일련의 논쟁이 전개되면서 부상한 과제였다. 이런 논쟁은 직접적으로 1980년대 후반 민주화 투쟁의 성과에서 기인한 것이었다. 즉, 민주화 투쟁이 일정한 성과를 내면서 민주화가 정치적 영역의 절차적 민주화에서 사회경제적 영역의 실질적 민주화를 추구하는 방향으로 선회하면서 재벌개혁 등 각종 제도개혁 과제가 제기되었는데(정대화, 2005) 이들 과제 중 복지와 관련해서는 각종 제도 확대와 개선이 주장되었고 이러한 과정에서 성장과 분배의 관계에 관련된 사회적 논쟁이 전개되었던 것이다. 국민의 정부는 생산적 복지 구상을 발표하면서 과거의 선성장 후분배 전략으로 인한 불균형을 시정하여 성장과 분배가 균형을 이루는 새로운 발전전략으로서 생산적 복지를 천명한바 있었는데(대통령비서실 삶의 질 향상 기획단, 1999) 이는 사회경제적 영역의 실질적 민주화 요구를 일정부분 수용한 결과였다. 또한, 조세개혁 문제는 국내 민주화 투쟁 이후 공평과세를 위한 요구가 끊임없이 제기되었을 뿐만 아니라 OECD 가입 등으로 대외적 여건이 변화하면서 조세문제가 경제정의실현문제와 연관되기 시작하면서(안종범, 1997) 부상한 과제였다. 그리고 이러한 조세개혁 문제는 복지제도의 확충과 연관되어 인식되기도 하였다. 예컨대, 한 보수언론은 고소득층의 정직한 세금납부를 강조하면서 이는 최소한의 사회보장제도 확충을 위한 선결과제라고 주장한 바 있다(조선일보, 1998. 5. 31 사설).[6]

그러면 이와 같은 4가지 사회경제적 흐름에 비추어 민주정부 10년의 복지개혁을 어떻게 평가할 것인가? 이 작업은 대단히 어려운 작업이고 또 여러 논의가 가능한 주제이기도 하다. 여기서는 개별정책에 대한 평가보다는 두 민주정부가 4가지 사회경제적 흐름에 대해 당초 어떤 지향성을 가지고 있었는지 그리고 관련된 복지개혁의 추진으로 복지개혁이 4가지 사회경제적 흐름에 비추어 결과적으로 어떤 위치에 놓이게 되었는지에 초점을 두어 논의를 전개한다. 그리하여 성장과 분배의 관계와 관련해서는 두 민주정부가 어떤 기조로 그 문제에 대응했는지와 함께 두 민주정부가 주장한 바와 같이 성장과 분배가 균형을 이루었을 때 시민들의 삶이 어떻게 달라질 수 있는지를 체감하게 할 수 있었는가라는 측면에 중점을 두어 고찰하고자 한다. 특히 성장과 분배의 관계 문제는 그것이 비록 국내 민주화 투쟁의 성과로부터 제기된 과제라 하더라도 외환위기를 거치면서 세계화·탈산업화 흐름 속에서 어떻게 시민들의 삶을 보장할 것인가의 문제로 전환되었다는 점에서 국내 민주화 성과의 연장선상에서만 접근하기는 어려운 과제였다. 이런 점에서 두 민주정부는 대단히 어려운 과제를 안고 있었던 셈이며 이는 복지개혁의 성과를 저해하는 구조적 제약요인이기도 했지만 그만큼 복지개혁의 성과라는 면에서는 중요한 문제이기도 했다. 세계화·탈산업화 흐름은 다른 면에서 보면 세계화·탈산업화 시대의 성장과 분배의 관계 문제라고도 할 수 있다. 이런 점에서 이와 관련해서는 세계화·탈산업화 흐름을 어떻게 인식하였으며 복지개혁을 그 속에서 어떻게 위치시켰는가에 중점을 두어 고찰한다. 조세개혁 과제에 대해서는 그

------

6. 이 사설은 "최소한의 사회보장 체제를 갖추려면 막대한 국가재원이 필요한데, 재원마련에는 고소득층의 정직한 세금납부가 불가피"하다고 강조하면서 "IMF시대 고통분담을 위해서도 자본소득이 많은 고소득층에 대한 징세강화가 어쩔 수 없는 상황"이라고 주장하고 있다.

과제를 어느 정도 비중으로 중요시하였는지 그리고 조세제도의 문제와 연관된 것으로서 소득파악문제 혹은 사각지대문제에 어떻게 대처하였는지에 중점을 두어 고찰한다. 소득파악문제를 포함한 것은 조세개혁문제가 비록 국내 민주화 투쟁의 성과로부터 부상한 조세형평성 제고 과제이긴 했지만 복지개혁이 본격적으로 추진되면서 곧바로 소득파악 미비의 문제로 전환되었기 때문이다. 저출산·고령화 흐름과 관련해서도 역시 그것에 대해 어떤 기조로 대응했으며 그것이 어떤 결과를 낳았는지를 중점적으로 고찰한다. 저출산·고령화와 관련해서 참여 정부는 대단히 넓은 영역의 정책을 추진하였지만 여기서는 주로 사회복지서비스 확충에 대해서 살펴보며 그것을 특히 제도적 틀의 합리화라는 측면에서 살펴본다.

민주정부의 복지개혁과 그 한계

국민의 정부 복지개혁과 그 한계

국민의 정부시기 복지노력을 대표하는 상징은 '생산적 복지'였다. 생산적 복지라는 상징이 발표되었을 때 학계에서는 그 의미를 둘러싸고 많은 논쟁이 전개되었다. 그런데 이러한 논쟁에서 어떤 입장을 취하느냐 여부를 떠나 앞에서 말한 거시적인 사회경제적 과제와 관련하여 생산적 복지를 평가해본다면 그것은 주로 국내 민주화 흐름에 의해 제기된 과제에 대응하려는 목적을 가진 것이었다고 볼 수 있으며 그 중에서도 성장과 분배의 관계를 균형적인 것으로 구축하려는 의도를 가장 강하게 가진 것이라

볼 수 있다.

국민의 정부는 1999년에 생산적 복지 구상을 발표하였는데 거기서 "불균형적 경제성장과 불공정한 분배구조"를 문제로 지적하고 이 문제를 해결하기 위해서는 "사회정책의 질적 전환"이 필요하다고 전제하면서 그처럼 질적으로 전환된 사회정책을 생산적 복지로 주장하였다(대통령비서실 삶의 질 향상 기획단(이하 "기획단"), 1999: 13~14). 또한, 생산적 복지 구상은 생산적 복지는 "공정경쟁의 원리에 입각한 경제성장과 도덕적 연대의 원리에 입각한 분배정의가 균형을 이루는 사회를 지향한다"고 천명하고 그 3가지 축으로 ① 공정한 시장질서 확립을 통한 공정한 1차분배, ② 국가에 의한 재분배적 복지, ③ 자활을 위한 사회적 투자를 제시하고 있다(기획단, 1999: 33~37). 이런 점에서 국민의 정부가 주창한 생산적 복지는 1980년대 후반 정치적 민주화 이후 주장되어온 사회경제적 영역의 실질적 민주화라는 과제에 대응하려는 의도를 강하게 가진 것이었으며 그것을 성장과 분배의 균형으로 접근하려 한 것이었다고 볼 수 있다. 생산적 복지 구상은 생산적 복지를 이루기 위한 구체적인 정책영역으로 6가지를 제시하고 있는데[7] 이들도 전체적으로 보아 성장과 분배의 균형을 이루려는 접근에 포괄되는 것들이라 볼 수 있다. 생산적 복지가 갖는 가장 중요한 의미에 대해 그것은 국가개입에 의한 복지를 경제발전 내지 시장경제와 동등한 위상에 놓으려 한 데에 있다고 한 평가(이혜경, 2002)는 생산적 복지가 가진 이와 같은 의도를 반영한 것이다.

그런데 앞에서 본 4가지 거시적인 사회경제적 과제 중 조세개혁은 생산

---

7. 그 6가지 정책영역은 다음과 같다. ① 국민기본생활을 보장하는 복지, ② 생산과정에의 참여를 통한 복지, ③ 취약계층의 자활을 지원하는 복지, ④ 삶의 질 향상을 위한 기반 조성, ⑤ 복지재정의 확충과 조세정의의 실현, ⑥ 참여와 협력의 공동체 구현.

적 복지 구상에서 성장과 분배의 균형에 비해서는 상대적으로 후순위로 다루어지는 것처럼 보인다. 생산적 복지의 배경이나 생산적 복지의 철학적 기초, 개념과 비전을 설명하는 부분에서 조세정의 실현은 언급되지 않고 있으며 다만 생산적 복지를 구현하기 위한 6가지 정책영역의 하나로 언급되고 있다. 그리고 정책영역의 하나로 조세개혁을 언급하면서 "조세정의의 실현이 생산적 복지의 기초가 되며 사회정의 실현의 출발점이 된다"고 말하지만(기획단, 1999: 115) 다른 한편으로 조세개혁은 생산적 복지를 추진하기 위한 복지재정 확충과 연결되어 제시되고 있다. 또한 복지재정 확대가 저소득층이나 성실납세자에게 "추가적인 (조세)부담을 결과하지 않도록" 하겠다는 언급(기획단, 1999: 113)도 빠뜨리지 않고 있다. 이는 생산적 복지가 그 구상의 차원에서도 조세개혁에 대해서는 상대적으로 소극적인 태도로 접근하고 있음을 보여준다.[8]

또한, 생산적 복지 구상에는 국내 민주화 흐름의 연장선상에서 제기된 사회경제적 과제에 대해서는 적극적이든 소극적이든 언급이 되어 있으나, 이른바 신사회위험에 관련된 저출산 · 고령화나 세계화 · 탈산업화에 관한 언급은 상대적으로 적은 편이다. 생산적 복지 구상에는 인구고령화가 보건의료수요를 증가시킬 수 있고 또한 노인들의 자활과 사회적 기여를 유도할 대책을 강구하겠다는 대단히 간략한 한두 줄 정도의 언급(기획단, 1999: 97~98) 외에는 별다른 언급이 없다. 물론 김대중 정부는 고령화에 대응하여 노인장기요양보장제도의 도입을 결정하였고,[9] 그 외에도 노인

---

8. 국민의 정부가 조세의 근본적인 개편에는 손을 대지 못했다는 평가로는 최영태(2003) 참조. 그리고 조세개혁에 대해 이러한 소극적인 접근은, 1999년 4월 구성되었던 자영자소득파악위원회가 구체적인 성과를 내지 못한 상태에서 활동 1년여 만에 해체된 데에서도 일정부분 드러난다.
9. 이와 관련하여 국민의 정부는 2000년 1월 노인장기요양보호정책기획단을 설치하여 정책연구

보건복지종합대책을 수립 · 발표(2002. 7)하고 지역사회시니어클럽 시범사업(2001)을 거쳐 2002년에 전국적으로 확대하는 등 노력을 기울였으며, 보육사업 중장기발전계획을 수립(2002. 1)하여 보육사업 확충에도 노력하였다(기획단, 2002). 하지만 그럼에도 불구하고 저출산 · 고령화 경향에 대한 문제인식이 본격적이지 않았던 것은 사실이다. 또한, 생산적 복지 구상에서 세계화 · 탈산업화에 대해 언급한 부분으로는 노동을 통한 복지를 설명하는 부분을 꼽을 수 있는데 여기서 세계화에 대한 대응과 기술혁명의 가속화에 대응하기 위해서는 노동을 통한 복지가 필요하다는 점을 3쪽에 걸쳐 언급하고 있을 뿐(기획단, 1999: 25~28) 생산적 복지의 철학이나 기본원칙 등에서는 언급되지 않고 있다. 물론 그렇다고 해서 세계화 · 탈산업화 경향에 대한 인식이 전혀 없었다고는 할 수 없다. 노동을 통한 복지를 강조하면서 사회투자를 제시하여 참여 정부가 사회투자전략을 제시한 것보다 훨씬 일찍부터 제시하는 등 미래지향적인 성격을 가진 측면도 있다. 하지만 저출산 · 고령화와 유사하게 세계화 · 탈산업화에 대한 문제인식 역시 본격적이었다고 보기는 어렵다.

저출산 · 고령화나 세계화 · 탈산업화 경향에 대한 언급이 상대적으로 적고 또 조세개혁이 소극적으로 언급되고 있지만 국민의 정부가 민주주의와 시장경제의 동시적 발전을 주창하고 그 틀에 입각하여 생산적 복지를 내세움으로써 그 이전까지 언제나 경제에 종속되어 있고 경제보다 후순위로 생각되던 복지를 민주주의와 함께 경제와 동등한 순위에 있는 것으로 자리매김하려는 시도를 한 것은 매우 중요한 의미를 갖는다. 생산적 복지

를 시작하여 기본적인 정책방향을 정하였다. 하지만 재원조달방법이나 법률제정문제는 장기과제로 남겨두었다(기획단, 2002: 137~138). 이후 노인장기요양보장제도는 참여 정부에서 재원조달을 사회보험방식으로 할 것이 결정되어 명칭도 노인장기요양보험으로 바뀌었다.

를 둘러싼 논쟁이 많기는 했지만 1960년대 초반 경제개발계획이 추진된 이후 40여 년이 넘는 세월 동안 경제개발에 모든 다른 가치를 희생·종속 시켜 온 한국의 상황에서 민주주의의 가치를 시장경제와 동등하게 자리매 김하고 그런 토대 위에서 민주주의로부터 성장할 수 있는 복지를 국정지 표로 제시한 것은 한국 복지국가 역사에서 획기적인 것이라 할 수 있다. 1960년대 초반의 복지확장기나 1980년대 초반의 복지확장기에도 복지제 도의 급속한 팽창이 있었지만 이 시기의 복지확대는 본질적으로 권위주의 체제의 유지·존속에 기여하는 역할에 그치고 말았다. 1980년대 후반의 복지확장은 그 이전과는 다른 동력, 즉 민주화에 의한 것이었으나 정치적 으로 권위주의 체제가 지속되어 질적인 전환을 시도하는 정도에 이르지는 못하였다.[10] 이에 비해 생산적 복지는 민주주의가 어느 정도 실현된 상황 을 토대로 주창됨으로써 사실상 복지(분배)를 경제(성장)와 동등한 순위 로 자리매김하여 한국 복지국가의 질적 전환을 바라볼 수 있는 중요한 토 대를 제공하였다.[11]

　하지만 생산적 복지는 그에 의한 복지개혁이 추진되면서 한계도 보이게 되었는데 이 한계들은 앞에서 본 4가지의 거시적인 사회경제적 흐름과 관 련하여 살펴볼 수 있다. 첫째는 분배와 성장의 관계인데, 생산적 복지가 복지(분배)를 경제(성장)와 동등한 순위로 자리매김한 것은 그간 경제개

---

10. 생산적 복지라는 용어는 문민정부 때에도 사용되었다. 하지만 문민정부 때에는 세계화의 신 자유주의 노선과 사회복지확충 간의 갈등만 전개되었을 뿐 생산적 복지의 청사진은 마련되지 도 못했고 용어 자체도 중도에 폐기되었다(이혜경, 2002).
11. 이는 2002년 대통령 선거에서 유력한 두 후보가 성장과 분배를 놓고 공개적인 토론을 벌일 수 있게 되었다는 사실, 그러면서도 분배를 주장하는 후보가 '친북좌파'세력으로 매도당하지 않을 수 있었다는 사실, 또한 성장론자로 분류되는 후보가 자신은 결코 성장만 우선하는 사람 이 아니며 분배도 중시한다고 말해야만 하게 되었다는 사실 등을 통해서도 알 수 있다. 당시 대선후보들 간의 성장과 분배를 둘러싼 토론에 대해서는 남찬섭(2002) 참조.

발에만 매달려온 한국 역사를 고려할 때 획기적인 것이지만, 그럼에도 불구하고 생산적 복지는 경제와 동등한 우선순위를 갖게 된 것으로서의 복지(분배)가 경제(성장)와 실질적으로 어떤 관계에 있어야 하는가에 대해서는 구체적인 내용을 가지고 있지 못하였다. 즉, 과거에는 분배가 늘 후순위였기 때문에 양자의 관계를 고민할 필요가 없었으나 국민의 정부에 의해 분배가 성장과 동등한 순위에 놓이게 되자 둘의 실질적 관계가 어떠해야 하는지를 질문하고 답을 찾아야 하는 상황이 벌어진 것이다. 국민의 정부 시기에는 그에 대한 답이 구체적인 것으로 제시되지 못하였다.

둘째, 첫째의 한계는 세계화 · 탈산업화 경향의 가속화에 의해 더욱 가중되었다. 생산적 복지는 그 출범 자체가 세계화 · 탈산업화 경향과 복지를 어떻게 조화시켜야 하는가라는 어려운 과제를 안고 있는 것이었다. 즉, 생산적 복지는 외환위기와 그 이후 닥친 대량실업사태와 함께 제시된 관계로 IMF의 구조조정 요구로부터 자유로울 수 없었으며 더욱이 본격적으로 몰아닥친 경제의 세계화 흐름 및 그와 연관된 양극화 추세로부터 자유로울 수 없었다. 이는 2차 세계대전 이후 비교적 양호한 정치경제적 환경 속에서 복지국가를 발전시킨 서구 유럽의 조건과 한국의 생산적 복지가 처한 조건이 상당히 달랐다는 것을 의미한다. 그리하여 생산적 복지는 산업화 시대의 전통적인 복지제도도 확충하면서 동시에 탈산업화 · 세계화 경향에 대응하여 복지제도를 조정해야 하는 한편 탈산업화 · 세계화 경향 자체에도 대응해야 하는, 말하자면 복지제도의 도입과 확충 및 구조조정을 한꺼번에 추진하면서 그와 동시에 경제 전반의 구조조정도 병행해야 하는 어려운 과제를 안게 되었다. 이것은 국내 민주화 흐름에 의해 제기된 성장과 분배의 균형 확보라는 과제가 외환위기를 거치면서 사실상 세계화

· 탈산업화 경향에 대응한 분배구조의 확립을 어떻게 추진할 것인가라는 새로운 과제로 전환되었음을 의미한다. 즉, 성장과 분배의 균형은 한국사회에서 과거로부터 축적된 모순에 대응하기 위한 과제였지만 그 과제가 추구되자마자 세계화 · 탈산업화라는 새로운 경향에 대응해야 하는 새로운 과제로 전환되었던 것이다.

하지만 앞서 언급한 것처럼 생산적 복지는 그 구상의 차원에서도 세계화 · 탈산업화에 대해서는 상대적으로 적게 언급하고 있으며 세계화로 인한 경제변화를 말하고는 있지만 그것이 초래할 문제에 대한 인식은 본격적이지 않다. 그런 탓인지 생산적 복지에 의한 복지개혁은 크게 보아 이중전략 속에서 추진되었다고 할 수 있는데 즉, 그것은 한편에서는 실업자를 쏟아내면서 다른 한편에서는 복지제도를 확충하는 전략으로 추진되었다. 이와 같은 이중전략은 적어도 복지개혁의 효과성이라는 입장에서 보면 모순된 것이다. 또한 그것은 생산적 복지에 의한 복지개혁에서 성장과 분배 간의 균형적 관계의 구축이라는 과제가 세계화 · 탈산업화 경향을 고려하여 추구되어야 했다는 문제인식에 이르지 못했으며 또 설사 그러한 문제인식을 가졌다 하더라도 현실적으로는 그 문제인식을 구현하는 데 성공하지 못했음을 보여준다.

셋째, 앞서 언급한 것처럼 생산적 복지는 그 구상의 단계에서도 조세개혁 문제에 대해 상당히 소극적인 태도를 보였는데 현실적으로는 복지개혁이 진행되면서 소득파악 미비의 문제로 큰 한계에 부딪히게 되었다. 한국은 그간 조세제도를 경제개발 목적에 맞게 주로 발전시켜 왔으며 복지제도 운영에 맞는 방식으로는 조세제도를 고민해오지 않았다(기획단, 1999: 116 참조). 부가가치세를 일찍 도입했음에도 불구하고 조세부담률이 낮다는 등의 예가 이를 보여주며,[12] 정부 주도의 개발정책으로 각종 감면 및 비과세조치가 남발되어 세수를 잠식하고 조세의 중립성을 저하시키고 있다는 점(안종범, 1997)도 이를 보여준다. 이러한 문제가 복지개혁으로 복지제도를 본격적으로 확대하게 되자 소득파악 미비의 문제로 전면화된 것이다. 흔히 사각지대라 불리는 소득파악 미비 계층은 대개 저소득층 내지 영세자영업자, 영세기업으로 이들은 복지제도의 주 대상임에도 불구하고 복지개혁은 이들을 실질적으로 포괄하지 못하였다.

그런데 사각지대 문제가 조세제도상의 문제에서 비롯되는 것이라 해도 그것을 해결하기는 쉽지 않은 것이지만 그것은 단순히 조세제도상의 문제만이 아니라 세계화 · 탈산업화 등으로 인해 새로운 모순을 더한 보다 복잡한 문제였다. 즉, 세계화 · 탈산업화 등으로 노동시장 유연화가 급속히 진행되고 그에 따라 양극화가 빠르게 진행되면서 사각지대는 전통적인 의미의 취약노동자층뿐만 아니라 노동시장 유연화의 희생자들도 상당부분 포함하게 되는 등 새로운 문제로 전환하게 되었던 것이다. 결국 사각지대 문제는 성장과 분배의 균형 문제와 유사하게 한국 복지국가에 있어서 과거부터 축적된 폐해로 인한 문제이기도 하였지만 그와 동시에 세계화 · 탈산업화 등으로 인한 노동시장 유연화라는 새로운 폐해로 인한 문제이기도 하였던 것이다.

이로 인해 사각지대 문제가 좀처럼 해결되지 못하면서 당초 고소득자들의 조세부과 형평성 문제로 제기된 조세개혁이 국민의 정부 중반기를 넘

---

12. 최근 조세와 복지국가의 관계에 관한 연구들은 간접세가 복지국가 확장에 중요한 역할을 한다는 연구결과를 내놓고 있으며 이와 관련하여 부가가치세의 도입이 중요하게 다루어지고 있다(예컨대, Kato, 2003). 한국은 1977년에 부가가치세를 도입하여 개도국 중에서는 예외적일 정도로 일찍 부가가치세를 도입한 나라이지만(Bernardi, Fraschini, & Shome, 2006), 그로 인해 징세규모가 획기적으로 증가한 것은 아니었다(한국개발연구원, 1990; 남찬섭, 2008b).

기면서 저소득층의 소득파악을 의미하는 것으로 담론구조가 변화하게 되었고 조세개혁의 대상이 되는 상층 보수세력들이 오히려 소득파악 미비를 근거로 복지제도 확대를 반대하고 나서는 현상이 나타나게 되었다.[13] 결과적으로 국민의 정부 복지개혁은 소득파악 제고와 복지제도 확대라는 이중의 과제를 동시에 수행해야 하는 어려움에 빠지게 되었다.

넷째, 생산적 복지는 급속한 저출산·고령화 추세 속에서 진행되었다.[14] 서구 유럽 국가들은 이미 1930, 40년대부터 노인인구가 많았으나 그럼에도 불구하고 그들은 2차 세계대전 후 출산율이 높고 경제성장이 비교적 양호할 때 복지국가를 성숙시켰다. 게다가 서구 국가들의 노령화 속도는 그리 빠르지 않은 편이다. 하지만 한국은 복지국가를 본격적으로 발전시키려 할 때 저출산·고령화 문제에 부딪혀 이른바 구사회위험에 대응하기 위한 전통적인 복지제도의 확대와 함께 저출산·고령화에 따른 신

---

13. 소득파악 문제가 전면화 된 데에는 국민연금 도시지역 적용확대와 건강보험통합이 현실적 근거로 작용하였다. 1999년에 시행된 국민연금 도시지역 적용확대는 도시지역 자영업자들의 소득신고문제를 둘러싸고 엄청난 논란을 불러일으켰다. 당시 언론들은 이 사태를 '국민연금 파동'이라고 묘사하였으며 자영자 소득파악 미비 문제 등을 집중적으로 제기하였고 나아가 도시지역 확대를 예정대로 시행하려는 정부를 비판하거나 기초연금과 소득비례연금으로의 이원화를 대안으로 제시하기도 했다(예컨대, 시사저널, 1999.3.4). 나아가 소득파악 미비가 자영자와 근로자 간의 형평성을 저해한다는 주장이나 연금기금 고갈론을 적극적으로 제기하는 등 연금제도 전반에 대한 불신을 조장하였는데 이에는 연금확대에 따른 영업위축을 우려한 민간보험업계의 불신여론조성작업도 크게 기여한 바 있다(국민연금공단, 2008). 이와 같은 논리는 의료보험 통합 시에도 그대로 재현되어 보수파들은 자영자의 소득파악이 되지 않는 상황에서 의료보험 재정통합이 시행될 경우 근로자의 보험료 부담이 2배나 늘어날 것이라고 주장하면서 의료보험 통합도 충분한 준비를 거쳐서 시행해야 한다고 주장하는가 하면(조선일보, 1999.5.2), 자영자 소득파악률이 70% 이상이 되고 국민 모두가 인정할 수 있는 단일보험료 부과체계가 마련될 때까지 재정통합은 연기해야 한다고 주장하기도 하였고(한나라당 정책위원회, 2002), 또한 의료보험 재정통합은 애초부터 무리한 행정이었고 대통령 공약사항이라는 명분으로 그리고 국민의 인기를 끌기 위한 이유로 무리한 시행을 강행했다는 비판을 제기하였다(조선일보, 2001.6.19).
14. 본문에서 언급한 것처럼 생산적 복지 구상에는 저출산·고령화가 별로 언급되어 있지 않다. 하지만 합계출산율은 이미 1999년에 1.42로 1.5에도 미치지 못하는 수준으로 떨어진 상태였으며 2000년에는 노인인구가 7.2%로 고령화사회에 진입하였다. 또한, 2001년에 통계청이 발표한 장래인구추계에 의하면 그 당시 추계로 한국은 2019년에 고령사회에 도달하고 2026년에 초고령사회에 도달하는 것으로 예측되었고 2002년에는 합계출산율이 1.17로 세계 최저 수준으로 하락할 것으로 예측되었다(통계청, 2001).

사회위험에도 대처해야 하는 이중의 부담을 안게 되었다. 하지만 앞서 본 것처럼 생산적 복지 구상에는 저출산·고령화에 관한 언급이 매우 적다. 물론 앞서 언급한 것처럼 국민의 정부가 저출산·고령화 문제에 아무런 대응을 하지 않은 것은 아니지만 노인장기요양보장제도의 도입 결정 등을 비롯한 몇 가지 대책 외에 뚜렷한 대책을 추진하지는 못하였다. 이로 인해 국민의 정부 기간의 복지개혁은 사회보험과 공공부조 등 전통적인 의미의 소득보장제도를 확충하는 데에 주로 치중되었고 저출산·고령화 등에 대응하기 위한 사회복지서비스를 확충하는 데에까지는 나아가지 못하였다.

참여 정부의 복지개혁과 그 한계

국민의 정부 복지개혁이 안고 있었던 위와 같은 한계를 해결해야 할 역사적 책임은 참여 정부에게 그대로 넘어 갔다. 그런 점에서 참여 정부가 시도했던 복지개혁은 국민의 정부 복지개혁이 가졌던 한계의 연장선상에 있는 것이었으며 그것은 앞서 이야기한 4가지의 거시적인 사회경제적 과제와 연관된 것이었다.

성장과 분배의 관계

국민의 정부가 분배를 성장과 동등한 순위에 자리매김하였지만 양자 간의 관계에 대해 구체적인 내용을 제시하지는 못했는데 참여 정부는 그 양자 간의 관계에 구체적인 내용을 채우기 위해 다양한 노력을 기울였다. '경제와 복지의 선순환관계론'(보건복지부·꽃동네현도사회복지대학교,

2003), '동반성장론'(대통령자문 빈부격차 · 차별시정위원회, 2005), '양극화론'(한국개발연구원, 2006), '비전 2030'(정부 · 민간합동작업단, 2006), '사회투자론'(대통령자문 정책기획위원회, 2006) 등 참여 정부 시절에 나온 여러 가지 슬로건 내지 연구 성과들(이들은 대체로 여기서 열거한 순서대로 제시되었다)은 경제와 동등한 순위를 가지게 된 복지(분배)를 그 상태로서 어떻게 경제(성장)와 유기적인 관계에 있게 할 것인가의 질문에 답을 구하기 위한 시도였다. 일부 사람들은 참여 정부 기간에 나온 위와 같은 여러 슬로건들에 대해 성장과 분배의 관계에 관한 논란만 무성하게 시도한 것이라고 말하지만(예컨대, 전병유, 2008) 설사 그렇다 하더라도 그러한 논의 자체가 가진 의미는 평가될 필요가 있다.

그러나 분배를 경제와 동등한 순위로 놓은 상태에서 그것과 경제 간의 관계를 적절히 정립하기 위해 참여 정부가 벌인 모든 시도들은 사회적인 설득력을 얻는 데 실패하였다. 분배와 성장의 관계를 현실에서 유기적으로 제도화한다는 것 자체가 어려운 일이기도 했지만, 전병유(2008)의 지적대로 참여 정부는 시민들로부터 그 시도의 의미조차 인정받는 데 실패하였다. 이것은 참여 정부가 분배와 성장의 관계에 내용을 채우기 위해 언술의 차원 혹은 슬로건이나 연구의 차원에서 벌인 다양한 시도들이 시민들의 생활에서는 체감되지 못하였기 때문이다. 그리고 성장과 분배의 관계 문제가 비록 국내적 민주화의 성과로부터 제기된 과제이기는 하지만 그것은 외환위기를 거치면서 세계화 · 탈산업화 경향과 복지(분배)의 관계를 어떻게 편성할 것인가의 문제로 전환되었기 때문이며 또한 그것에 참여 정부가 적절히 대응하지 못했기 때문이었다.

세계화 · 탈산업화 경향에 대한 대응

세계화 · 탈산업화 경향은 참여 정부시기에 더욱 거세게 국내경제에 밀어닥쳤고 그에 따라 그것과 복지 간의 모순은 참여 정부 기간에 더 크게 나타났다. 참여 정부는 기본적으로 세계화 · 탈산업화 경향에 선제적으로 대응하고 그로부터 발생하는 양극화 등의 폐해는 사회정책의 확충으로 대응한다는 전략을 구사하였는데, 이는 본질적으로 국민의 정부가 채택했던 이중전략과 동일한 것이다.

하지만 이런 이중전략은 성공을 거둘 수 있는 가능성이 대단히 낮은 것이었다. 이제 막 출범하기 시작한 복지국가가 아무리 빨리 확충된다고 해도 세계화로 인한 폐해에 대응하기에는 처음부터 한계가 명확한 것이었으며 또한 탈산업화로 제조업에서의 일자리창출이 되지 않고 수출증가가 국내가계소득 증대로 이어지지 않는 등 산업구조가 크게 변화한 상황(양동욱 · 권태용, 2002; 한국은행, 2005)에서 이중전략은 성과를 거두기 어려운 것이었다. 그리고 이러한 한계는 앞서 언급한 것처럼 성장과 분배의 관계에 내용을 채우기 위해 참여 정부가 벌인 여러 노력들의 한계로 나타났다. 참여 정부가 성장과 분배의 유기적 관계와 관련하여 벌인 여러 시도들이 실패한 가장 중요한 원인은 무엇보다 세계화 · 탈산업화 경향을 너무나 쉽게 승인하여 노동시장 유연화를 받아들이고 따라서 결과적으로 양극화를 심화시키는 성장전략을 취했다는 데에 있다(전병유, 2008).[15] 참

---

15. 특히 이러한 한계는 한미 FTA와 관련하여 극명하게 나타났다. 한미 FTA 추진과 관련해서는 그에 따른 피해를 보완할 사회정책이 부족하다는 비판이 많이 제기되었고 참여 정부는 그에 대해 여러 경로로 반박하였다. 하지만 더 중요한 것은 한미 FTA에 대응해 대내적인 산업전략과 제도개혁이 준비되었느냐의 문제이다(전병유, 2008). 사실상 한미 FTA로 양극화가 심화되도록 해놓고 그에 대해 아직 미성숙한 사회정책으로 대응하겠다는 것은 무리한 구상이라고 해야 할 것이다.

여 정부는 국민의 정부와 마찬가지로 성장과 분배의 균형이라는 문제를 국내적 민주화의 성과로부터 나온 과제로 인식하고 그에 기초하여 접근한 것이며 그것을 세계화·탈산업화 경향에 맞추어 새롭게 인식하고 대응하는 데에는 실패하였다. 그러나 세계화·탈산업화 경향을 일국 경제가 무조건적으로 거부하기는 어려운 것이라고 할 때 참여 정부의 실패한 이중전략은 세계화·탈산업화 경향 속에서 어떻게 성장과 분배의 관계를 편성할 것인가와 관련하여 깊은 성찰을 가능케 하였다.

소득파악 문제

참여 정부는 사각지대 문제와 소득파악 미비가 현실적으로 크게 문제가 되고 그에 따라 조세개혁보다는 소득파악담론이 전면화된 상황에서 출범하였다. 소득파악 문제와 관련하여 참여 정부가 벌인 가장 중요한 정책으로는 사회보험료 적용·징수업무의 국세청으로의 통합방안을 들 수 있다. 그런데 앞에서 언급한 바와 같이 사각지대 문제는 조세제도 미비로 인한 문제와 노동시장 유연화로 인한 문제가 복합적으로 얽힌 문제로 단순히 소득파악 행정(조세행정)의 문제만이 아니라 노동시장 구조변화의 문제이기도 한 것이었다. 이런 점에서 볼 때 사회보험료 적용·징수의 국세청 통합방안은 참여 정부가 사각지대 문제를 주로 조세행정의 측면에서 접근한 것임을 보여주는 것이며 이는 2가지 의미를 갖는다. 첫째는 참여 정부의 조세행정적 접근은 세계화·탈산업화 경향에 대한 이중전략 접근의 연장선상에 있는 것이라는 점이다. 참여 정부가 사각지대 문제를 조세행정적 측면에서 접근한 것은 그런 접근이 필요하다는 현실적 이유 때문이기도 하지만 보다 근본적으로는 노동시장 유연화를 기본적으로 수용하는 입장을 가지고 있었기 때문에 사실상 참여 정부가 취할 선택지는 조세 행정적 접근으로 국한되는 한계를 안고 있었다. 둘째, 조세행정의 측면에서 접근한 결과 추진된 사회보험료 적용·징수업무의 국세청 통합방안은 복지제도 운영의 측면에서 보면 복지확대의 책임을 진 조직에게서 소득파악의 책임을 분리하여 이를 국세청으로 이관함으로써 복지제도 확대의 부담과 소득파악의 부담을 적어도 정부조직 내에서는 분리한다는 의미를 갖는 것이었다. [16]

그런데 참여 정부의 접근이 조세행정적 측면에서 시도된 것이라 해서 그것이 그야말로 행정적인 접근에 머문 것이었다고만 볼 수는 없다. 조세 자체가 정치적인 사안이며 조세행정적 접근은 그 이면에 조세개혁의 의도를 담고 있는 정치적으로 대단히 민감한 사안인 것이다. 참여 정부 시절 보수 언론들이 "복지는 곧 세금인상"이라고 공격한 것이 이를 잘 보여준다. 참여 정부가 접근한 것처럼 저소득층의 소득파악이 어느 정도라도 완비되었다면 그 이후에는 고소득층의 소득파악 문제를 제기할 수 있는 것이고 그렇게 되면 당초 1990년대 중반부터 제기되었던 조세개혁 의제를 원래의 담론대로 제기하고 그에 따라 개혁을 진행할 수도 있었을 것이다. 하지만 조세행정적인 접근의 일환으로 참여 정부가 야심차게 추진했던 사회보험료 적용·징수업무의 국세청으로의 통합은 결국 성공하지 못하였다. 이로써 조세개혁이나 노동시장 구조변화에 대한 제도적 대응을 위한 적절한

---

16. 소득파악과 복지업무를 분리하는 방안은 보수적인 학자들도 주장했던 바이다. 예컨대, 안종범 (2002)은 "소득파악 문제가 조세분야에서 복지분야까지 확대된 현 시점에서는 하루빨리 소득파악을 위한 근본적인 대책을 마련해야 한다"고 말하면서 이를 위해 "국세청(은) 소득파악 업무에서 한걸음 더 나아가 사회보험의 부과와 징수업무를 담당해야 하며 사회보험 관리 및 운영주체를 통합해 일명 '사회보장청'을 신설해야 한다"고 주장했다. 그리하여 "부과와 징수는 국세청에서 담당하도록 하고 급여는 사회보장청에서 통합관리하도록 해야 한다"는 것이며 그 리하여 소득파악 미비로 인한 불공평과 행정의 비효율을 제거해야 한다고 주장하였다.

토대를 마련할 하나의 계기는 상당히 소실된 셈이라고 할 수 있다. 더욱이 2005년 말 이후 한국의 조세부담률이 낮지 않다는 일부 언론의 집중적인 문제제기를 계기로 참여 정부는 소득파악 논쟁에서 주도권을 상실하고 말았다(김영순, 2009).

참여 정부 이후 등장한 이명박 정부는 사회보험의 자격관리(적용), 징수, 급여업무 중 징수업무만을 별도로 분리하여 건강보험공단으로 일원화하는 이른바 사회보험료 징수업무의 건강보험공단 통합방안을 추진하였고 이는 2009년 4월 국회를 통과하였다.[17] 이렇게 된 것에 대해 김영순(2009)은 참여 정부가 추진했던 대로 사회보험료 적용 · 징수업무가 국세청으로 이관될 경우 소득노출을 우려하는 고소득자들의 반대와 이명박 정부의 공공기관 효율화라는 명분에 부응하는 전시효과, 그리고 조직확대를 바라는 복지부와 건강보험공단 일각의 이해관계가 어우러진 결과라고 평가하고 있다. 이 평가는 참여 정부의 조세행정적 접근이 비록 한계가 있는 것이라 해도 그것마저 실패한 이면에는 조세개혁에 대한 기득권층의 뿌리 깊은 저항이 놓여 있었음을 잘 보여주고 있다. 참여 정부의 실패로 소득파악행정의 인프라 구축과 조세개혁 간에 이미 희미해질 대로 희미해진 연결고리가 그마저 완전히 끊어질 위기에 봉착하고 말았다.

또한, 사회보험료 징수업무를 건강보험공단으로 통합한 것은 소득파악 제고에도 효과성을 발휘하기가 어려운 것은 물론 복지제도 운영의 측면에서 보면 복지제도 운영의 책임을 진 조직에게 소득파악과 복지제도 운

---

17. 사회보험의 자격관리(적용) · 징수 · 급여업무 중 징수업무만을 별도로 분리한 것은 업무효율성을 높이는 것이 아니라 오히려 업무효율성을 낮출 가능성이 더 크다. 징수업무는 적용업무와 분리될 수 없기 때문이다. 이런 점에서 징수업무만 별도로 분리한 현행 결정은 향후 적용업무도 건강보험공단으로 이관시키는 방향으로 작용할 가능성이 높다.

영이라는 이중의 부담을 그대로 둔다는 의미도 갖는 것이다. 노동시장 유연화가 가속화하고 사각지대 문제가 지속될 가능성이 높은 상황에서 노동시장정책기능을 갖고 있지 못한 건강보험공단이 사회보험료 징수업무를 일원화하여 담당하는 것은 복지제도와 노동시장정책 간의 연계성 확보에도 불리할 뿐더러 소득파악과 복지제도 운영의 이중부담만 가중시키게 될 것이다.

저출산·고령화와 사회복지서비스의 확충

참여 정부는 국민의 정부와 달리 저출산·고령화의 급속한 진전에 대해 적극적으로 다양한 대응책을 모색하였다. 저출산·고령화에 대한 참여 정부의 대응책은 저출산·고령사회기본계획과 새로마지플랜에 담겨 있는데 여기에 담긴 대책들은 출산·양육에 대한 사회적 책임 강화, 가족친화적이고 양성평등적인 사회문화 조성, 고령사회의 성장동력 확보, 노후소득보장체계 구축 등을 주요 기조로 하고 있다(대통령자문 정책기획위원회, 2008). 이런 기조 속에서 제시된 다양한 대책들 중 사회복지와 직접적으로 관련된 것으로는 보육서비스와 노인장기요양보험이 있었다.

하지만 참여 정부 기간에는 저출산·고령화 대책 중 사회복지서비스와 직접적으로 관련된 것들로 보육서비스 확충과 노인장기요양보험제도의 도입만 추진된 것이 아니라 그보다 훨씬 넓은 영역에 걸쳐 사회복지서비스의 확대가 추진되었다. 참여 정부 시절에 저출산·고령화 대책의 주무를 담당했던 국정과제위원회(저출산·고령사회위원회)는 보육과 노인복지 외에 다양한 영역의 사회복지서비스 확충업무를 담당하였다. 또한 참여 정부는 후반기에 주민생활서비스 구축을 적극적으로 추진하였는데 이 역시 저출산 · 고령화로 초래된 사회환경 변화에 의해 증가한 사회복지서비스 수요에 대응하기 위한 방안의 일환이었다.[18] 이런 점에서 저출산 · 고령화는 그것이 직접적으로 의미하는 출산저하와 고령화만을 의미하는 것이라기보다는 가족구조 및 기능의 변화와 그로 인한 복지수요의 증가와 다양화 등 보다 넓은 의미의 사회문제로 인식되었고 그에 따라 여러 대책들이 강구되었다고 볼 수 있다. 이와 같은 문제인식 및 그에 의거하여 광범위한 영역에 걸쳐 추진된 사회복지서비스의 확충은 긍정적인 것으로 평가할 수 있다. 특히 사회복지서비스의 본격적인 확충은 참여 정부의 복지개혁을 국민의 정부의 그것과 가장 차별되게 하는 특징이다.

하지만 참여 정부는 사회복지서비스를 확충하는 과정에서 여러 가지 오류를 노정하였다. 물론 사회복지서비스의 본격적인 확충이 참여 정부 때부터 출발했다고 보고 그 오류를 있을 수 있는 것으로 생각할 수도 있지만 출발점에 선 것이라면 향후의 도약을 위한 제도적 틀이라도 합리적인 것으로 구축했어야 했지만 그 부분에서도 참여 정부는 실패하였다. 이에는 여러 가지 원인이 있다. 먼저 사회복지서비스는 소득보장에 비해 제도구조가 훨씬 복잡하며 이해당사자 간의 갈등도 훨씬 복잡하다. 또한 한국사회에서 복지는 늘 후순위였지만 그렇게 후순위인 복지 내에서도 사회복지서비스는 후순위였다. 그리하여 사회복지서비스의 제도적 틀은 대단히 취약할 뿐만 아니라 비합리적인 구조로 짜여 있었다. 이러한 요인들

---

18. 주민생활서비스 구축에 관한 참여 정부의 정책보고서는 그 필요성을 저출산 · 고령화와 연관하여 제시하고 있다. 즉, 인구 및 가족구조의 변화를 의미하며 이러한 변화로 인해 노인이나 이혼가정, 한부모가구, 장애인, 실직자, 노숙인 등 다양한 사회적 부양집단이 증가하면서 그에 따라 사회복지서비스 수요가 증가하였고, 또한 저출산 · 고령화로 인해 가족기능이 약화하면서 이를 대체할 사회복지서비스 수요가 증가하였다는 점을 주민생활서비스 구축의 필요성으로 언급하고 있다(사회정책비서관실, 2007).

은 사회복지서비스의 제도적 틀을 합리적인 것으로 구조화하는 데 상당한 방해요인이 되었다. 하지만 이러한 객관적인 제약조건 외에 참여 정부 스스로가 펼친 모순된 정책도 사회복지서비스의 제도적 틀을 정비하는 데 큰 방해요인이 되었다. 사회복지서비스의 제도적 틀을 확립하는 데 방해요인이 된 참여 정부의 정책 중 가장 대표적인 것은 2005년에 단행된 사회복지서비스 재정의 지방이양(이하 "복지재정분권")이다. 복지재정분권은 지방균형발전이라는 큰 틀 내에서 추진된 것으로 지방균형발전이라는 명분 자체는 올바른 것이지만 사회복지서비스에 있어서 그것은 다음과 같은 몇 가지 점에서 모순된 것이었다.[19]

첫째, 복지재정분권은 그간 한국에서 사회복지서비스가 처해온 환경을 고려하지 않고 시행되어 지방정부에 대한 중앙정부의 재정통제력을 상실케 함으로써 사회복지서비스를 확대하려는 정책기조 자체를 모순에 빠뜨렸다. 역사적으로 한국 정부는 복지서비스의 직접공급을 모두 민간기관에게 전가해 왔고 그러면서 민간기관에게는 재정만을 지원해 왔다(이봉주 · 김용득 · 김문근, 2008). 따라서 한국에서 복지서비스와 관련하여 중앙정부(복지부)가 지방정부와 민간기관에 대해 가지는 통제력은 거의 전적으로 재정지원에서 비롯되는 것이었다. 따라서 복지재정분권은 재정지원을 매개로 복지부가 가지고 있던 지방에 대한 통제력의 근거를 제거하는 것이었다. 하지만 그와 동시에 참여 정부 집권세력은 공식적으로나 실제적으로나 사회복지서비스의 확충을 강력하게 추진하였다. 이에 따라 사회복지서비스 확충의 1차적 책임을 맡은 복지부는 사회복지서비스를 확충

---

19. 참여 정부가 펼친 사회복지서비스 정책의 모순에 관한 이하의 논의는 남찬섭(2008a; 2009)을 주로 참조하였다.

해야 하지만 복지재정분권으로 그 수단을 상실함으로써 사실상 모순된 상황에 처하게 되었다.

둘째, 이러한 모순을 다소나마 해소하는 방법은 사회복지서비스 욕구와 그 욕구의 충족에 필요한 사회복지서비스 자원을 연결시킬 수 있는 제도적 체계, 즉 서비스전달체계를 구축하는 것이다. 참여 정부도 사회복지서비스 전달체계의 중요성에 대해서는 어느 정도 인식하였지만 그 인식이 분명한 것은 아니었던 것으로 보이는데 이는 서비스 전달체계 구축과 관련하여 참여 정부가 추진했던 대책들이 일관된 것이라기보다는 혼란스러운 것이었다는 데서도 알 수 있다. 초기에 참여 정부는 사회복지사무소 시범사업을 추진하였는데 복지재정분권이 결정된 2005년 중반에는 진행 중이던 시범사업을 폐기해버렸다. 이로써 사회복지사무소를 통해 독자적인 전달체계를 구축하려던 복지부의 시도는 실패로 끝나고 말았다. 그 후에는 이른바 '민관협의체'가 추진되었는데 이것은 사회복지사업법에 의해 법적 근거를 가지고 그간 추진되어오던 지역사회복지협의체와 곳곳에서 충돌을 일으켜 현장에 혼란만 가중시키면서 결과적으로는 실패하였다. 또한 공공부문의 사회복지서비스 전달체계를 확립하기 위해 2007년에 주민서비스지원체계 확립이 추진되었는데 이는 복지재정분권이라는 취지와는 맞지만 지나치게 늦게 추진됨으로써 실질적인 효과를 낳지 못하였다.

셋째, 이처럼 사회복지서비스 전달체계 구축 시도가 모두 실패로 끝나가는 가운데 사실상 한국의 사회복지서비스 전달체계는 복지재정분권과는 상충하는 방향으로 형성되어 갔고 이에 대해 참여 정부는 사실상 인지하지 못했거나 그런 흐름을 통제하지 못했다. 이러한 상충된 흐름은 크게 2가지로 나타났다. 우선 복지부는 복지재정분권으로 지방정부에 대한 통제력을 상실했다고 판단하고 이를 회복하기 위해 여러 가지 노력을 기울였는데 그 중 하나가 바우처의 도입이었다. 바우처는 사실상 국고보조방식으로 운영되며 사회서비스관리센터라는 복지부 산하의 특수법인에 의해 관리되고 있어 중앙집중적인 재정지원방식이다. 따라서 바우처는 재정지원을 매개로 한 중앙정부의 통제력을 회복시키는 한 수단이었다(남찬섭, 2008a). 게다가 바우처는 수요자중심서비스라는 명분과 효율적인 서비스라는 목표에 잘 부합하는 듯 보여 예산당국으로부터도 비교적 호의적인 반응을 얻을 수 있었다. 이로 인해 바우처는 2007년에 도입됨과 동시에 급속하게 확장되었다. 중앙집중적인 재정지원방식인 바우처는 복지재정분권이라는 결정과는 상충하는 것이다. 바우처 방식에서 지방정부는 바우처에 의한 사회복지서비스를 제공하는 민간기관에게 복지부가 내려보내는 재정을 전달하는 통로일 뿐 지역이 필요로 하는 서비스의 기획자가 아니다.[20] 설사 지방정부가 지역의 사회복지서비스를 기획한다 해도 무엇이 수요자중심서비스인지 등 그 기획의 틀은 중앙정부가 정하게 된다.

상충된 흐름의 다른 하나는 노인장기요양보험의 관리운영기구이다. 당초 복지부는 노인장기요양보험제도의 관리운영기구를 건강보험공단으로 정할 것을 주장하였는데 이는 그 제도가 사회보험방식이므로 일정부분 타당한 것이기도 하다. 하지만 노인요양보험이 저출산 · 고령화에 대한 대

---

20. 혹자는 바우처에서 이용자격자 결정이나 이용안내 등의 책임이 지방정부에 있다는 점을 근거로 지방정부의 역할이 증대된 것이 아닌가 주장할 수도 있다. 하지만 이는 복지부가 펴낸 지침서 상의 이야기일 뿐이며 실제 지방정부 공무원들 중에 이런 제도안내를 성실히 수행하는 경우는 거의 없다. 뿐만 아니라 지역혁신사업의 경우에도 실제 사업의 필요성을 구상하고 사업계획서를 작성 · 제출하는 주체는 지방정부라기보다는 대부분 해당 지역의 민간기관들인 경우가 많다. 지역민간기관들을 추동하는 것은 해당 지역의 욕구와 복지부라고 할 수 있다. 사실상 바우처에서 본인부담금만 납부되고 나면 지역에서 지방정부가 할 수 있는 역할은 그리 크지 않은 것이 현실이다(남찬섭, 2009).

응의 일환이고 그것이 제공하는 혜택이 돌봄서비스라는 사회복지서비스
라면 2005년에 이미 복지재정분권이 이루어진 환경을 고려했어야 한다.
즉, 지방균형발전의 목적에 부합하려면 복지재정분권의 취지에 맞게 노인
요양보험의 관리운영기구로서 지방정부가 가능한지가 2005년부터 미리
준비되든지 아니면 복지재정분권이 논의될 당시 이미 노인요양보험의 도
입이 결정된 상황이었으므로 이를 감안하여 복지재정분권의 시행 여부를
결정했어야 하는 것이다. 복지부가 노인요양보험의 관리운영기구를 건강
보험공단으로 결정한 것은 사회보험이라는 제도의 기술적 속성 때문이기
도 하지만 복지재정분권이 진정한 의미에서 지방균형발전이라는 목적에
맞게 진행된 것이 아니고 복지부의 재정통제력만 상실케 한 것이었기 때문
에 복지부 입장에서는 그 관리운영기구를 지방정부로 정할 하등의 유인도
없는 것이었기 때문이다. 더욱이 참여 정부는 장애인활동보조사업도 바우
처 방식으로 도입하였는데 이 역시 복지재정분권의 본래 목적과는 상충하
는 것이다. 장애인활동보조사업이 전국적으로 도입될 당시 이미 복지재정
분권이 이루어진 상황이었고 복지재정분권에서 중요하게 고려된 것이 재
가복지서비스를 지방에 맡긴다는 것이었으며 장애인활동보조서비스야말
로 대표적인 장애인재가복지서비스라는 점에서 이를 국고보조방식으로 지
원되는 바우처로 도입·시행하였다는 것은 참으로 납득키 어려운 것이다.

　이로 인해 참여 정부는 복지서비스 확대를 위해 많은 노력을 기울였고
또 나름의 성과도 거두었지만 복지서비스 확대에 필요한 제도적 틀을 합
리적으로 구축하는 데에는 실패하였다. 뿐만 아니라 이 실패는 단순한 실
패로 끝난 것이 아니라 사회복지서비스 전달체계를 그 전보다 훨씬 더 파
편화시키고 분절화시켜 향후 전달체계의 합리적인 구축에 커다란 걸림돌

을 만들어놓고 말았다. 참여 정부 이후 사회복지서비스 전달체계는 크게 복지재정분권이 적용되고 있는 전통적인 사회복지서비스부문과 중앙집중적인 바우처 방식에 의해 운영되는 이른바 사회서비스라고 불리는 부문, 그리고 건강보험공단이 관리·운영하는 노인요양보험의 세 부문으로 분절되어가고 있다(남찬섭, 2009). 바우처 제도와 노인요양보험제도는 중앙집중적으로 운영되고 있어 지방정부는 제공기관 선정 등 일부 명목상의 권한 외에 사실상 제도운영과 관련하여 아무런 권한을 가지고 있지 못하다. 마찬가지로 바우처제도를 담당하고 있는 사회서비스관리원[21]과 노인요양보험을 담당하고 있는 건강보험공단도 지방정부의 사회복지서비스에 대해 아무런 권한을 갖고 있지 못하다. 이로 인해 지역단위에서는 이 3부문의 서비스를 조율하고 연계할 권한을 가진 주체가 존재하지 않게 된 셈이며 향후에도 이 3부문을 조정하는 데 커다란 어려움이 있을 것이다.

소결

국민의 정부와 참여 정부 10년의 생산적 복지기는 한국 복지국가의 확충과 관련하여 다양한 시도가 있었고 나름의 성과도 거두었지만 그만큼이나 많은 한계를 노정하였다. 우선 생산적 복지기에는 성장과 분배의 관계를 동등하게 자리매김하기 위한 많은 노력이 경주되었지만 그것은 1980년대 후반 이래 국내 민주화 흐름의 연장선상에서 주로 추구되어 성장과 분배는 별개의 것이 아니라 유기적인 관계에 있는 것이라는 주장과 논리로

---

21. 사회서비스관리원은 2011년 5월 한국보건복지정보개발원으로 통합되었다.

만 전개되었고(전병유, 2008) 세계화·탈산업화라는 새로운 흐름에 대응한 새로운 과제로 인식하고 그에 접근하지 못하였다. 이는 생산적 복지기의 두 정부가 세계화·탈산업화 경향을 기본적으로 수용하는 입장을 취했기 때문에 나타난 한계였다. 국민의 정부와 참여 정부는 모두 세계화·탈산업화 경향에 대해서는 이중전략을 취하여 특히 노동시장부분에서 유연화를 받아들임으로써 한편으로는 양극화가 심화될 조건을 용인하면서 다른 한편으로는 이 양극화를 복지제도의 급속한 확충으로 보완하려 하였다. 하지만 이러한 이중전략은 근본적으로 한계가 있는 것이었으며 이로 인해 양극화 경향은 제어되지 못했고 성장과 분배의 유기적 관계라는 주장은 현실에서 거의 체현되지 못하였다.

조세개혁 문제 역시 국내 민주화의 흐름에 의해 제기된 중요한 사회경제적 과제였지만 이에 대해서는 국민의 정부 때부터 소극적으로 대응해 왔으며 나아가 복지제도가 급속히 확충되기 시작하면서 소득파악문제가 본격화하자 조세개혁 담론은 뒤로 물러나게 되고 저소득층 소득파악 담론이 전면화하게 되었다. 조세개혁이 소득파악 담론으로 변질된 상황에서 등장한 참여 정부는 이 문제를 기본적으로 소득파악행정력의 신장이라는 조세행정적 측면에서 접근하였다. 하지만 소득파악문제는 조세행정상의 문제만이 아니라 노동시장 유연화로 인한 문제까지 안고 있는 복합적인 문제이다. 참여 정부는 세계화·탈산업화를 수용하는 입장을 취하였기 때문에 소득파악문제를 노동시장문제로 접근하기보다는 조세행정의 문제로 접근하였던 것인데 이 역시 이중전략에 의한 한계였다고 볼 수 있다. 하지만 조세행정적 측면에서 참여 정부가 추진했던 사회보험 적용·징수업무의 국세청 통합방안마저도 결국 실패하였다. 게다가 이명박 정부에 들어와서는 참여 정부가 추진했던 사회보험 적용·징수업무의 국세청 통합이 사회보험 징수업무의 건강보험공단 통합방안으로 변경되어 추진되었고 이는 결국 성사되었다. 징수업무만을 별도로 분리하여 그것을 건강보험공단으로 통합한 이 조치는 소득파악기능과 복지제도운영기능을 복지부라는 동일조직 내에 계속 부과함을 의미하며 또한 노동시장 유연화에 대응하기에는 더욱 한계가 있는 것인데 이런 점에서 건강보험공단이 소득파악문제를 효과적으로 해결할지는 대단히 회의적이다.

저출산·고령화에 대응한 사회복지서비스의 확충에 있어서도 특히 참여 정부시기에 많은 노력이 경주되었지만 결과적으로는 사회복지서비스의 제도적 인프라를 합리적으로 구축하는 데에는 실패하였다. 참여 정부는 복지재정분권이라는 새로운 정책을 단행했으면서도 그와 상충되는 중앙화의 흐름(바우처의 도입, 노인장기요양보험 관리운영기구를 건강보험공단으로 결정 등)을 제대로 인식하지 못하여 결과적으로 사회복지서비스 전달체계를 파편화시키는 단초를 제공하였다. 이 단초는 이명박 정부 들어 더욱 커져 이제는 사회복지서비스 전달체계의 파편화를 해결할 대안의 구상조차 쉽지 않은 상황이 되었다.

최근의 동향과 과제

이 글에서 설정한 4가지 거시적인 사회경제적 흐름에 비추어 볼 때 생산적 복지기의 복지개혁은 전체적으로 보아 적어도 단기적으로는 성공하지 못하였다. 이는 특히 세계화·탈산업화 및 저출산·고령화 경향에 따른 신사회위험으로 인한 새로운 모순구조에 대응하는 데에는 성공적이지 못하였다는 점에서 비롯되는 것이다. 이로 인해 복지국가 확대에도 불구하고 양극화는 심화하였으며 노동시장의 불안정성도 증가하였고 가족구조와 기능의 불안정성도 증가하였다. 나아가 이러한 불안정성과 양극화의 심화로 성장과 분배의 관계를 유기적으로 편성하기 위해 벌인 다양한 시도들은 그 의미조차 제대로 평가받지 못하고 외면당하였다. 그런데 최근 복지국가 논쟁이 전개되면서 등장한 '복지국가론'들이 그동안 외면당해왔던 생산적 복지기 10년간의 시도들을 되살리고 있다. 이런 점에서 생산적 복지기의 복지개혁은 중장기적으로는 중요한 토대를 놓은 셈이다. 하지만 최근의 복지국가론들은 과거의 시도를 단순히 되살리는 것이 아니라 그것에 더욱 적극적으로 그리고 새롭게 접근하고 있다.

국민의 정부와 참여 정부는 분배(복지)를 성장(경제)과 동등한 순위에 놓고 양자 간의 유기적 관계를 모색하기 위해 다양한 시도를 벌였으나 이 양자 간의 관계를 복지국가라는 이름으로 포괄하지는 않았다. 하지만 최근의 복지국가론들은 경제와 복지의 관계를 복지국가론이라는 명제 아래에 포괄하는 과감한 시도를 명시적으로 보여주고 있다. 예컨대 역동적 복지국가론은 공정한 경제와 혁신적 경제를 역동적 복지국가의 4가지 축 중 2가지로 제시하면서 공정하고 혁신적인 경제 없이 보편적이고 적극적인 복지가 없고 마찬가지로 보편적이고 적극적인 복지 없이 공정하고 혁신적인 경제가 없다고 주장한다(이상이, 2010). 그러면서 역동적 복지국가론은 성장과 분배의 조응을 위해 노동권의 신장을 포함하여 기업지배구조의 투명화, 금융의 공공성 확보, 혁신중소기업의 육성 등 종합적이고 포괄적인 전략을 주창하고 있다(이상이, 2010). 노동중심평화복지론도 경제개혁

없이 복지가 없다고 주장하면서 경제주권회복과 중요산업의 공공성 강화, 중소기업 및 지역경제 활성화 등의 경제개혁방안을 제시하고 있다(정성희, 2011). 사회연대 복지국가론과 정의로운 복지국가론도 범위는 노동에 좀 더 치우쳐 있고 용어도 좀 다르지만 ― 전자는 사회연대노동, 후자는 적극적 복지와 근로복지 ― 시장과 복지의 조응을 강조한다(조승수, 2011; 천정배, 2010). 특히 사회연대 복지국가론은 여기서 더 나아가 재벌개혁 및 중소기업 강화, 금융자본에 대한 사회적 통제 강화 등을 뼈대로 한 경제개혁을 주장하여 복지국가의 전제가 경제개혁임을 강조한다(조승수, 2011). 공통점은 모두 복지국가라는 이름 아래 이들 내용을 주장하고 있다는 점이다. 이는 성장(경제)을 한 축에 놓고 그에 대응되는 것으로서의 분배(복지)를 성장(경제)과 동등하게 하려던 민주정부의 시도보다 확실히 진전된 것이며 과감한 것이다. 이러한 시도들이 나타나게 된 것은 최근의 복지국가론들이 국민의 정부와 참여 정부가 취했던 이중전략에 대한 깊은 반성에서 비롯된 것이기 때문이라 생각된다. 이는 위에서 본 것처럼 최근의 복지국가론들이 사회연대노동이나 노동권 신장, 금융자본에 대한 통제강화, 재벌개혁 등 양극화를 심화시키는 1차적인 원인을 먼저 통제해야 한다고 주장하는 것에서도 알 수 있다. 세계화·탈산업화 흐름에 대한 적절한 대응이 강구되지 않는 상태에서의 복지국가 확충은 근본적으로 한계가 있다는 성찰이 성장과 분배의 관계를 '복지국가'라는 이름 아래 통합하려는 과감한 시도로 나타난 것이다.

또한 저출산·고령화에 대응한 사회복지서비스를 비롯하여 전반적인 사회복지제도와 관련해서 최근의 복지국가론들은 대부분 보편적 복지를 주장하고 있다. 그리고 이 보편적 복지는 전통적인 소득보장과 보육 등 사회복지서비스는 물론이고 교육과 주거, 의료까지 포함하는 상당히 포괄적인 전략으로 제시되고 있다(이상이 편, 2010; 조승수, 2011). 그리고 최근의 복지국가론들은 보편적 복지와 관련하여 공공성의 강화를 주장하고 있다. 사회연대복지국가론은 그동안 복지가 경제성장의 수단으로 취급되어온 결과 시민들의 생존권이 국가가 아니라 시장에 의존해서 결정되었다고 비판하면서 보편적 복지를 통해 국가의 역할을 회복해야 한다고 주장한다(조승수, 2011). 역동적 복지국가론도 어떠한 사회구성원이라도 복지혜택으로부터 배제해서는 안 된다는 공공성을 주장하면서 이를 위해 국가의 거시적 효율성과 형평성을 제고해야 한다고 주장한다(이상이 편, 2010). 정의로운 복지국가론 역시 보편적 복지를 주장하면서 경제활동인구 모두가 참여할 수 있는 사람중심 경제를 지향하는 근로복지를 강조하고 이를 위해 인적자원개발을 통한 취업능력 배양과 고용안정에 중점을 두는 적극적 복지를 주장한다(천정배, 2010).

최근의 복지국가론들의 이와 같은 주장들은 성장과 분배의 관계, 세계화·탈산업화와 복지의 관계, 저출산·고령화에 대응한 복지제도의 확충 등과 관련하여 국민의 정부와 참여 정부가 보였던 다양한 노력들을 넘어서려는 시도가 경주되고 있음을 보여준다(조세개혁문제는 뒤에서 논의한다). 국민의 정부와 참여 정부는 비록 단기적으로는 실패한 측면이 있지만 두 정부를 거치면서 시도된 다양한 노력과 문제제기는 약간의 시차를 두고 비판적으로 복원되고 있는 것이다. 하지만 그것이 비판적으로 복원되고 있다고 해서 최근의 복지국가론들이 모두 동일한 전략을 내놓고 있는 것은 아니다. 특히 한국형 복지국가론은 다른 복지국가론들과 몇 가지 점에서 두드러진 차이를 보이고 있다.

한국형 복지국가론은 생애주기별 일반적 욕구에 대한 기본생활보장과 특수한 욕구에 대한 범주적 생활보장을 동시에 고려한 다층안전망으로의 구조조정을 말하면서 그 일환으로 전 국민을 대상으로 한 사회서비스를 1차 안전망으로 주장하여(안상훈, 2010) 사실상 보편적 복지가 말하는 바를 주장하고 있지만 용어선택에서는 보편적 복지라는 용어를 의도적으로 회피하고 있다. 또한 한국형 복지국가론이 보이는 차이는 작은 복지국가냐 큰 복지국가냐 하는 흑백논리식 논쟁은 의미가 없고 '좋은' 복지국가로의 전환이 중요하다는 주장에서도 나타난다(안상훈, 2010). 그리고 성장과 분배의 관계와 관련해서도 한국형 복지국가론은 성장과 분배의 조화를 다른 복지국가론들처럼 복지국가 자체가 가질 모습으로 제시하는 것이 아니라 복지국가의 정책이 사회투자적인 것이 되면 다시 말해서 사회서비스의 확대로 고용창출이 이루어지고 여성고용이 확대되면 그 부수적인 효과로 달성될 수 있는 것으로 제시하고 있다(안상훈, 2010).

이는 최근 복지국가가 한국사회가 당면한 사회경제적 과제에 대한 대응의 차원에서 중요한 담론으로 부상하였고 또 그 복지국가라는 담론의 이면에는 국민의 정부와 참여 정부가 벌인 다양한 노력에 대한 비판적 평가가 놓여 있지만 그러한 대응전략과 비판적 평가 역시 정치사회세력에 따라 다양하게 나타날 것임을 보여주는 것이다. 이처럼 다양하게 나타날 대응전략과 비판적 평가는 앞으로 구체적인 전략을 통해 표출될 것이다. 그런데 최근의 복지국가론들은 역동적 복지국가론을 제외하고는 구체적인 정책에 이르기까지 세부적인 전략을 내놓고 있지는 않으며 또한 조세개혁과 관련해서는 이견이 표출되고 있다. 이런 점들과 관련하여 몇 가지 과제를 생각해보면서 결론을 대신하고자 한다.

첫째, 최근의 복지국가론들이 과거 국민의 정부나 참여 정부의 이중전략과 달리 복지국가라는 이름 아래 성장과 분배의 관계를 포괄하고 있다는 점은 확실히 과감한 것이며 진전된 것이다. 하지만 아직까지 그 시도는 언술차원이나 담론차원에 머물러 있다. 이런 점에서 최근의 복지국가론들은 그들이 주장하는 성장과 분배의 관계를 현실에서 구현할 구체적인 전략을 산출할 과제를 안고 있는 셈이다. 이러한 구체적인 전략은 결국 한국사회에 존재하는 재벌 등 성장세력과의 관계를 어떻게 설정할 것인가의 질문에 답을 구하는 것이다. 성장과 분배의 관계를 유기적으로 편성하는 것도 중요하지만 성장전략도 중요하며 이를 위해서는 시장에 존재하는 주요 행위자들이 시장에서 상식적으로 행위할 수 있도록 유도 · 강제하는 전략이 필요하다. 그리고 이러한 전략을 현실에서 구현하기 위해서는 이 전략을 지지할 사회세력의 구축이 필요하다. 이는 국민의 정부와 참여 정부가 언술 차원에서는 성장과 분배의 유기적 관계를 내세웠지만 현실에서 그것을 제대로 구현하지 못하였을 뿐만 아니라 성장전략에서는 관료들의 산업화전략에 끌려갔고 더 나아가 성장과 분배의 유기적 관계 구축을 위한 동맹세력형성에 실패한 나머지 많은 노력에도 불구하고 결과적으로 실패하였다는 점(김영순, 2009; 양재진, 2008; 전병유, 2008)에서 대단히 중요한 문제이다. 최근 복지국가 구축을 위한 정치사회세력 간 연대문제가 활발히 논의되고 있지만 이에는 사회연대복지국가론이 주장하듯 노동세력을 복지국가 건설의 주체세력으로 세우기 위한 노력도 중요하지만 농민이나 영세자영업자, 여성, 그리고 한국에서 특히 정치적 의미가 강한 시민사회단체 등 다양한 세력과의 연대도 중요하다.

둘째, 최근의 복지국가론들은 대부분 조세개혁을 주장하고 있고 이 역시 국민의 정부나 참여 정부에 비해서는 진전된 것이라 볼 수 있다. 하지만 최근의 복지국가론들 간에 그리고 이들을 둘러싼 정치권의 복지국가 논쟁에서 조세·재정문제는 '복지확대를 위한 재정확보'라는 측면에서 주로 논의되는 것 같다. 그리고 이러한 논의와 함께 '선복지체감 후조세증대'라는 전략도 논의되고 있다. 하지만 과거 국민의 정부와 참여 정부의 경험에서 보듯이 복지확대를 위한 재정확보로 조세문제에 접근하는 것은 조세저항을 불러오고 나아가 재정확보가 소득파악이라는 담론으로 또 다시 변질되는 등 바람직하지 못한 결과를 초래할 수도 있으며, 선복지체감은 언술로는 설득력이 있는 것처럼 보이지만 그것이 구체적인 제도에서 정확히 어떤 것을 의미하는지는 불분명하며 현실적으로 그것을 구현하기도 쉽지 않다. 게다가 사각지대문제는 여전히 지속되고 있으며 노동시장 유연화 등으로 그 문제가 단기간에 해결되기를 기대하기도 어려운 상황이다. 따라서 '복지확대를 위한 재정확보'라는 틀을 벗어나 조세개혁은 원래의 조세개혁담론으로 제기하여 이를 추진하고 사각지대문제는 노동시장정책 차원에서 접근하여 예컨대 저임금노동자 등에 대한 사회보험료 지원 등으로 접근하는 방안을 고려할 필요가 있다. 이를 통해 조세개혁은 복지확대여부와 무관하게 그 자체로 한국사회의 형평성 제고와 시장의 주요행위자들의 상식적인 행위유도를 위해 의미가 있는 것이라는 점을 부각시키고, 복지확대가 사각지대문제나 소득파악문제로 변질되지 않도록 할 필요가 있다.

셋째, 최근의 복지국가론들은 복지제도와 관련하여 구체적인 대안을 제시하는 경우에도 본문에서 살펴본 변화된 상황, 즉 사회보험료 징수업무의 건강보험공단으로의 통합이나 사회복지서비스 전달체계의 파편화 등을 본격적으로 고려하지 못하고 있다. 물론 최근의 복지국가론들이 1990년대 민주화의 성과로부터 제기된 과제와 외환위기 이후 등장한 세계화 · 탈산업화, 저출산 · 고령화 흐름으로부터 제기된 과제에 대응하기 위한 노력으로 일종의 대안사회에 관한 논쟁이라 할 수 있고 또 그 경험적 토대는 국민의 정부와 참여 정부의 실패한 노력에서 찾을 수 있다는 점에서 비교적 거시적인 담론을 제시하고 그로부터 현실전략을 산출하고 있는 것이어서 단순히 복지제도의 확대여부를 둘러싼 논쟁이라고만 볼 수는 없다. 다시 말해서 최근의 복지국가론들을 중심으로 벌어지고 있는 논쟁은 '복지'국가 논쟁이라기보다는 복지'국가' 논쟁이라고 보아야 하는 것이다. 이는 과거 민주화가 단순히 정치영역에서의 민주주의 확립만을 의미한 것이 아니라 민주화라는 담론을 매개로 한 대안사회의 구축을 의미한 것이었다는 점과 유사하다. 하지만 그렇다 하더라도 복지'국가' 논쟁에서 복지제도에 관한 구체적인 전략이 없어서는 안 된다. 그리고 이런 전략은 복지제도의 변화된 상황을 고려해야 한다. 현재 사회보험료 징수업무의 건강보험공단으로의 통합이나 사회복지서비스 전달체계의 파편화 등과 관련해서는 본격적인 논의가 이루어지고 있지 않은 형편이지만 건강보험공단이 5대 사회보험료의 징수업무를 담당할 뿐만 아니라 건강보험과 노인요양보험을 담당하고 있으며 장애인활동지원제도와 장애인등록심사업무를 국민연금공단이 담당하게 되었고 지방의 사회복지서비스는 복지재정 분권이 적용되는 부문과 바우처 부문, 그리고 건강보험공단이 운영하는 노인요양보험 부문으로 분절되어 있다는 사실을 고려하지 않은 복지제도 확대전략은 그것을 현실에서 구현하려고 시도하는 순간 이해관계의 갈등에 직면하게 될 것이다. 참여 정부가 사회복지서비스 확충을 적극적으로 추진했으면서도 제도적 인프라를 구축하는 데 실패한 데에는 사회복지서비스를 둘러싸고 기존에 형성되어 있는 이해관계를 제대로 인식하지 못했기 때문이다. 복지제도의 변화한 상황을 고려한 구체적인 '복지'제도 전략역시 다양한 형태로 나타나겠지만 그러한 전략의 마련은 복지'국가' 논쟁이 생산적으로 이루어지는 데에도 필요하다.

2장 연금개혁의 정치경제학

: 신자유주의 시대 한국의 연금개혁

서론

신자유주의는 1980년대 이후 세계자본주의와 지금 한국사회를 규정하는 핵심적인 키워드 중 하나이다. 신자유주의 시대는 노동에 대한 자본의 우위가 명확해지고, 사회복지를 포함한 삶의 전 영역에서 '시장'이 인간의 필요needs 충족의 주요한 방식으로 자리 잡은 시대라 할 수 있다. 이러한 신자유주의 시대에 이루어진 연금개혁의 본질은 무엇이며, 연금개혁은 신자유주의의 작동과 어떻게 연관되는가? 또한 서구 복지국가 전개와는 다른 시간대를 거쳐 온 한국사회가 최근에 경험한 연금개혁은 이러한 신자유주의 시대 세계 연금개혁 흐름과 어떻게 연관되는가? 이 글은 이러한 질문에 답하고자 하는 시도이다. 특히 한국에서 최근 몇 년 동안 이루어진 일련의 연금개혁의 의미를 신자유주의 심화와 관련시켜 설명하고자 한다.

＊주은선 _ 경기대학교 사회복지학과 교수

필자가 신자유주의와 연금개혁의 문제에 주목하는 것은 다음의 이유에서이다. 우선 공적연금제도는 많은 나라에서 급여지출액이 GDP의 10% 가량을 차지하는 거대한 제도로 연금급여는 사회적 이연임금social deferred wage의 가장 주요한 형태이다. 둘째, 연금은 노동과 여가, 근로소득과 재분배, 개별화된 노후보장과 연대를 통한 노후보장 사이의 대립과 배분에서 핵심 고리로서(Esping-Andersen, 1990), 연금을 둘러싼 대립은 자본주의 사회에서 지속되는 갈등을 표현한다. 특히 공적연금과 사적연금과의 대립과 갈등이 핵심적이다. 공적연금제도 내용은 개인연금, 생명보험, 기업연금 시장의 형성과 발전에 직접 영향을 미치며, 사연금시장 역시 공적연금 존립에 영향을 미친다. 이는 특히 사회보장을 둘러싼 국가와 시장의 대당 속에서 의미를 살펴볼 필요가 있다. 셋째, 연금제도는 장기적으로 기금이 형성되고 급여 지출이 이루어지는 만큼 여타 사회보장제도와 달리 재정방식에 따라 대규모 기금 적립이 가능하다. 연기금은 그 규모와 성격, 운영방식에 따라 금융시장에 큰 영향을 미치며 이해관계를 발생시킨다. 이는 최근 한국사회가 경험하고 있는 노후소득보장제도의 재편 역시 시장부문의 이해관계, 나아가 한국 자본주의의 향방에도 영향을 미칠 수 있음을 의미한다.

최근 연금개혁을 통해 대부분 국가에서 공적연금 급여액이 축소되었고, 한 사회공동체가 개인의 노후보장에 대해 책임지는 방식 전반이 변화하고 있다. 연금개혁이 노후에 관한 개인, 국가, 시장의 제도화된 역할을 변화시킨 것이다. 이러한 변화의 의미를 읽어내는 데 핵심적인 것은 시장과 노후소득보장의 결합이다. 또한 제도 변화와 동시에 진행되고 있는 연기금 운용의 변화, 구체적으로는 연기금의 금융시장 투입 확대와 운용의 탈규제에 주목할 필요가 있다. 이러한 노후보장 방식과 연기금 운용의 변화는 궁극적으로 사회보장제도로서 공적연금의 정체성에도 영향을 미친다. 이는 한국사회에서도 마찬가지이다. 시장 확산을 요체로 하는 연금 부문 변화의 의미는 신자유주의 확산, 심화와 관련시켜 바라볼 때 비로소 제대로 해석될 수 있다는 것이 필자의 생각이다.

이러한 이유에서 최근 한국의 연금개혁을 제도와 연기금 두 가지 측면에서 조명한다. 특히 2007년 국민연금개혁에 주목한다. 이 개혁이 1988년 제도 도입 이후 최초의 구조 개혁이자, 10여 년 동안 이어진 기나긴 연금논쟁의 결과물이었기 때문이다.

2007년 국민연금개혁은 미묘한 속성을 지니고 있다. 이 개혁을 통해 한국 연금제도는 지난 10년 간 한국 사회보장제도의 발전과는 상반되는 방향으로 전개되었다. 같은 시기에 여타 사회보장제도 개혁은 복지 팽창을 의도하는 것이었지만 국민연금만은 유독 축소를 지향하였다는 점에서 그러하다. 1998년 경제위기 이후 10년은 한국 사회보장제도의 기본 틀이 갖춰진 시기로 사회보장 권리가 확충된 시기로 언급되곤 한다.[1] 이 시기 사회보장제도 확대는 극심한 경제적 충격을 경험한 이후 시장경쟁에서 패배하는 순간 곧장 삶의 나락으로 떨어지는 사회는 더 이상 공동체로서 의미를 갖기 어렵다는 것이 확인되었기 때문일 것이다. 또한 이는 헌정 사상 최초로 '복지국가'를 실질적인 목표로 하는 정치세력이 집권한 것과도 관련된다(성경륭, 2002). 그러나 소위 민주세력 집권 후반기에 이루어진 국민

---

1. 1996년 고용보험제도 실시와 1998년 이후 가입범위의 급속한 확대는 실업을 사회적 차원의 대응을 요하는 문제로 인정하기 시작하였음을 의미한다. 1998년 의료보험의 건강보험으로의 통합은 사회적 연대의 기반을 기업, 지역에서 국가 단위로 확대시켰으며, 또한 1998년 생활보호법의 국민기초생활보장법으로의 전환은 한국사회에 최초로 기본적인 생활보장을 시혜가 아닌 권리라는 언어로 말하도록 하였다.

연금 개혁은 세계적으로 유례가 없을 정도로 큰 폭의 급여율 삭감을 특징으로 한다. 한국의 사회보장제도가 오랜 암흑기를 지나 뒤늦은 발전을 모색하고 있는 와중에 공적연금제도는 축소 변형되었다. 이렇게 미묘한 위치에 있는 연금개혁의 의미를 어떻게 이해해야 할 것인가?

이 글은 이에 대한 답을 모색하는 과정의 일부이다. 이에 이 글은 크게 두 부분으로 구성된다. 첫째, 최근 공적연금개혁의 신자유주의적 특징을 다룬다. 여기에서는 우선 1990년대 중반 이후 전세계 연금개혁의 지배적 담론이 된 다층연금체계multi-pillar system 주장과 연기금 금융화의 문제를 살펴본다. 이어서 각국 연금개혁의 신자유주의적 요소를 정리한다. 둘째, 한국 연금개혁의 신자유주의적 특징을 다룬다. 2000년대에 이루어진 한국 연금개혁 내용을 살펴보고, 앞서 정리한 신자유주의적 연금개혁의 특성들과 관련하여 한국 연금개혁의 의미를 살펴본다. 신자유주의 시대 연금개혁이 갖는 특성이 한국에서는 어떤 모습으로 나타나고 있는지 살펴봄으로써 그 일반성과 특수성을 함께 이해해 보자.

신자유주의 시대 연금제도 개혁의 논리와 연기금 금융화

신자유주의적 연금제도 개혁의 다른 이름, 다층연금체계 구축

세계은행의 다층체계 구축론과 연금개혁

1990년대 이후 연금개혁 담론을 주도한 것은 국제기구인 세계은행World

Bank과 국제노동기구ILO였다. 한국에서는 외환위기 이후 세계은행의 연금 개혁에 관한 주장이 집중적으로 소개되면서 다층연금체계 구축이 연금개혁 담론의 주류를 형성하였다. 세계은행의 연금개혁에 대한 입장은 보고서 인『*Averting the Old Age Crisis*』(1994)에서 정식화되었는데, 여기에서 제시된 3층 모형three-pillar model의 내용은 다음과 같았다. 1층은 강제적용 방식의 공적연금으로서 조세를 재원으로 하며 급여수준은 낮게 억제된다. 2층은 기업연금이나 개인연금인데, 강제적용 방식을 통해 대규모 연기금 적립을 유도하는 효과를 갖는다. 3층은 임의적용방식의 기업연금이나 개 인연금으로서 중산층 이상에게 적절한 소득보장 기능을 하도록 한다 (World Bank, 1994).[2] 물론 다층모형의 구체적 설계는 각국의 제도적 유 산이나 연금시장 성숙도 등에 따라 달라진다. 그럼에도 변함없는 핵심은 기초보장은 공적연금이 담당하되, '적절한adequate' 수준의 노후보장은 사 연금이 담당하도록 하는 것이다. 다시 말하면, 통상 부과방식으로 재정 이 운영되는 확정급여방식의 공적연금을 축소시키고, 공적연금의 역할을 낮은 수준의 기초보장이나 빈곤노인만을 대상으로 하는 최저보장연금, 혹은 공공부조로 재편할 수 있다. 공적연금 급여 하락으로 인한 공백을 메우는 주요 수단은 적립형 기업연금체계, 특히 확정기여형 연금과 개인연 금계정 방식의 연금이다(World Bank, 1994; Holzmann, Hinz, & Staff of the World Bank, 2005).[3]

---

2. 국제노동기구의 제안은『*The Development and Reform of Social Security Pension*』(2000) 에 정리되어 있는데, 세계은행 안에 비해 기존의 공적연금의 역할을 강조하는 것으로서 조금 더 복잡한 형태를 띠고 있다. 1층에는 조세 재정의 최저소득보장 성격의 연금이 존재하며, 2층 에는 조세 재정의 공적 기초연금 혹은 보험료 재정의 부과방식 연금이 존재한다. 이 연금은 소 득대체율은 40-50%로 설정되어 급여수준이 세계은행안보다 높다. 3층에는 강제적용방식의 사적연금이, 4층에는 임의적용 방식의 사적연금이 존재한다.
3. 세계은행(2005)이 새롭게 제안한 것은 기존의 3층 체계에 더해 빈곤층 비정규직 등 사각지대

세계은행이 다층모형 구축의 명분으로 제시한 것은 공적연금이 갖고 있는 정치적 위험을 피하고, 인구노령화로 인한 재정 위험을 완화시킨다는 것이었다. 그러나 그 핵심적인 의도는 기존에 중심적인 역할을 하고 있는 부과방식 공적연금의 역할을 대폭 축소하거나 폐기하고, 대규모 연기금 적립을 수반하는 기업연금과 개인연금의 역할을 강화시키는 것이다. 이에 다층체계 구축은 사적연금 시장의 확대를 요구한다. 공적연금의 기능이 기초보장 수준으로 축소되고, 적절한 수준의 노후보장 역할은 기업연금이나 개인연금이 수행하도록 하기 위해서는 시장규모가 커져야 하기 때문이다. 이렇게 고위험 투자를 하는 사적연금상품 시장의 확대는 인구고령화에 대응하여 연금제도의 안정성을 보장하는 방안으로 정당화된다.[4] 이렇게 다층노후소득보장체계 구축은 국가의 사회보장 기능 축소와 사연금을 통한 소득보장 확대, 특히 연금시장 발전을 의미한다는 점에서 신자유주의적인 내용을 담고 있었다.

이러한 연금개혁 모델은 세계은행 등의 직접적 개입에 힘입어 남미의 연금개혁과 동유럽의 사회보장제도 재편 과정에서 상당한 영향력을 발휘했다. 남미에서는 1981년 칠레를 시작으로 1990년대 중후반에 여러 나라에서 연금개혁이 이루어졌다. 많은 나라들이 개인의 불충분한 기여나 연기금 투자 실패로 연금급여액이 적을 경우에 한해 최저보장을 하는 최저보

에 놓인 사람들을 위한 0층(공공부조 차원의 기초연금)을 신설할 것, 1층 공적연금의 소득비례 부분을 강화할 것, 4층을 신설하여 빈곤 노인에 대한 주택, 의료서비스를 강화하고 가족 내 부양 프로그램을 강화할 것 등이다. 1994년 개혁안에 대한 평가를 통해 공사연금 모두에서 배제되는 극빈계층에 대한 보완책을 마련한 것과 사적부문 활용 수준을 더욱 높이는 것이 핵심이다.
4. 애초에 세계은행 등이 모범 사례로 내세운 것은 공적연금제도를 완전히 개인계정(individual account)으로 재편한 칠레 사례였다. 그러나 이 방안은 오래된 부과방식 연금제도를 가진 나라들에게는 대규모의 이중부담을 야기하는 방안으로서 별다른 함의를 갖지 못하였다. 이에 실현 가능한, 하지만 사회보장제도의 신자유주의적 재편에 필요한 핵심적인 내용을 갖춘 다층체계 구축 방안이 전면화된 것이다.

장연금과 개인계정Individual accounts 방식이 결합된 모델을 따랐다.[5] 세계은행의 다층모형은 자본공급에 관여하는 국제기구가 주장하는 방안이었기에 체제 전환 과정에 있는 나라들에게 상당한 영향력을 가졌다. 새롭게 시장경제를 구축하는 과정에서 자본 유치 필요성이 어느 때보다 높은데다 이들 국가를 세계 자본주의 경제로 포섭하는 데 세계은행이 중요한 역할을 하고 있는 상황은 세계은행이 연금개혁에 상당한 영향력을 발휘할 수 있는 조건을 형성하였다. 결국 동유럽 국가들은 연금개혁을 자본주의 시장경제 도입과 맞물린 문제로 인식하였기에 적립식 연금 도입을 통한 저축증가 및 연금시장 창출을 연금개혁의 중요한 목적으로 하였다. 연금개혁을 통해 금융시장 및 시장경제 발달을 견인하려고 한 것이다. 이에 헝가리, 폴란드, 크로아티아, 루마니아, 에스토니아 등은 1990년대 말부터 2000년대 초 사이에 연기금 적립을 확대시키는 방향으로 연금개혁을 수행하였다. 세계은행(2001)은 이들 국가들은 2020년 경 연기금 규모가 GDP 대비 20-30% 수준으로 증가할 것이라고 예측하였다.[6]

다층모형 담론이 일반화되면서 공적연금 축소와 사적연금 확대라는 그 내용적 핵심은 다른 나라 연금개혁에도 반영되었다. 스웨덴이 연금개혁을 통해 적립식 개인계정연금인 프리미엄 연금Premium Pension을 일부 도입한 것

---

5. 페루(1993), 아르헨티나(1994), 콜롬비아(1994), 우루과이(1995), 멕시코(1997), 볼리비아(1997), 엘살바도르(1998), 니카라과(1999) 등에서 연금개혁이 이루어졌으며, 2000년대 초에는 코스타리카 등에서 연금개혁이 이루어졌다. 이 중 멕시코, 볼리비아, 엘살바도르, 니카라과는 완전적립방식의 연금을 채택하였다(World Bank, 2001).
6. 동유럽에서는 헝가리(1998), 폴란드(1999)를 시작으로 라트비아(2001), 마케도니아(2001), 크로아티아(2002), 불가리아(2002), 에스토니아(2002), 루마니아(2003)에서 연금개혁이 1990년대 말 2000년대 초에 집중적으로 이루어졌다. 1층 부문의 공적연금제도는 최저보장연금, 확정급여식 연금, 명목확정기여방식(NDC) 등 다양하지만 공통점은 의무가입 방식의 사적연금이 포함되어 있다는 것이다. 특히 폴란드 등은 연금개혁 과정에서 칠레에 파견단을 보내는 등 남미, 특히 칠레 사례를 참조하여 2층 부문이 적립식 연금에 의무 가입하도록 하는 방식으로 구성되어 7.2%의 보험료를 강제 적립하도록 하는 제도를 도입했다. 폴란드는 사부문의 적극적 참여와 자산 적립 및 전문회사의 기금운용을 강조하고 있다(World Bank, 2001).

이나, 독일이 사적연금 가입에 대한 재정지원 방안을 도입한 것, 영국이 stakeholder pension을 도입한 것,[7] 미국이 오랫동안 기존 OASDI를 축소하고 개인저축계정을 추가하는 연금개혁을 논의하고 있는 것 등이 그 사례이다.

일련의 연금개혁 결과 한국의 연금체계가 세계은행(1994)이 제시한 다층체계 모형으로 접근한 것은 우연이 아니다. 한국사회에서도 2000년대 이후 다층노후소득보장체계 구축이 연금개혁에 관한 주된 담론이 되었다. 그 계기는 1998년 구제금융 제공 당시 세계은행이 한국 정부에 제시한 조건으로 국민연금제도의 개혁과 공공자금 대여 폐지와 같은 연기금 운용방식의 변화를 포함시킨 것이다(Bateman, 2007). 세계은행은 한국 연금개혁 논의를 촉발시키는데 적극적인 역할을 하였다. 차관Structural Adjustment Loan II : 이하 SAL II 제공을 계기로 세계은행은 한국의 연금제도 재구축에 관한 권고를 하였다. 세계은행의 권고안은 국민연금과 공무원연금 등과 같은 공적연금들의 급여를 축소 조정하여 통합하고, 퇴직금을 완전적립식의 확정기여식 기업연금으로 전환하며, 사적연금발전을 위한 지원을 늘리는 내용을 담고 있었다. 금융시장과 관련해서는 국민연금기금 운용을 개선하고 퇴직금 제도를 개편함으로써 자본시장을 발전시키고 불안정성을 제거한다는 내용이 제시되었다(Palacios, 2000).[8] 뿐만 아니라 세계은행은

---

7. 영국에서 블레어 정부가 도입한 Stakeholder Pension Schemes는 기업연금과 적격개인연금에 이어서 공적소득비례연금을 대체할 수 있는 새로운 방식의 사연금이다. 이는 기업연금과 개인연금을 혼합한 성격을 갖고 있다. 즉, 마케팅이나 보험료 징수는 집단적으로 하여 징수 및 관리운영비가 절감된다는 기업연금의 장점을 가지되, 노동이동성 증가에도 급여권이 유지된다는 개인연금의 유연성을 혼합하고자 한 것이다. 따라서 Stakeholder Pension Schemes는 기업연금과 같은 집단적인 구조를 유지하여 연간 운영 수수료를 낮은 수준으로 낮추되(기여액의 1% 정도), 연금수급권을 개인연금과 같이 다른 연금체계로 아무런 불이익 없이 자유롭게 이동할 수 있도록 한 제도이다(주은선, 2001).
8. 세계은행의 다층체계 구축 방안은 기본적으로 노후보장에 대한 개인책임을 강조하는 것이었

ASEM의 노인복지 지원금으로 SAL Ⅱ에서 요구한 한국 연금개혁을 위한 태스크포스 운영과 연기금 운용능력 제고에 자금을 조달하였다. 또한 자신들의 권고안을 한국 연금개혁 논의의 출발점으로 제공하였다. 이에 다수 전문가들은 다층체계 담론을 적극적으로 수용하였다.

또한 세계은행은 한국의 공적연금 재정 상태에 대해 세계은행 기준에 맞는 추계 결과를 제시할 것을 요구했다. 즉, 주로 사연금에서 사용되던 연금부채liability 개념을, 실제 파산위험이 인정되지 않는 공적연금에 대해서도 적용하기 시작한 것이다. 한국도 이 시기에 국민연금의 재정안정성을 판단하는 기준으로 연금부채 개념을 사용하게 되었다. 이후 국민연금기금 급증이 예상되는 가운데 이에 앞서 재정건전성 문제가 연금개혁의 주요한 근거로 널리 인용되기 시작하였다. 이렇게 재정안정성과 보장성의 대립구도가 형성된 것이다. 세계은행의 다층체계 구축안은 한국에서 바로 수용되지는 않았다. 연금제도 개혁은 보다 정치화된 이슈가 되었다. 그러나 연기금 운용, 연금재정 등의 내용은 정치적이고 제도적인 함의를 갖기보다는 기술적인 차원의 것으로 이해되면서 한국사회에서도 충실히 수용되었다.

강조컨대 전 세계에 신자유주의를 설파하는 대표적인 기관에 의해 한국 연금개혁에 관한 문제 지형과 주요한 담론이 형성되었다. 본격적인 연금 급여 지급 이전부터 공적연금의 재정건전성 문제가 심각하게 부각되고, 다층체계 형성이 연금개혁의 기본을 형성한 가운데 퇴직연금제도 도입과 국민연금제도 개편이 이루어진 것이다. 일련의 한국 연금개혁은 경제위기 이후 한국사회에서 신자유주의적 흐름이 정치적, 담론적 영향력을 확대한 것

지만 한국에 대한 권고에서는 공적연금 급여의 하향조정과 함께 포괄범위 확대, 사각지대 문제 해소를 함께 다루었다.

과 무관하지 않다.

세계은행의 다층체계론 비판

2000년대 국민연금 개혁 논의를 지배했을 뿐만 아니라 사실상 통념화되다시피 한 세계은행의 다층체계 구축론을 비판적 관점에서 재검토해보자. 전 세계 연금개혁을 풍미한 다층체계 구축론은 무엇보다도 인구노령화로 인한 공적연금 재정 문제를 해결하기 위한 대안으로 부각되었다. 이에 더해 다층체계론은 다음과 같은 장점이 있다고 일컬어졌다. 첫째, 위험의 다기화risk diversification로 보장능력을 높인다. 특히 공적연금 고유의 정치적 위험political risk을 줄일 수 있다. 둘째, 2층 적립부분 확대를 통해 사연금 기금이 증가하면 이는 전체 국민저축을 증가시켜 경제성장에 도움이 된다. 셋째, 기여와 급여를 긴밀하게 연계시켜 기여금 회피현상을 줄일 수 있다. 넷째, 민간이 연금제도 및 연기금 운영을 맡으면서 경제적 효율을 극대화하는 투자 결정을 함으로써 높은 수익률을 거둘 수 있고, 자본시장을 활성화시킬 수 있다(Holzmann et al., 2005를 참고하여 정리).

그러나 세계은행이 제안한 것과 같은 공적연금 축소와 사연금 확대를 통한 다층체계구축이 실제로 이러한 장점들을 갖고 있을까? 정말 이러한 방향의 개혁은 연금개혁의 주된 명분인 연금재정 문제를 해결할 수 있을까? 우선 연금재정방식을 부과방식에서 적립방식으로 변경함으로써, 혹은 부과방식 부분을 줄임으로써 연금재정의 건전성을 확보할 수 있다는 주장을 비판적으로 검토해 보자. [9]

---

9. 바(Barr, 2004)의 주장을 참고하였다.

이는 연기금 적립 확대가 인구 노령화로 인한 연금재정부담 증가 문제를 해결하는 유일한 해법이라는 주장이다. 그러나 인구 고령화 추세에 대처하여 적립방식이 부과방식보다 재정적 안정성 측면에서 비교우위를 가진다는 주장은 구성의 오류fallacy of composition의 대표사례이다(Barr, 2004). 개인의 차원에서 보면 연금제도는 자신의 소득을 시기적으로 재분배하는 역할을 한다. 그러나 이는 국민경제 전체 차원에서 보면 성립될 수 없다. 왜냐하면 매년도 전체 연금생활자 소비는 그해 근로계층이 생산한 생산물을 토대로 이루어진다. 연금제도는 매년 생산된 총생산물을 그해 근로계층과 연금수급계층 사이에 나누는 것으로서 어떤 재정방식을 선택해도 이 본질은 변화하지 않는다. 인구고령화 문제는 재정관리 방식을 부과방식으로 하든, 적립방식으로 하든 재정방식의 변화로 완화될 수 없는 문제이다. 재정관리 방식 선택은 단지 세대 간 자원배분 방식에 대한 기술적 차이를 가져올 뿐이다. 다시 말하면, 부과방식이든 적립방식이든 노령화는 부양률 증가 – 현 노동자가 생산한 산물 중 더 많은 부분을 노인들이 소비하게 됨 – 를 의미한다. 부과방식에서는 사회보장체계를 통해, 적립방식에서는 자본시장을 통해 노인들에 대한 분배를 부담하는 것일 뿐, 부담량 자체의 차이가 발생한다고 보기는 어렵다. 이는 결국 인구 고령화 문제는 '생산' 규모, 혹은 전체 사회의 부에 관한 문제임을 의미한다.

세계은행 보고서는 적립방식을 채택하면 인구학적 변화에 연금체계가 잘 견딜 수 있도록 만든다고 주장하였지만, 적립방식에서도 인구 경향에 따라 자본수익률이 감소할 수 있다. 일례로 노동인구 비중이 줄어들 경우 자산시장에서 구매자가 감소하면서 주식, 부동산 형태의 연금자산을 현금화할 때 자산가치가 오히려 감소할 수 있다melting down. 오히려 공적연금이 지출 부담이 적은 시기에 부담이 큰 시기를 대비해서 기금을 모아놓는 식으로, 때에 따라 적립분을 변화시킬 수 있다. 이런 면에서 공적연금은 사연금보다 우월하다. 따라서 연기금 적립의 확대가 바로 인구 고령화 문제에 대한 해법이라는 주장은 성립하기 어렵다. 유사한 맥락에서 연금보험료 인상이나 연금급여 인하만이 연금재정 문제를 해결하는 해법이 아니다. 퇴직연령 조정이나 출산율 제고 등을 통한 노동인구 증가, 연금보험료 기여기간 늘리기, 경제 성장률 높이기 등도 연금보험료 인상이나 급여 인하에 준하는 효과를 가진다.

둘째, 다층체계는 위험을 분산시킨다는 주장은 다층체계 구축으로 인한 새로운 위험의 강화를 간과하는 것이다.[10] 세계은행의 다층체계 구축 제안은 위험다기화가 아니라 고위험 전략이라고 평가할 수 있다. 급여를 확정짓지 않는, 확정기여DC 방식은 근본적으로 급여의 불확실성을 의미한다. 확정기여 체계에서 퇴직 시점에 적립기여금을 연금으로 전환하는 것은 많은 나라에서 이미 급여수준의 적절성 문제를 야기하였다. 정보가 충분치 않은 상태에서 중개 수수료를 많이 챙기는 판매인에게 부적합한 연금 상품을 살 수도 있고, 평균수명이 긴 여성들에게는 더 적은 급여가 주어질 수 있다. 또한 세계은행 보고서는 평균수명 이상 생존자에 대한 연금은 공적체계가 떠맡을 것을 제안하기도 하였다. 혹자는 이러한 위험들은 사연금에 대한 국가 규제를 통해 완화될 수 있다고 주장한다. 그러나 대부분 국가는 다종다기한 사연금 상품에 대한 정교한 규제 기술이 부족할 수밖에 없다. 이번 금융위기에서 보듯 금융부문 부패와 연결되어 있을 뿐만 아

---

10. 이 부분은 ILO와 ISSA의 세계은행 연금개혁안에 대한 비판을 참고하였으며, 질리온(Gillion, 2000)의 내용을 일부 인용하였다.

니라, 사회보험 운영능력 부족으로 비판받는 국가가 이를 제대로 할 수 있을지 의문스럽다.

게다가 연기금 투자의 위험, 금융시장의 불확실성이란 커다란 위험이 추가된다.[11] 적립된 연기금을 적절하게 투자해서 수익을 올릴 수 있을지 불확실하다는 것이다. 이는 비단 2008-2009년 금융위기 시 각국 연기금이 커다란 타격을 입었던 것에 국한되지 않는다. 금융시장 국면에 따른 연기금의 대량 손실은 이미 여러 번 빈번하게 발생한 바 있다. 특히 금융위기 시 퇴직과 적립식 사연금 수령을 하게 되는 경우 이러한 큰 폭의 수익 하락은 전적으로 가입자가 떠맡아야 할 몫이 된다. 결국 이는 연금수급자의 생활수준을 악화시키고, 국가가 최저수준 보장을 제공하기 위해 필요한 공공지출을 증가시킬 수도 있다.[12]

정치적 위험이란 면에서도 과연 연금개혁이 공적연금을 정치적 위험으로부터 구원할 것인지 또한 불분명하다. 수급권의 안정성 면에서 보면, 사회보험 방식의 연금에 비해 조세방식의 연금수급권이 더 불안정하다. 조세방식 연금에는 자산조사를 덧붙여 가입자 선별체계를 도입할 위험과 급여삭감 위험이 존재한다. 더군다나 사연금이 확산되어 많은 사람들의 소득 보장이 이루어지게 되고 공적연금에 자산조사가 부가된다면, 공적연금

---

11. 이에 관한 설명은 연기금 금융화에 관한 부분(69~77쪽)에서 보충된다.
12. 연기금 투자 위험을 최종적으로 완화시키기 위한 국가의 최저연금 보증이나 공공부조 방식의 연금 또한 그 실효성 면에서 상당한 문제를 갖고 있다. 예를 들어 칠레에서 노령연금에 포괄되지 않는 노인들은 평균임금의 12%에 해당하는 사회부조를 받도록 되어있다. 문제는 1970년대 이래 그 수가 4배 늘었지만 1회당 수급자는 30만 명으로 제한된다는 것이다. 또한 칠레에서 20년 이상 기여한 노인들은 그 수준이 평균임금의 22-25%정도인 최저보증연금 수급자격이 있다. 연기금 수익률이 평균수익률 이하가 되는 것에 대해, 혹은 보험회사가 망하는 경우에 대해 보증하는 것이다. 이 경우 최저보장 수준은 소위 정치적 위험 수준이 매우 높다. 세계은행 보고서는 기여연수에 따라 최저보장 수준을 다르게 할 것을 제안하고 있다. 소득대체율 12%에 기여연수에 따라 0.5%씩 덧붙이는 것이다. 이 경우 45년 근무 시 34.5% 최저보장을 받는다.

급여 삭감 등에 대한 정치적 반대가 적어진다. 가난한 연금수급자는 고립되는 것이다. 일례로 아이슬란드는 공적연금을 경과조치 없이 보편적 수당에서 자산조사 방식의 공공부조로 변경한 바 있다. 세계은행이 제안하는 다층체계는 이런 면에서 반드시 정치적 위험을 축소시키는 것은 아니다. 연금제도가 자의적으로 축소될 정치적 위험을 줄인다는 명목으로, 현재 가입자와 노동자들의 공적연금에 대한 권리를 축소시키는 쪽으로 연금제도를 개혁하도록 제안하는 것은 모순이다.

셋째, 공적연금보다 적립식 사적연금이 경제성장에 유리하다는 주장은 실증된 바 없다. ILO에 따르면 세계은행 연금개혁 보고서의 목적은 궁극적으로 제3세계 주식시장을 키우는 것이다. 이를 통한 투자 증가와 경제성장률의 증대가 이루어진다는 것이다. 그러나 저개발국이 자본 동원을 위해 선진국을 모방하여 주식을 이용하는 것이 최선임은 입증되지 않았다. 은행을 통한 자본 동원 또한 역사적으로 입증되어 온 하나의 경로이다. 스티글리츠Stiglitz와 같은 경제학자는 저개발국에서는 자본동원을 위해 주식시장보다는 은행에 의존해야 한다고 주장한다. 궁극적으로 노후소득보장을 위한 연금제도가 과연 과소투자 및 저성장 문제까지 동시에 해결하는 기제가 되어야 할 것인가? 이러한 과도한 기능 부여는 오히려 비현실적이다.

넷째, 적립식 사연금 확대 전략의 문제점으로 빼놓을 수 없는 것이 높은 관리운영비 문제이다. 공적연금은 비효율적이며, 사적연금은 효율적이라는 가정은 관리운영비를 놓고 보았을 때는 정확히 그 반대가 성립한다. 사연금의 비효율성을 보여주는 극단적인 사례가 영국과 미국의 개인연금이다. 이들 국가의 사적연금 개인연금 관리운영비는 기여금의 35%에 달한다. 특히 저임금 노동자들과 불안정한 고용지위를 갖는 사람들의 경우, 정기적 기여가 어려울 뿐만 아니라 정액 혹은 최저부분이 들어가기 때문에 사적연금 운영 수수료가 더 비싸진다. 이러한 높은 관리운영비 문제는 공적연금을 가능한 한 공공부조 방식의 연금으로 재편하려는 경우에도 야기된다. 제도운영 관리비뿐만 아니라 연기금 운영에서도 연기금 투자를 민영화하는 것은 그만큼 규모의 경제가 갖는 효과를 없애고 마케팅 비용을 야기하며 운영을 복잡하게 하여 더 큰 비용을 발생시킬 수 있다.

근본적으로 노후소득보장에 계층 간 재분배를 이룰 수 있는 통로가 공적연금이라는 점에서 공적연금은 사적연금보다 사회정의 면에서 더 우월하다. 앞서 설명한 세계은행의 다층체계 구축론에 대한 비판은 한국 연금개혁 논쟁에서 충분히 강조되지 못하였다. 특히 재정 이슈에 관해서는 연금부채를 강조하는 논리가 논쟁 전체를 지배하였다. 반면에 논쟁 과정에서 급여 축소를 통해 한층 더 큰 규모로 적립되는 연기금 논의는 전무하다시피 하였다. 이제 신자유주의적 연금개혁과 연기금 문제를 살펴보자.

신자유주의적 금융자본주도 축적체제와 연기금 금융화

신자유주의와 연기금 금융화financialization

연기금 금융화는 단순히 연기금이 금융시장에 투자되는 현상을 의미한다기보다는 연기금 자체의 성격과 기능의 변화를 가리키는 것이다. 즉, 연기금의 금융시장 투입을 증가시키는 한편 연기금 운용 면에서 국내외 주식시장 및 다양한 금융상품 투자 등에 관한 규제 완화를 추구함으로써, 애초 임금소득의 일부였던 연기금이 전 지구적으로 자유롭게 움직이는 금융자본으로 탈바꿈하는 현상을 의미한다. 연기금 금융화는 전 지구적인 금융자본주의를 뒷받침하게 되는 자본의 변화, 혹은 운동의 일부이다.

최근 연금개혁은 부과방식 연금 대신 적립식 연금의 역할을 확대시켰다. 이에 따라 전체 연기금 규모는 크게 증가하였다. 초기에 이런 흐름을 선도한 것은 미국의 퇴직연금으로서 브뤼노프(De Brunhoff, 1999)는 ERISA법 제정[13] 등과 같은 미국의 기업연금 투자자유화 조치가 이미 1970년대부터 금융자본 주도의 축적체제로의 진전에 결정적으로 기여하였다고 주장한다. 1998년에 이미 미국의 연기금은 미국 상장기업 주식의 45%를 소유한 것으로 알려져 있다(Hebb, 2001). 또한 미국뿐만 아니라 유럽에서도 연기금은 단일한 규모로는 가장 큰 자본 원천이 되고 있다.[14] 1993년 말부터 1997년 말 사이 유럽 연기금의 연평균 성장률은 12.88%였으며, 이러한 성장세는 더욱 빨라져서 1997년에 EUR 1조 6273억이었던 총 연기금 자산규모는 2010년에는 EUR 4조 9891억으로 무려 세 배 정도로 증가할 것으로 예상되었다(Pragma Consulting, 1999). OECD의 GDP 대비 연기금 규모(가중평균) 역시 2001년 기준 67.3%에서 2011년 기준 72.4%로 증가하였다(OECD, 2012).

주목할 만한 것은 각국의 연기금 규모와 연금제도의 연관성이다. 특히 다층체계 구성 방식과 연기금 규모는 밀접하게 연관되어 있는 것으로 보인다. 1990년대 중후반 유럽 연기금 규모의 증가는 1990년대 유럽에서

---

13. 1974년에 제정된 ERISA법(Employee Retirement Income Security Act)은 기업연금의 보장성을 강화하기 위해서, 연금수탁자들에게 연금재정에 대한 책임을 강화시킴과 동시에 이들 생명보험회사나 연기금의 주식투자 한도와 같은 연금자산 운용에 대한 규제를 철폐하였다. 이에 기업연금기금들은 주식, 정크본드, 벤처캐피털 등 위험도가 높은 주식과 채권에 포트폴리오의 상당 부분을 투입하였다.
14. 2000년 기준 연기금은 당해에 형성된 펀드 총 가치의 24%를 차지하였다. 연기금 다음으로 비중이 큰 경로가 은행으로서 펀드 총 가치의 22%를 차지한다.

국가	GDP 대비 연기금 규모(2009)	주식시장 규모 대비 연기금의 비율
오스트리아	4.9	19.2
캐나다	6.8	78.2
덴마크	43.0	49.7
핀란드	76.8	7.9
독일	5.2	7.9
아이슬란드	118.3	152.0
이탈리아	4.1	6.0
일본	25.2	19.0
한국	23.2	3.3
네덜란드	129.8	119.5
노르웨이	7.3	10.7
폴란드	13.5	30.7
포르투갈	13.4	42.3
스페인	8.1	7.5
스웨덴	—	8.0
스위스	—	61.4
영국	73.0	48.0
미국	67.8	54.5
총계	67.1(가중평균)	54.4

자료: OECD(2010)

일련의 공적연금 및 기업연금 개혁이 이루어진 이후의 일이다. 또한 횡단적
으로 보아도 사연금 가입을 의무화시키고 있거나 공적연금 대체를 허용하
는 나라들의 연기금 규모는 대규모화되어 있다. 여기에 해당되는 것이 스
위스, 네덜란드, 호주, 영국, 미국 등인데 이들은 연기금 규모가 GDP의
119.2%(2008년), 129.8%(2009년), 115%(2008년), 73%(2009년),
67.8%(2009년)로서 다른 국가들에 비해 월등히 크다(OECD, 2010). 다
시 말하면 다층체계로의 진전을 통해 사연금의 역할이 커질수록 연기금 규
모는 커지는 것이다.[15] 이를 통해 전 세계적으로 진행된 연금개혁이 연기금

---

15. 스웨덴이 프리미엄연금을 도입한 것이 1998년인 만큼 아직 연기금 대부분은 공적연기금으로

적립 및 전 지구적인 금융시장 규모 팽창에 갖는 영향을 짐작해 볼 수 있다. 연기금 규모는 2008년 기준 OECD 평균이 GDP 대비 63.4%(2007년에는 75.5%)에 달한다.

최소 수준으로 유지되어 온 연기금이 획기적으로 증가하고, 기금운용에 제약이 적은 사적연금의 역할이 커지면서 연기금의 성격 자체가 변화하고 있다. 연기금 운용에 대한 규제가 완화되면서 연기금 투자 방식이 변화되는 것이다. 과거에 공적 연기금은 주로 경기 변화에 대비하는 완충장치 역할을 하였다. 이에 기금 규모는 크지 않았고, 운용에 사회적인 규제가 따랐다. 특히 연기금의 해외투자 및 주식투자에 대한 제한은 매우 일반적이었다. 공적연기금은 국내자본 조달이나 정부재정 조달에 일부 사용되었는데, 연기금의 해외투자 및 주식투자 제한은 이를 위해 필요한 조치로도 인식되었다. 투자 제한은 연기금의 안정성을 제고한다는 명분으로도 정당화되었다.[16]

그러나 개인계정individual accounts 방식의 연금 개혁을 통해 연기금의 상당 부분이 사회적 기금이 아니라 가입자 개인에게 귀속된 자산으로 취급되었다. 집합적 기금으로 남아있는 연기금도 민간 투자기관에 위탁되면서 연기금은 투자 자산으로서 성격을 갖게 되었다. 연기금이 사회적 기금으로 단일하게 관리되지 않으면서 집합적인 소유권 행사 가능성은 낮아졌고,

---

서 GDP 대비 사연금 비중은 30%를 약간 상회하는 정도이다. 그러나 장기적으로 공적연기금은 소진되고 프리미엄연금기금 적립 규모가 매우 크게 증가할 것으로 전망되었다(주은선, 2006).

16. 복지국가 발전기에 연기금의 주식투자에 대한 규제를 강하게 주장한 것은 우파진영이었다. 집합적 기금인 연기금이 일정 규모 이상의 주식을 보유하게 되는 경우에 사적소유 질서를 교란시킬 수 있다는 경계심 때문이었다. 이것은 소위 연기금사회주의(pension fund socialism)에 대한 우려인데, 연기금이 대주주가 되어 사기업들을 실질적으로 소유하게 되는 경우에 집합적 소유로의 이행이 이루어질 수 있다는 것이다.

연기금 주식투자가 유발하는 집합적 통제에 대한 우려는 사라졌다. 이제 연기금에 대한 핵심적인 고민은 어떻게 투자하여 이윤을 확보할 것인가 하는 문제로 전환되었다. 결국 사적연금 기금의 비중이 커지고 공적연기금 운영방식이 바뀌면서 연기금은 투자수익만을 지향하는 금융자본으로 전환될 수 있게 되었다.

연기금 금융화의 메커니즘

왜 국가가 연금개혁에 나서서 연기금을 늘리려고 하는가? 이는 자본의 이해관계와 어떤 면에서 부합하는가? 이에 대답하기 위해서는 연기금 금융화가 현 단계 자본주의 존속에 왜, 어떻게 필요한지 이해할 필요가 있다. 세네(Chesnaise, 1998)에 따르면 연기금 금융화는 금융자본 주도의 축적체제를 유지시키는 데 핵심적인 도구이다. 신자유주의 시대 노동배제적 축적을 이끄는 것은 금융자본이다. 케인스주의가 쇠퇴하면서 수요 압박으로 인해 생산자본의 투자전망이 불투명해지고, 자본의 유동성이 높아지면서 투자처를 찾지 못하는 과잉자본은 국내외 금융부문에서 투기적 이득을 목적으로 하는 자본으로 전화되고 있다는 것이다(김미원, 2001; Chesnaise, 1998). 금융자본은 어느 단계까지는 시장 팽창 자체로부터 이윤을 창출할 수 있다. 고용을 창출하는 신규투자 없이, 금융기술을 통해 수익을 창출할 수 있다는 것이다. 연금제도는 기존 공적연금의 특징인 부과방식의 틀을 벗어던지는 경우 대량의 기금을 쌓을 수 있게 된다. 이에 연금 저축기금은 금융시장의 팽창과 금융자본의 투기적 이윤창출의 중요한 원천이 될 수 있다. 게다가 연금제도는 노동으로부터 정기적으로 소득 일부를 금융시장으로 유입시키는 기제가 될 수 있다. 노동소득 일부를 지속적으로 금융자본으로 전환시킬 수 있게 된다는 것이다. 이런 의미에서 연기금은 자본의 과잉축적 위기로 인해 형성된 금융주도 축적체제를 지탱하는 장치가 된다(Minns, 2001; 최원탁, 2004). 결국 연기금 금융화는 자본주의의 장기적이고 근본적인 국면 변화, 특히 신자유주의 시대 자본의 생존전략이 된다.

결국 연금시장 형성을 통한 지속적인 연기금 유입은 전 지구적으로 금융자본 중심의 새로운 축적체제 구축을 형성하고 발전시키는 동력이 된다. 민스(Minns, 2001)에 따르면 1990년대 이후 OECD 국가의 연금자산 총액은 연평균 10.9% 이상 급속하게 증가하였다. 이들 중 상당 부분은 뮤추얼펀드, 보험회사, 투자회사 등의 기관투자를 통해 금융시장에 투입되어 자본시장 팽창을 뒷받침했다. 1990년대 중반에 이미 연금자본은 OECD 국가의 전체 주식시장 자산 중 40% 이상을 차지하였다. 이미 연기금이 금융시장에서 대량의 주식, 채권을 소유함으로써 금융자본화 되었고, 강력한 지배력을 행사하고 있는 금융자본은 사실상 대부분 연기금을 원천으로 한다는 것이다.[17]

연기금 금융화 즉, 연기금 적립 확대와 운영의 탈규제화는 연금개혁에 부수되는 현상이 아니라, 오히려 핵심적으로 추구되는 바이다. 달리 말하면 연금개혁은 노동자들, 특히 저소득 노동자의 복지를 담보로 진행되는 자본시장 개혁이자, 사회보장기금을 금융자본화 하려는 신자유주의적 재편전략의 일환이 된다(주은선, 2006; 최원탁, 2004; 김미원, 2001). 신자유주의 시대 금융자본의 수익창출 기제인 금융시장에서 폰지 게임을 지탱

---

17. 특히 연금민영화 및 연기금 탈규제화는 주식시장 발달에 대한 요구가 커질 때, 즉 은행 중심의 자본조달 경제에서 영미식의 주식시장 중심의 자본조달 경제로의 전환기에 부각되는 경향이 있다.

해주는 중요한 원천이 바로 서민들의 소득으로부터 조달되는 연기금이다.

연기금 금융화의 위험

연기금 적립 확대를 통해 금융시장 팽창과 금융자본 주도의 축적을 뒷받침하는 것은 정작 연기금을 조달하는 노동자들의 이익에는 부합하지 않는다. 금융자본주의와 함께 심화되는 '고용 없는 성장'은 소득분배 상황을 악화시킨다. 이는 또한 노동배제적인 자본축적을 가능하게 함으로써 노동조합의 정치력을 약화시키는 효과를 갖는다. 금융시장에서의 투자 수익이 관심사가 되면서 상시적인 구조조정 및 인수합병을 통한 주식가치 증대, 노동시장 유연화를 통한 기업 수익의 증가는 연기금 입장에서도, 간접적인 투자자인 노동자 입장에서도 긍정적인 가치를 갖는다. 결국 노동자와 시민은 연기금을 통해 투자자가 되며, 투자자로서 구조조정, 인수합병 등에 따르는 고용 문제보다는 주가의 반응에 관심을 갖게 된다. 사실상 연금가입자는 대부분 노동자임에도 불구하고 자본과 금융자본주의에 대해 동일한(사실상 허구적인!) 이해관계를 공유하게 된다.

베어커와 펑(Baker & Fung, 2001)에 따르면 연기금 금융화를 통한 주식투자, 특히 단기적 주식거래 증가와 고위험 파생상품에 대한 연기금 투자 증가 등은 연금수혜자가 감수해야 하는 노후소득보장의 위험을 증가시킨다. 이러한 투자위험 증가와 함께 이익을 보는 것은 금융기관들과 펀드매니저들이다. 제도가 성숙하여 연금급여 지출 부담이 커질수록, 연기금의 유동성에 대한 요구가 커지기 때문에 연기금의 단기적 투자 경향이 더욱 강화된다. 이러한 단기적 투자는 금융기관들의 수수료 수입 등을 증가시킨다(Engelen, 2003).

노후소득보장에 통제할 수 없는 새로운 위험, 새로운 불안정성이 출현하는 문제를 좀 더 살펴보자. 연금 급여 중 많은 부분이 금융부문의 투자 성과에 따라 결정되면서 금융시장이 안고 있는 위험성이 개인의 노후에 영향을 미친다. 즉, 금융시장과 노후보장이 결합하면서 금융시장의 위험 또한 본질적인 것이 된다. 연금 상품이 시장의 등락을 반영하는 확정기여형일 경우에 이러한 위험이 현실화되는데, 고용주와 연금 상품 판매자들은 금융시장 위험을 개인화시키는 확정기여형 상품을 당연히 더 선호한다. 왜냐하면 확정기여형에서 이러한 위험을 감수하는 것은 바로 가입자들이기 때문이다. 이러한 연기금 투자의 위험성은 멀게는 대공황기 미국의 소규모 연기금들이 파산한 사례로부터 가깝게는 최근 2008년 대규모 금융위기로 인해 전 세계 퇴직연금들이 큰 타격을 입은 사례를 들 수 있다.[18] 이번 금융위기로 인해 전 세계 연기금들은 기금규모가 약 20% 정도 줄어든 것으로 집계되었다. 전 세계 운용자산 규모 2위인 캘퍼스CalPERS: 캘리포니아 공무원 퇴직연금 기금 규모도 2009년 6월 기준 전년 동기 대비 23.4% 감소한 것으로 보고되었다. 이는 최근 3개월간의 글로벌 주식시장 반등을 고려한 것이다(한국금융연구원, 2009). 캘퍼스는 특히 주식, 사모투자, 부동산 투자 부문에서 30% 이상의 손실률을 기록하였다. 미국 주식시장이 큰 폭으로 하락하면서 기금의 60% 이상을 주식시장에 투입하고 있는 미국 기업연금들도 마찬가지 상황에 처해있다. 이들 연기금들이 손해를 입게 되면 당장 가입자들의 기여금을 올리거나 적절하지 못한 수준의 연금급여를 지급하게 된다. 2000년대 초 네덜란드 기업연금들이 금융위기로 인해 기금 규모가

---

18. IMF도 국제금융안정보고서(GFSR)에서 금융위기로 인해 세계 금융기관들의 손실 규모가 2010년 말 4조 1천억 달러에 이를 것이며, 이 중 1/3 정도는 연기금펀드와 비은행금융기관이 떠안게 될 것이라고 하였다.

1/3 가량 줄어들면서 노사협상을 통해 기업의 기여금 인상과 노동자들의 기여금 부담을 관철시켰던 것이나, 2009년 캘퍼스가 공무원들과 주정부의 연금보험료율 2-4% 인상을 의제화 한 것이 그 예이다. 안정적인 급여 지급을 위한 보장기금 역할을 해야 하는 연기금이 극심한 수익률 편차를 겪게 되면서, 이는 수급자들의 노후보장에 직접적인 영향을 미친다. 확정기여형 연금의 경우 이러한 영향은 온전히 가입자들의 급여액이나 기여 부담에 반영된다.

신자유주의적 연금정책의 결과

신자유주의의 영향 하에서 각국에서 이루어진 연금개혁의 핵심적인 특징 및 결과로 연금시장의 확대 및 국가역할 축소, 노후소득보장의 개별화를 들 수 있다. 이는 연금개혁으로 인한 노후보장의 제도적, 정치적, 경제적 측면에서의 중요한 변화를 가리킨다.

연금시장 확대와 노후보장에서 국가 역할의 축소

기업연금과 개인연금은 연금시장에서 판매되는 연금 상품을 통해 소득보장 기능을 수행한다. 이에 다층모델 구축에 따른 사적연금의 확대는 노후소득보장에서 시장의 역할을 확대시키기 마련이다. 최근 각국 연금개혁에서도 국가가 사연금 가입을 의무화하거나 사연금 보험료나 적립금에 대해 각종 세제혜택을 제공하여 연금시장을 확대시키고 있다. 복지국가 발전기에 공적연금 수준을 높임으로써 사적연금의 확대를 어느 정도 억제했던 국가가, 복지국가 재편기에 들어서면서 다시금 공적연금 수준을 낮추고 퇴직연금상품과 개인연금상품 시장을 확대시키고 있는 것이다. 일례로 폴란드도 연금개혁 과정을 거치면서 생명보험 및 연금 시장의 규모가 1991년 GDP 대비 비율 0.2%, 1998년 1%였던 것이 의무가입 방식의 사적연금 도입으로 1999년 1.5%로 성장하기 시작하였다(World Bank, 2001). 스웨덴도 1998년 연금개혁 이후 사적연금이 전체 노후소득에서 차지하는 비중이 약 20%에서 향후 40% 수준으로 높아질 것으로 전망되었다. 이와 함께 새로 만들어진 프리미엄 연금 시장 규모는 2000년 SEK 808억으로 시작되었지만 장기적으로 SEK 1조를 넘어설 것으로 전망되었다(Wrighton, 2000).[19] 국가가 직·간접적인 지원과 규제를 통해 연금시장 형성을 주도하는 것은 신흥발전국가에서뿐만 아니라 전 세계에서 나타나는 현상이다.

노후소득보장에서 시장의 역할이 커지면서 필연적으로 나타나는 결과는 연금제도의 소득재분배 효과 감소와 저소득층에 대한 보장성 약화이다. 이는 사연금의 가장 큰 취약점이다. 시장소득의 격차를 줄여 광범위한 대상자에게 적절한 급여를 보장하는 것이 공적연금 본연의 목적이라고 한다면, 사적연금은 철저한 공평성 원리에 따라 재분배적 요소 없이 급여가 설계되어 있다. 따라서 소득재분배를 추구하는 공적연금 급여 부문이 축소되고, 기여와 투자 성과에 따라 연금 급여액이 결정되는 사적연금 부문이 확대되는 것은 사실상 연금소득의 계층 차이 확대를 의미한다. 이 경우 시장에서 지위가 낮은 사회적 약자들의 노후빈곤 문제가 악화되는 것

---

19. 사연금의 역할 비중이 확대되었음에도 불구하고 스웨덴의 다층노후소득보장체계에서 여전히 공적연금이 최소한 60% 이상의 역할을 수행할 것이다. 스웨덴에서 1998년 연금개혁 이후 공적연금의 주도적 성격은 약화되었으나 완전히 제거되지는 않았다는 점에 유의할 필요가 있다(주은선, 2006).

은 필연적이다. 특히 노동시장 이력이 대체로 짧고 임금이 낮으며, 평균수명이 길어 시장에서 불이익을 받는 여성들에게 더욱 큰 불이익이 야기된다. '투자'라는 급여결정 메커니즘 또한 노후소득보장의 격차를 더욱 확대시킨다. 자산이 없는 계층일수록 일천한 투자경험으로 인해 적절한 투자기관을 선택하지 못할 가능성이 높으며, 광고나 마케팅에 현혹된 선택을 할 가능성이 높다. 게다가 사연금은 잦은 가입과 탈퇴가 반복되는 경우 가입자가 부담해야 하는 운영수수료 부담이 높아진다. 불안정한 지위에 있는 노동자들은 지속적인 보험료 부담이 불가능하기 때문에 사연금 가입 지위를 계속 유지하기 어려운 경우가 많다. 이로 인한 연금급여 차이를 무시할 수 없는데 통상적인 경우에도 영국과 미국의 개인연금 운영비는 보험료의 약 35%에 달한다. 이러한 이유들로 인해 연금시장 도입은 연금제도의 노인빈곤 예방 및 해소 기능을 떨어뜨린다. 더욱이 노동시장에서 임금 격차가 커지고, 연금보험료의 안정적 기여가 어려운 집단이 늘어나는 상황에서 시장이 효과적인 노후보장 기제가 되기는 어렵다.

사연금 시장에 의지하도록 만드는 연금개혁을 수행한 칠레와 아르헨티나에서도 일찍이 대상포괄 범위가 줄어들고 급여적절성이 떨어지는 현상에 대해 보고된 바 있으며(World Bank, 2001), 대처 시기 공적연금 축소와 외부계약 방식의 사적연금 역할을 강화시킨 이후 노인 빈곤율 증가가 보고되기도 하였다(주은선, 2001). 복지국가의 가장 큰 성과 중 하나는 노인 빈곤율을 끌어내린 것이지만, 공적연금 축소와 연금시장 확대는 다시금 노인 빈곤문제를 악화시킬 수 있다.

노후보장에서 시장의 역할이 강화되면서 나타나는 또 하나의 결과로 주목할 만한 것은 국가 역할의 변화이다. 공적연금 축소과정에서 국가의 보장책임 범위가 적정보장에서 최소보장으로 바뀌었다. 국가가 적정소득보장을 목적으로 하는 소득비례연금까지 확정급여 방식으로 운용하는 것은 국가가 직접적인 적정보장 책임을 지고 있음을 의미한다. 그러나 공적 소득비례연금이 감소하고, 역할이 상당 부분 시장에서 판매되는 확정기여식 연금으로 넘어가면서, 직접적인 급여 지급에 대한 책임 면에서 국가의 역할은 적정소득보장에서 최저수준 보장으로 바뀌고 있다.[20]

한편 공적연금 공백을 대신하기 위해 사적연금 시장을 확대시키는 과정에서 국가는 새로운 역할을 맡게 된다. 이윤을 목적으로 하는 금융기관들이 노후소득보장에서 차지하는 역할이 커지면서 국가는 정보제공이나 관리운영비 조정 등에 관해 새로운 역할을 요구받게 된다. 경우에 따라 국가는 사적계약의 규제자로서, 정보제공자로서, 조금 더 적극적으로는 개인과 연금 상품의 매칭을 담당하는 중개자로 등장하게 된다. 물론 국가마다 연금 상품 허가와 구성, 대상자 선정부터 급여수준, 연기금 운영방식에 대한 개입 정도에는 상당한 편차가 있다. 스웨덴이 프리미엄 연금premium pension을 도입하되 국가가 개별가입자의 정보를 금융회사에 제공하지 않고 중개기능을 독점한 것, 프리미엄 연금 상품의 수수료 상한을 규제하는 것 등은 국가가 강력한 규제자로서 역할을 하는 사례가 될 것이다. 독일에서 국가가 기여금을 보조하는 개인연금에서 급여수준 하한을 규정하는 것도 마찬가지이다. 국가가 연금시장 활성화에서 한 발 더 나아가 어떤 영역에서 어느 정도의 개입을 해야 할 지에 대해서는 앞으로 상당한 논란이 이어질 것이 예상된다.

---

20 전반적인 공적 소득비례연금 급여의 삭감 조치는 크레딧 확대나 최저보장연금의 강화 등을 수반하기도 한다. 이는 최저보장 기능의 강화가 갖는 의미를 소득비례연금의 변화와의 관계 속에서 해석할 필요가 있다.

노후소득보장의 개별화: 사회적 연대의 축소와 개인책임 확대

세계은행식의 다층체계 구축은 정치적인 차원에서 기존에 복지국가 발전의 핵심이었던 연금제도를 통한 사회연대 구축을 무의미하게 만들어 버린다. 기존에 국가 단위로 운영되는 공적연금은 가입자들 사이의, 주로 소득계층 간의 연금소득 재분배를 통해 사회적 연대를 실현하고자 하였다.[21] 그러나 다층체계 구축 과정에서 공적연금이 축소되면서 시민들의 노후소득보장에 대한 사회적 책임은 축소되고 연금제도의 집합적 계약으로서의 성격은 현저히 약화된다. 이러한 집합적 계약, 사회적 연대의 공백을 메우는 것은 시장에서 개별적으로 맺어지는 계약이다. 이제 노후소득보장은 사회적 책임이라기보다는 개인이 미리 대비해야 하는, 개인책임의 영역으로서의 성격이 강해지는 것이다. 개인이 노후를 대비하는 주요한 수단은 결국 금융상품의 구매이다.

사회적 연대를 통한 노후보장의 약화가 가져오는 주요한 결과는 소득계층별 노후보장 수단의 차별화이다. 사적연금의 역할이 커지고 노후소득보장이 개별화되는 과정은 소득계층에 따라 다르게 진행된다. 개별화된 책임영역이 커진다고 할지라도 노동시장 내 분할이 심화되는 상황에서 저소득층에 대해서도 사연금의 역할이 그대로 커질 것으로 보기는 어렵다. 독일에서 리히터 연금이 도입된 이후 저소득층의 개인연금 가입을 촉진하기 위한 정부의 보험료 지원이 이루어지게 된 것은 이러한 맥락에서이다.[22]

---

21. 프랑스 등과 같이 직업집단별로 별도의 '금고(caisse)'를 구성하여 연금제도를 운영하고 있는 경우 수직적 소득재분배 효과는 제한되지만 연금 금고들 사이의 재정 이전과 일반조세의 재정 지원이 매우 활발하게 이루어진다. 이는 직업집단을 넘어서는 사회적 연대 개념이 사회보장제도에 내재해있을 때 작동할 수 있는 기제이다.
22. 리스터 연금은 독일 사민당·녹색당 연합내각의 노동사회부 장관이었던 리스터의 이름을 딴 것으로서 리스터는 원래 강제가입식 사연금 도입을 계획했다. 그러나 결국 자발적인 사연금 가입에 대한 보조금 지급제도가 되었다. 이는 공적연금 급여삭감을 보완하기 위한 것으로서

대부분 소득계층의 노후소득의 주요 원천이 공적연금이었던 것이, 신자유주의적 연금개혁을 거치면서 고소득층은 기업연금과 개인연금이, 중간층은 공적연금과 함께 주로 개인연금이, 저소득층은 공공부조와 기초연금 혹은 최저보장연금 등 공적 보장체계가 노후소득의 주요 원천이 된다.[23] 즉, 계층별로 차별화된 다층체계화가 진행된다. 물론 소득계층별 연금급여액 격차가 커지는 현상은 저소득층에 대한 최저보장제도를 강화한다면 어느 정도 완화될 수 있다. 1998년 연금개혁 과정에서 스웨덴이 기초연금을 폐기하고 최저보장연금을 도입하면서 최저보장 수준을 대폭 올린 것은 그 좋은 예가 될 것이다. 그러나 본질적인 것은 우선 공적 사회보장제도의 역할이 기초보장, 혹은 최저보장으로 집중됨에 따라, 공적 사회보장제도는 사회적 연대를 구축하고 실현하는 수단이 되기보다는 저소득층을 보호하는 것으로 그 의미가 축소된다는 것이다.

중간층에게는 시장을 통한 노후소득보장이 강조되면서 노후 대비를 위해 요구되는 행동방식이 근본적으로 변화하는데 이는 개인의 정체성 또한 변화시키게 된다. 즉, 부과방식의 공적연금제도가 작동하는 시대에 개인의 연금기여금은 동일한 연금체계 안에서의 세대 간, 계층 간 소득재분배를 위한 재원으로 쓰이게 된다. 즉, 개인은 위험분산 공동체의 일원으로서 역할을 하도록 요구받는다. 그러나 연금기여금 중 상당부분이 사적연금제도 등에 투입되어 개인의 투자자금이 될 때, 개인은 모든 정보를 종합해

연방금융감독원의 인증을 받은 개인연금에 가입할 경우에 보조금을 받게 된다. 보조금 액수는 소득이 낮고 가족이 많을수록 높아진다. 이어서 기업연금 가입 시 보험료에 대한 소득공제 혜택을 주는 아이헬 보조금 제도가 도입되었다.
23. 공적연금이 인구변화 및 경제성장률에 연금급여가 연동되는 것에 비해 기업연금은 금융시장에서의 기금투자결과에 따라 급여수준이 달라지기 때문에 사적연금이 사실상 어느 정도로 노후소득보장 역할을 수행할 것인지 가늠하는 것은 불가능하다. 기업연금이 어떠한 기능을 수행하게 될 지는 추후 경제사정 및 금융시장 상황에 따라 달라질 수밖에 없다.

합리적인 선택을 수행하는 연금시장의 소비자로서, 나아가 연금펀드 투자자로서 존재하게 된다. 이는 개인이 분절된 형태로 존재하도록 만든다. 뿐만 아니라 개인은 노동자이기보다는 투자자로서 금융자본과 동일한 이해관계를 갖게 된다. 이는 노동배제적인 금융자본주의가 정치적 지지를 확보하는 주요한 기제가 될 수 있다(최원탁, 2004). 복지국가 발전의 정치적 기초, 사회적 연대의 기반을 형성하는데 전 국민을 포괄하는 공적연금이 중요한 기여를 했다면 최근의 연금 개혁은 노후보장 수단을 계층별로, 또 개인별로 나누어 놓음으로써 복지국가의 정치적 기반을 근본적으로 뒤흔들어 놓고 있다.

정리하면 신자유주의 시대 연금구조의 변화를 관통하는 사고는 노후소득보장의 개인책임 강화이며, 그 주요한 수단은 시장의 활용이다. 그 핵심적인 결과인 연기금 금융화는 신자유주의적인 새로운 자본축적 체제, 즉, '노동'을 배제하는 금융자본 중심의 축적체제를 뒷받침한다.

신자유주의적 정책 기조와 2000년대 한국의 연금 개혁

앞에서 설명한 신자유주의 시대 연금개혁의 특성에 비추어 볼 때 한국 연금개혁은 어떻게 평가할 수 있을까? 다음은 노후보장의 개별화 및 시장화, 금융화를 요체로 하는 신자유주의적인 연금개혁 경향이 2000년대 한국에서는 어떻게 표현되었는지, 혹은 변형되었는지 살펴볼 것이다. 시장화와 금융화 문제를 다루기 위해서는 공적연금뿐만 아니라 사적연금을 포함하는 연금제도 변화와, 연기금 운용 측면의 변화를 함께 살펴볼 필요가 있다. 따라서 다음은 2007년의 국민연금 축소와 기초노령연금의 도입, 2005년 퇴직연금제 도입, 그리고 최근 10여 년간 꾸준히 이루어진 연기금 운용 부문의 변화를 살펴본다.

한국 연금제도 개혁의 흐름

최근 한국의 연금정책 변화는 노후소득보장에서 다층연금체계 형태를 구성하는 결과를 가져왔다. 이 글에서는 다층체계라는 틀 속에서 2005년 퇴직연금제 도입과 2007년 국민연금 축소 및 기초노령연금 도입을 살펴본다.

공적연금의 불완전한 다층화: 기초노령연금의 도입과 국민연금 축소

국민연금 개혁을 둘러싼 오랜 논란 끝에 2007년 7월 국회에서 기초노령연금 안이 통과되었고, 이어서 12월에는 국민연금 축소 조정안이 통과되었다. 국민연금으로 일원화되어있던 한국의 공적연금제도가 국민연금과 기초노령연금이라는 두 가지의 연금으로 분화된 것이다. 이는 2003년 연금개혁 논쟁 이후 재정 이슈와 함께 사각지대 이슈가 부상한 가운데 이 두 가지 문제 각각에 대해 국민연금 축소와 기초노령연금 도입으로 대응한 결과라 할 수 있다. 국민연금 급여의 획기적인 축소를 가능하게 한 명분은 2005년 퇴직연금 도입과 2007년 기초노령연금제도 도입에 대한 합의가 이루어졌다는 것이었다. 특히 기초노령연금이 공적소득보장 역할을 어느 정도 분담한다는 전제 하에서 국민연금 삭감이 이루어졌다는 것에 주목할 필요가 있다. 2007년 연금개혁을 통한 다층체계화라는 현상의 내용과 의미를 정확히 판단하기 위해서는 제도 변화 내용을 살펴볼 필요가 있다.

우선 기초노령연금은 65세 이상의 하위소득계층 노인 70%에게(2008년에는 70세 이상 노인의 60%), 국민연금 가입자의 평균 신고소득(A값)의 5%를 (2028년까지 10% 수준으로 단계 조정) 소득에 따라 차등적으로 감액하여 제공하는 제도이다. 이 제도가 가진 첫 번째 문제점은 실질적인 소득보장 기능을 하기에는 급여수준이 낮다는 것이다. 개혁 당시 기초노령연금 급여 수준은 A(전체 국민연금 가입자의 평균 신고소득)값의 10%로 규정되었으나, 실제로는 5%로 결정되었다. 이에 2008년 기초노령연금 최대급여액은 8만 4천원, 2009년에는 8만 8천원에 불과하였다.[24] 그러나 중앙정부의 의지나, 지방정부의 재정부담 능력으로 볼 때 아무런 정치적 논의 없이 자동적으로 기초노령연금 급여액이 획기적으로 인상될 가능성은 별로 없다. 둘째, 노령화로 인해 지출액이 계속 증가할 것이 확실한 상황에서 기초노령연금 재원 중 상당 부분을 지방정부가 조달하도록 함으로써 재원 확보에 상당한 어려움이 야기되고 있다는 것이다. 이는 지방정부가 수행하는 여타 복지정책에까지지도 부정적인 영향을 미친다. 셋째, 기초노령연금제도는 '기초'라는 명칭을 붙이고 있지만 소득이 높아질수록 연금급여가 감액되는 방식이라는 점에서 낮은 수준의 급여마저 완전히 받지 못하는 경우가 있다.

---

24. 기초노령연금 최대급여액은 국민연금 전체 가입자 평균소득(3년 간)의 5%로서 설정해서 2008년 8만9천원, 2009년에는 9만 4천원, 2010년에 10만원 수준으로 예상되었다. 그러나 2012년 4월~2013년 3월 기준 노인단독가구 최고 급여액이 94,600원으로 거의 인상되지 않았다.

표 2-2 경로연금과 기초노령연금법안(2007.12.7) 내용

	경로연금(2005년 기준)	기초노령연금
대상범위	기초생활보장대상자 노인 차상위계층 노인 61만 명	65세 이상 노인(2008년 60%) 2009년에는 70% 192만 명
급여수준	3-5만 원 *연령, 배우자 유무에 따라 차등화	최대급여액: A값의 5% *2028년까지 A값의 10%로 인상
재원	조세	조세(중앙정부+지자체)

주: 경로연금은 기초노령연금에 비해 비교할 수 없이 작은 규모였지만 기초노령연금과 기능상 연속성을 갖기에
　　이를 비교대상으로 하였다. 경로연금은 기초노령연금 도입 이후 폐지되었다.
자료: 주은선(2008) 내용을 보완

〈표 2-2〉에서 알 수 있듯이 물론 기초노령연금은 기존에 부가적인 공공부조에 불과했던 경로연금보다는 급여수준이나 대상포괄성으로 볼 때 진전된 면이 있다. 그러나 두 제도 모두 선별적인 제도라는 것은 근본적으로 다르지 않다. 오히려 기초노령연금이 소득인정액에 포함되면서 기존 공공부조 수급자 노인의 기초생활보장 급여액이 감액되는 경우도 발생하고 있다. 물론 수급자의 범위가 큰 폭으로 확대되었다는 것을 근거로 기초노령연금이 보편적인 기초연금으로 발전할 가능성이 있다는 의의를 부여하기도 한다.

개혁 당시의 설계를 기준으로 한다면 제도설계 주체였던 보건복지부가 기초노령연금 도입 시 국민연금제도 성숙에 따라 기초노령연금 수급 대상 범위가 감소하도록 하는 상호보완 모델을 상정하고 있었다는 점에서(고득영, 2007), 기초노령연금이 보편적인 수당제도로 발전하기로 되어 있다고 할 수 없다. 보건복지부의 소위 보완모델에 따르면 기초노령연금 수급자 절대 수는 증가하지만 전체 노인 중에서 차지하는 비중은 점차 감소하여, 향후에 공적연금 수급자 중 연금액수가 적은 약 20% 정도의 노인만이

기초노령연금 수급자가 될 것으로 전망되었다(고득영, 2007). 따라서 지금 기초노령연금제도가 갖는 의미는 상당히 애매모호하다. 제도의 기능과 변화에 대한 어떤 사회적, 정치적 합의 없이는 기초연금의 의미를 보편적인 사회권 보장으로 해석하기 어렵다.[25]

한편 치열한 논쟁과 복잡한 타협과정을 거쳐 2007년 12월에 결정된 국민연금 개정안에 따르면 국민연금 보험료는 9%로 유지하되, 2028년까지 40%로 국민연금 소득대체율을 인하하는 것으로 결정되었다.[26] 무엇보다도 국민연금 급여 삭감은 철저하게 재정안정화 논리에 입각하여 이루어졌다. 국민연금 개혁에 관해 애초 2006년에 제시한 정부안은 보험료율을 2017년까지 12.9%로 인상하고 급여율을 2030년까지 40%로 조정하는 것이었다. 그러나 막상 국민연금 개정안 통과 당시 보험료율 인상은 제외되었다. 정부와 집권당은 보험료 인상의 정치적 부담을 덜고 일단 급여 인하에 주력하기로 한 것이다. 그 결과 소위 연금기금 소진 시점은 2047년에서 2060년으로 13년 늦춰진 것으로 알려졌다(국민연금재정추계위원회·국민연금운영개선위원회, 2008). 그러나 재정고갈 시점을 13년 늦춘 것을 대가로 한 급여수준 삭감의 결과는 〈표 2-3〉과 같다. 2007년 개혁은 재정안정성을 명분으로 연금급여의 적절성을 크게 희생한 개혁이었다.

이러한 큰 폭의 연금급여 삭감은 다른 나라에서 찾아보기 어려운 조정이다. 이 경우 연금개혁에 관한 최대의 쟁점은 급여율 인하 이후에도 적정

---

25. 국회의 2011년 연금제도개선특위는 기초노령연금제도의 기능과 위상을 명확히 하기 위한 정치적 합의 시도로 볼 수 있다. 국회 연금제도개선특위는 2007년 개혁 당시에 여야 간에 설치가 합의된 바 있다.
26. 급여액 조정 외에도 조기노령연금 감액률 인상, 재직자 노령연금 지급 연기 허용, 출산크레딧과 군복무크레딧 도입(둘째자녀에 대해 12개월, 군복무에 대해 6개월)이 개혁 내용에 포함되었다.

표 2-3 2007년 개혁 전후 가입기간별·소득수준별 급여액의 변화

(단위: 천 원)

소득등급		평균소득의 1/3소득자	평균소득의 1/2소득자	평균소득자	2배소득자
평생평균 연소득		3,595	5,393	10,786	23,532
개혁 이전	(연)급여액	2,711	3,250	4,868	5,784
	소득대체율	75.40%	60.27%	45.13%	24.58%
개혁 이후	(연)급여액	1,926	2,309	3,458	4,109
	소득대체율	53.57%	42.81%	32.06%	17.46%

자료: 문형표(2007)에서 발췌한 것임
주 1: 이는 '2005년도 임금구조 기본통계조사' 자료를 이용한, 소득변화를 감안한 시뮬레이션 분석으로서 2008년 당시 25세인, 40년 가입 이력을 가진 남성 독신 노인을 가정한 것이다.
주 2: 급여액 하향 기간이 있기 때문에 동일 가입기간의 동일 소득수준 가입자라고 하더라도 연령대에 따라 소득대체율이 달라진다.

수준 보장이 가능할 것인가 하는 것이다. 이에 개혁 이전과 이후의 급여 수준을 비교하면 〈표 2-3〉과 같다.

이번 연금개혁으로 인해 40년 가입자를 전제한 경우에도 국민연금의 급여적절성은 현격히 떨어지게 된다. 급여액이 전 소득계층에 걸쳐 약 33% 감소함에 따라 저소득층은 말할 것도 없이 중상위 소득계층 가입자의 연금 급여액조차 최저생계비에도 못 미치게 된다. 이를 산정한 문형표(2007)는 소득이 평균소득의 1/2 이하인 빈곤층에 대해 국민연금의 소득대체율이 40%를 상회한다는 것을 근거로 개혁 이후에도 국민연금제도가 사회보험 기능을 수행할 수 있다고 주장한다. 그러나 절대액을 기준으로 한다면 국민연금제도가 사회보험 기능에 문제가 없다는 이런 주장은 성립하기 어렵다. 소득대체율을 기준으로 볼 때, 연평균소득 600만 원 이상의 저소득층에게도 소득대체율은 40% 이하로 떨어지며, 2003년 재정재계산에서 추산된 평균 가입기간 21.7년을 적용하면 국민연금 급여액 수준은 더욱 크게 떨어진다. 국민연금 개혁 당해 연도인 2007년 1인 가구 최저생계

비가 435,921원임을 감안하면 연금개혁 이후 대부분 소득계층에서 국민연금 급여액은 공공부조 수준을 넘어서지 못하는 수준이 된다는 것을 알 수 있다. 사회보험 방식의 공적연금이 공공부조와 구분되는, 적절한 수준의 소득보장을 통해 빈곤 예방을 목적으로 한다는 점에 비춰볼 때 국민연금 급여수준은 개혁 이후 지나치게 낮아졌다.

국민연금의 소득보장 기능을 저해하는 중요한 문제로 지적된 사각지대 문제는 연금개혁과 무관하게 국민연금 자체 내에서 해결될 기미가 별로 없다. 전 국민 연금시대를 열었다는 자화자찬에도 불구하고 도시지역 확대 이후 납부예외자 비율은 약 27%대를 계속 유지하고 있다. 납부예외자에 보험료 미납자를 더하면 국민연금 가입자 약 1700만 명 중 1/3인 600만 명이 보험료를 납부하고 있지 못하고 있는 것으로 추산된다. 이들 중 상당수는 일용직이나 특수고용직과 같은 고용형태상의 제한이나 영세사업장 종사자라는 이유로, 그리고 만성적인 실업과 사업 중단 등으로 인해 보험료 기여를 제대로 하지 못하고 있다. 이는 향후에도 사각지대 문제는 계속될 것임을 의미한다.

제도 내용과 현황으로 볼 때 명목상으로는 공적연금제도가 기초노령연금과 국민연금이 각각 최저보장제도와 적정보장을 담당하는 사회보험제도로 분화되었지만, 양자가 사실상 차별화된 기능을 수행하는 실질적인 다층화가 진행된 것으로 보기는 어렵다. 두 제도의 보장 수준에 현격한 차이가 없으므로, 즉 '기초'노령연금과 사회보험 방식의 연금 모두 최소한의 보장만을 하게 되면서 두 제도의 기능이 모두 최저수준 보장으로 수렴되고 있기 때문이다. 더욱이 기초노령연금 자격판단과 급여산정을 위한 소득인정액에 국민연금 급여를 포함시킴으로써 기초노령연금이 국민연금 인하를 보충한다는 취지는 퇴색되었다(김연명, 2008). 제도 도입 당시 보건복지부도 미래 연금수급자 대부분이 기초노령연금 수급자에서 제외된다고 가정한 것(보건복지부·국민연금연구원, 2008)은 국민연금제도의 급여 축소분이 기초노령연금을 통해 보충되지 않을 것임을 의미한다.

한국의 기초노령연금은 국민연금과 대상의 차별화를 추구하여, 주로 현세대 노인의 소득보장을 목적으로 하되, 노후보장을 위한 최소한에도 못 미치는 연금을 지급하는 제도로 일단 시작되었다. 애매한 위상을 가진 기초노령연금제도는 보편적 노령수당으로 발전할지, 국민연금의 사각지대를 메우는 노인 대상의 보충적 공공부조제도가 될 지는 아직 모호하다. 그러나 명확한 것은 2007년 연금개혁을 통해 이루어진 한국 연금개혁의 다층체계화를 통해 공적연금 제도는 1층과 2층으로 분화되었지만, 지나치게 하향 조정된 급여로 인해 실제 공적연금이 하는 역할은 세계은행 등의 다층모형에서 사실상 1층 연금이 수행하는 역할로 대폭 축소되었다는 것이다.

퇴직금제도의 퇴직연금제도로의 불완전한 전환

국민연금 개혁에 앞서 다층체계로의 변화를 이끈 것은 2005년 퇴직연금제도의 도입이었다. 퇴직연금제 도입은 2007년 국민연금 급여 삭감의 명분 중 하나가 되기도 하였다. 그러나 새로 도입된 퇴직연금제가 과연 국민연금 삭감을 보완할만한 것인지 판단하기 위해서는 그 전환의 내용을 상세히 살펴볼 필요가 있다.

퇴직금제도는 국가복지가 전무한 상태에서 1961년에 의무화된 이후에 한국에서 노동자들을 위한 유일한 법정 노후소득보장 장치이자 실업보장

장치로 역할을 하였다. 그러나 퇴직금제도는 4인 이하 사업장, 1년 미만 근로자에게는 적용되지 않는 등 적용대상에 커다란 공백이 있었다.[27] 또한 제도 내용으로 볼 때 퇴직금제도는 급여 형태가 일시금인 데에다 기업 간 이동성portability이 없어 노후소득보장제도로서는 안정성과 보장성에 결함을 갖고 있었다. 특히 1997년 8월 임금채권으로 퇴직금을 우선 변제하는 것이 헌법에 불합치하다는 판결은 퇴직금 제도의 보장성에 결정적인 타격을 가했다. 게다가 퇴직금 중간정산제가 광범위하게 활용되면서 퇴직금의 보장성을 한층 더 약화시켰다. 중간정산제는 사용자들의 퇴직금 부담을 덜어주는 효과가 있었기 때문에 사용자들이 이를 적극 권장하기도 하였다. 퇴직금제도가 가진 이러한 보장 기능의 약화로 인해 퇴직금제도를 재편할 필요성이 크게 대두되었다.

다른 한편 퇴직금의 국민연금 흡수를 통한 공적연금 강화 가능성은 폐기되었다. 퇴직금 기여금 일부가 국민연금 보험료로 유입되도록 하던 전환금 제도가 1998년에 폐지되었기 때문이다. 이 조치로 인해 임금의 8.3%에 달하는 퇴직금 기여금이 유지됨에 따라 국민연금을 중심으로 노후소득보장 체계를 구축하는 것보다는 퇴직금 제도를 개편하여 다층체계 모형을 구축하는 것이 더 현실성 있는 방안이 되었다.

또한 정부, 특히 경제부처는 퇴직연금제도 도입을 금융시장 활성화 가능성 때문에 더욱 적극적으로 추진하였다. 일례로 2001년 주가지수가 500선으로 무너질 즈음이었던 10월 11일 정부부처는 공동으로 경제정책

---

27. 2005년 퇴직연금제 도입 이전인 2003년 당시 퇴직금제를 적용받는 5인 이상 사업장 근로자 수는 606만 명으로 전체 경제활동인구 2291만 명의 27.1%, 전체 노동자의 약 40%에 불과하였다. 더욱이 약 30% 이상의 노동자들이 의료, 교육, 주택구입, 투자 등의 목적으로 퇴직금 중간정산제를 이용하고 있는 것으로 추산되었다(전국민주노동조합총연맹, 2009).

조정회의를 열어 "장기안정적인 주식수요 기반을 확충하기 위한 기관투자자 육성을 위해" 기업연금법 제정을 추진하기로 하였다. 바로 2001년 10월에는 노사정위원회에서 퇴직연금제 도입에 관한 논의가 시작되었다.

퇴직연금 논쟁에서는 일시금 방식의 퇴직금 제도를 퇴직연금제로 전환하는 데에는 퇴직연금제 도입 여부도 쟁점이 되었지만, 적용범위, 확정기여방식이냐 확정급여방식이냐 하는 등의 제도 설계 역시 치열한 논쟁 거리였다. 특히 사용자들과 금융계는 비용 부담이 한정되고 연금시장 확대에 유리한 확정기여 방식을 선호하였다. 반면에 노동자들은 퇴직금제도의 유지, 퇴직연금제를 도입한다면 급여액이 안정적인 확정급여 방식을 선호하였다. 정부는 일단 개혁을 성사시키는 것 자체를 목표로 하여 점진적으로 퇴직연금제로 이행하되, 가능한 한 갈등을 줄이는 쪽으로 개혁 방향을 잡았다.

그 결과 2003년에 근로자퇴직급여보장법 세부내용이 발표되었는데 결론은 퇴직금제도를 유지하면서 점진적으로 퇴직연금제로 이행하는 것이었다. 퇴직금과 퇴직연금 사이에서의 선택은 자율적으로 이루어지도록 하였으며, 퇴직연금 전환에 관한 모든 중요한 내용 역시 노사합의에 의한 자율적 선택에 맡겨졌다. 확정급여 및 확정기여 방식의 선택에 관해서도 마찬가지였다. 이에 개혁을 통해 새로 도입된 퇴직연금제도와 기존의 퇴직금제도를 간단히 비교하면 〈표 2-4〉와 같다.

퇴직연금제의 전신인 퇴직금제도 자체가 대상포괄률이 낮았고, 퇴직금을 일시에 소진해 버리는 중간정산제가 광범위하게 활용되는 등의 문제가 있었음에도 불구하고 당시 개혁에서는 이 문제에 대응하는 조치가 결여되어 있었다. 이는 퇴직연금제 도입 혹은 퇴직연금제로의 전환으로 해결될

표 2-4 퇴직금제도와 퇴직연금제도 비교

구분	퇴직금	확정급여(DB)형	확정기여(DC)형
급여형태	일시금	연금 또는 일시금	연금 또는 일시금
사용자 기여	연임금 총액 중 30일분	운용성과에 따라 많거나 적을 수 있음	연임금 총액 중 30일분
기금적립 형태	사내적립	부분 사외적립	전액사외적립
연금수급자격 및 조건	1년 이상 근로한 퇴직자	55세 이상, 가입기간 10년 이상, 5년 이상 연금으로 지급	

자료: 주은선 · 정해식(2010)

수 있는 문제가 아니었다. 협소한 적용범위 문제와 중간정산제의 광범위한 활용은 그렇지 않아도 취약한 퇴직금의 노후소득보장 역할을 더욱 약화시키고 있었다.

게다가 퇴직연금제 도입 이후에도 여전히 일시금 형태의 퇴직금이 한국 퇴직급여의 주요한 형태이다. 퇴직연금으로의 전환률은 아직 낮은 편이다. 2011년 2월 현재 전체 사업장의 6.9%인 약 9만 8천 개소가 퇴직연금을 도입하였으며, 전체 상용근로자의 28.9%인 약 253만 명이 퇴직연금에 가입하고 있다. 5인 이상 사업장의 전체 상용근로자를 기준으로 할 때에는 31.5%인 약 244만 명이 퇴직연금에 가입하고 있으며, 4인 미만 사업장 상용근로자 기준 9%인 약 9만 명이 가입하고 있다(고용노동부, 2011). 퇴직연금제로의 전환에서는 확정급여방식의 퇴직연금 선택 비중이 확정기여방식 연금 선택 비중보다 높다. 2011년 2월 기준 가입자 수 기준 절반이 넘는 66.5%가 확정급여형 퇴직연금을 선택하였다(고용노동부, 2011). 이는 다층노후소득보장체계의 일부로서 퇴직연금제도의 급여안정성에는 긍정적이다.

이러한 전환 상황은 퇴직연금제 도입으로 금융계가 기대한 연기금 팽창 효과를 반감시키고 있다. 퇴직연금제 도입 당시 퇴직연금시장 형성 및 팽창에 대해 여러 가지 장밋빛 전망이 제시되었다. 전망 기관마다 예측치가 다르지만 대체로 2010년경에는 퇴직연금 기금 규모가 약 50-60조 가량 될 것으로 전망되었다. 그러나 퇴직연금제로의 전환이 예상보다 늦어지면서 퇴직연금 시장 규모를 확대시키는 것도 순조롭지 않을 것으로 보인다. 2011년 2월 기준 퇴직연금 기금 규모는 아직 30조 8천억 원이다(고용노동부, 2011).

퇴직연금제도로의 느린 전환과 대상포괄성 문제는 상당 기간 동안 한국사회에서 퇴직연금제 도입이 상당히 불완전한 형태로 이루어질 수밖에 없음을 의미한다. 최근 2010년 12월부터 퇴직연금의 4인 이하 사업장 적용이 이루어지기 시작하였으나 이로 인한 노후보장 확충 효과는 향후 20-30년 후에야 나타날 수 있으며, 게다가 소규모 사업장의 상용직만을 대상으로 한 제도 확대는 이들 소규모 사업장 노동자의 상당수가 불안정한 노동자라는 점에서 볼 때 그 효과가 제한적일 수밖에 없다. 따라서 애초의 다층노후소득보장체계 구상과는 달리 퇴직연금제가 공적연금을 보완하는 기능을 수행하는 것은 사실상 어려워 보인다.

한국 연기금의 금융화

한국 연기금 금융화 현황: 기금적립 확대와 규제 완화의 초입

한국에서 연기금 문제는 다른 나라에서와 같이 퇴직연금과 개인연금 활성화 등 사연금 시장과도 관련이 있지만, 거대 규모의 공적연금기금 문제가 핵심이다. 다른 나라 공적연금이 대부분 기금을 거의 갖고 있지 않은 반면에, 국민연금제도가 유독 사연금에서 통용되는 적립식 재정구조를 가지고 있기 때문이다. 국민연금제도의 재정방식이 갖는 특성은 신자유주의 시대 연기금 금융화의 한국적 특수성을 야기하고 있는 것이다. 공적연금이 사회 전반의 연기금 적립 규모 확대를 주도하는 상황에서 연기금 문제의 중심에는 공적연금 기금의 운영체계와 기금운용에 대한 규제가 놓여 있다. 특히 이는 2007년 연금제도 개혁 이후에 국가와 자본의 관심이 집중되고 있는 영역이다.

한국 연기금 규모 증가 속도는 매우 빠르다. 1998년 국민연금 기금 규모는 약 44.8조였던 것이 2010년 말 기준 약 324조로 대폭 증가하였다.[28] 이는 GDP 대비 약 30%에 달하는 금액이다. 개혁 이전에 예측된 국민연금 적립기금의 정점은 2036년으로서 그 규모는 1702조였다(국민연금 발전위원회, 2003). 2007년 연금개혁으로 인해 연기금 적립 규모가 대폭 커질 것으로 예상되었는데, 개혁내용을 반영하면 국민연금 기금규모는 2035년에 GDP의 52%로 정점에 이르게 되며, 2054년에는 5820조에 달하게 된다. 한편 퇴직연금 제도는 2005년에 도입되어 아직 기금 규모가 국민연금기금에 비해 1/10에 미치지 못한다. 그러나 국민연금기여율이 9%인데 비해 퇴직연금 기여율이 임금의 8.3%에 달하는 것으로 볼 때 퇴직연금 적립금 규모는 퇴직연금 전환율과 확정기여방식의 퇴직연금 선택비율이 높아진다면 상당한 수준으로 증가할 잠재력이 있다. 이에 퇴직연금제 도입 과정에서 금융권은 적극적인 관심을 보인 바 있다. 당시 금융권은

---

28. 2008년 말 금융위기로 인해 국민연금기금 적립액은 9월 기준 10조 이상 줄어든 것으로 추정된 바 있다. 주식투자 손실이 컸기 때문이다. 그러나 금융위기 이후 기금 규모는 빠르게 회복되었다.

퇴직연금 도입 당시 퇴직연금 전환비율이 45%까지 올라간다면 퇴직연금 기금 규모가 2010년에는 52조 6천억 원으로 늘어날 것이라고 예측하기도 하였다. 물론 이러한 예측은 순조로운 제도 전환을 전제한 것으로서 실제 전환은 이에 훨씬 못 미치는 상황이다. 그럼에도 1998년에 비하면 2010년에 국민연금과 퇴직연금을 기준으로 한 연기금 적립 규모는 〈표 2-5〉와 같이 약 45조에서 약 353조로 놀라운 증가세를 보였다.

게다가 2007년 연금개혁으로 인해 국민연금 기금은 계속 성장해 2043년에는 2465조원에 이를 것으로 추정된다(2005년 불변가격 1056조원). GDP 대비 최대가 되는 시점인 2035년에는 기금의 규모가 GDP의 52%에 달하고, 이후 급속히 지출이 증가하여 2044년에 수지 적자가 시작되고, 2060년에 모두 소진될 것으로 예상되고 있다(국민연금재정추계위원회 · 국민연금운영개선위원회, 2008). 향후 국민연금기금 규모 추이를 개정 전과 개정 후로 나누어 살펴보면 〈그림 2-1〉과 같다.

기금 규모 증가만으로 한국의 연기금이 금융화되고 있다고는 말할 수 없다. 더욱 중요한 것은 정부 주도의 기금운용계획 수립과 기금운용에 대한 규제 완화 등을 통해 연기금 운용 방향에 변화가 이루어지고 있다는 것이다. 초기에 정부의 공적자금 중 하나로 인식되었던 국민연금 기금은 주식투자 확대와 해외투자 확대로 금융시장 투자자금으로서의 성격을 강화하게 되었다.

이러한 방향 전환의 단초는 1998년 기금운용체계 및 기금운용방식의 변화였다. 1998년 이전까지 연기금은 70% 이상이 의무예탁 되어, 국채이자율 수준의 이자를 수익으로 받았다. 세계은행은 1998년 외환위기 시 자금제공 조건으로 연기금운용체계 개편을 내걸었다. 이에 의무예탁 규정은

표 2-5 공사연금의 기금규모

연도	종류	기금규모
1998	국민연금	44조 8518억
	퇴직연금	-
2008	국민연금	216조 1781억
	퇴직연금	6조 6122억
2010	국민연금	약 324조
	퇴직연금	29조 1472억

자료: 국민연금공단(1998; 2008; 2010), 국민연금기금운용위원회(2007a), 고용노동부(2008; 2010)

사라졌고 위원장은 경제부처장관에서 복지부 장관으로 바뀌었다. 이는 국민연금기금의 정치적 독립이라고 할 만한 변화였다. 이는 시민사회단체들이 줄기차게 요구했던 변화이기도 했기에 대체로 환영을 받았다.

그러나 정치적 독립과 동시에 국민연금 기금운용 기조는 금융화를 지향하게 되었다. 연기금이 금융시장의 장기투자자금으로 시장 효율성에 기여하도록 만들어야 한다는 것이다. 2000년대에 들어 국민연금이 금융시장의 안정성을 보완하는 동시에 금융시장을 확대시키는 효과를 가져야 하며, 이를 위해 위험투자 비중을 늘려야 한다는 주장들이 빈번해졌다(복

그림 2-1 국민연금기금 규모 추정

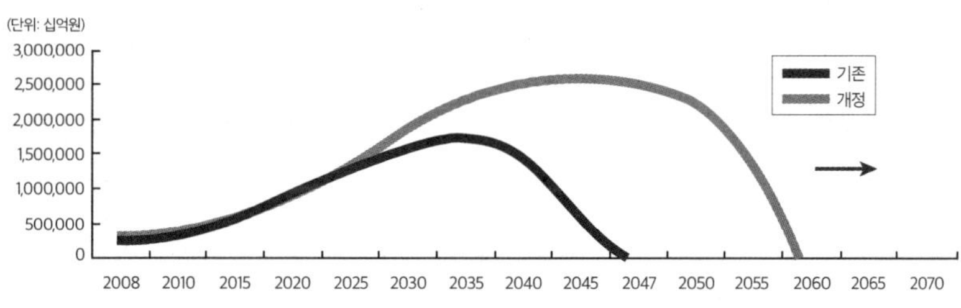

자료: 국민연금재정추계위원회 · 국민연금운영개선위원회(2008)

지부·국민연금관리공단, 2001). 퇴직금을 퇴직연금으로 재편하는 과정에서 경제부처도 빈번하게 퇴직연금제도를 통해 연금시장을 확대시켜야 한다는 입장을 공공연하게 밝혔다. 김대중 대통령도 금융관계자들 앞에서 이러한 견해를 직접 밝히기도 하였다.

"우리는 (증시의) 장기안정을 위한 수요기반 조성을 위해 연기금 투자를 확대해야 하지 않나 생각한다. 시가총액 대비 연기금 투자비율은 미국 24%, 영국 33%, 한국 1%이다. 우리는 연기금의 주식투자 비중을 앞으로 대폭 늘려나가야 되지 않나 생각한다. 경제부총리가 적극 추진할 것이다. 선진국의 연기금이 증시 안정의 중요한 버팀목이 되고 있다고 듣고 있다. 우리나라도 이런 점을 참고로 해야 할 것이다."

(조재환 의원실 정책자료(2001. 2. 8)에서 재인용; 증권시장 관계자 오찬 모임 시 김대중 대통령의 발표 내용, 청와대 홈페이지)

2000년대 들어 연기금의 주식투자 비율과 해외투자 비율이 계속 확대되었다. 그 결과 2010년도 기금운용 현황을 보면, 적립기금의 99.8%가 금융부문에서 운용되고 있다. 2000년대 초에 공공부문과 복지부문에 대한 투자가 거의 사라졌기 때문이다. 2011년 말 기준 국민연금기금의 금융부문 투자는 국내채권 64.1%(215조), 국내주식 17.9%(48.5조), 해외채권 4.2%, 대체투자 7.8%, 해외주식 5.7%로 나누어 이루어지고 있는데, 특히 주식투자와 해외투자 비중이 커지고 있는 것이 눈에 띈다. 더욱 주목할 만한 것은 국민연금 기금운용 관련 조항에서 '투기적 목적의 파생상품 거래를 제한'하는 단서규정을 삭제함으로써 벤처캐피탈, 파생상품과 같은 위험성 자산에 대한 투자를 허용한 것이다.

또한 국민연금기금의 민간금융기관에 대한 위탁운용 비율이 2002년부터 계속 증가하였고, 최근 획기적으로 증가하고 있다. 국민연금기금의 위탁운용비율은 2006년 말 전체 금융자산의 10.2%, 19조 2천억 원이었던 것이, 2010년에는 금융부문 전체 운용자산 중 23.7%인 74조 3474억 원으로 크게 증가하였다. 특히 국내주식투자의 48.2%, 해외주식투자의 87.6%, 대체투자의 73.2%는 위탁투자 방식으로 이루어졌다. 국내외 자산운용사에 대한 이러한 대규모 위탁투자는 체계적으로 계획되어 추진된 것(국민연금기금운용위원회, 2008)으로서 보건복지부는 2012년에는 위탁비중이 40%까지 상승할 것이라고 발표하였다. 이러한 위탁투자 확대는 기금투자 의사결정에서 기금운용위원회나 정부부처의 개입을 약화시키고 실제 기금운용에서 민간금융기관들의 영향력을 확대시키는 효과가 있다. 물론 이러한 민간금융기관들에 대한 정부부처의 영향력이 확대되기도 한다. 또한 국민연금기금의 위탁투자 확대는 민간금융기관에게 큰 규모의 수수료 수입을 제공한다.

그러나 아직은 국민연금기금의 금융부문 투자 중 채권투자 비중이 다른 민간 펀드에 비해 상당히 높다는 점에서 국민연금기금은 아직은 통제적인 방식의 운용에서 완전히 벗어났다고 보기는 어렵다. 기금운용에 관한 최종적인 결정은 가입자 대표들과 정부관계자들이 함께 의사결정을 하는 기금운용위원회의 권한 사항이다. 다시 말하면 한국에서 연금제도와 금융시장의 통합은 완성되지 않았다. 금융위기 국면에서 다른 나라의 연기금들이 기금규모가 20% 이상 감소하는 커다란 타격을 받은 데 비해 국민연금이 비교적 손해를 덜 본 가장 중요한 이유는 바로 이것이다.

그럼에도 불구하고 정부는 연기금 운용 기조에 주식 및 대체투자 비율은 확대시키는 등 투자자산 다변화, 실물경제에 대한 투자 확대, 다양한 금융상품에 대한 투자를 통해 금융시장 발전에 기여하는 것에 초점을 맞출 것이라고 밝혔다. 연기금 운용 규제 완화를 주장하는 가장 중요한 명분은 연기금의 수익률 개선을 통해 연기금의 재정안정성을 높일 수 있다는 것이다. 세계 금융시장 침체에 따라 잠시 주춤했던 국민연금 기금의 금융화는 경기 회복 흐름이 이어진다면 더욱 심화될 것으로 보인다. 특히 금융위기로 인해 잠시 유보된 국민연금 기금운용체계 개편안이 2009년 국정과제로 선정되면서, 기금운용에 금융계의 영향력을 강화시키는 취지의 국민연금기금 지배구조 개혁이 가시화된 바 있다. 이는 정체되고 있는 국민연금 기금의 금융화를 진전시켜 공적연기금의 성격을 결정적으로 바꾸어 놓을 수 있다.

한국 연기금 금융화의 특수성: 정치적 위험과 시장위험의 결합

다른 나라와 달리 한국에서 연기금 금융화는 사적연금보다는 앞서 살펴본 바와 같이 공적연기금 운용을 통해, 국가 주도로 이루어지고 있다. 따라서 연기금 금융화의 명분으로 언급되는 정치적 위험의 회피는 한국에서는 연기금 금융화의 명분이 되기 어렵다. 오히려 국가 주도의 금융화는 이미 존재하는 정치적이며 자의적인 기금운용 가능성에 더해, 금융화 자체의 고유한 불안정성을 중첩시킨다.

금융화 고유의 위험이란 면에서, 앞서 살펴본 바와 같이 주식 및 해외투자, 파생상품 투자 비중을 꾸준히 늘리고 규제를 완화함으로써 국민연금 기금은 금융시장의 불안정성을 새로운 위험으로 떠안기 시작했음은 아무리 강조해도 지나치지 않다. 국민연금은 금융화가 덜 진전된 탓에 최근 전지구적 금융위기의 피해는 영미권 연기금에 비해 덜하지만, 그 손실 규모는 상당하였다.[29] 그럼에도 불구하고 국민연금 장기운용 전략(2008)에 따르면 향후 국민연금 기금의 주식투자 및 해외투자, 파생상품 및 부동산 투자 비중은 계속 늘어나도록 되어 있다.[30] 수익률 논리에 의해 국민연금 기금의 투자 위험은 더 높아질 것으로 보인다. 금융주도 자본주의에 대한 반성과 대안이 필요한 시대에 한국의 연기금은 금융화를 향한 폭주를 하고 있는 것이다. 이는 한국 국민들은 사적 보장뿐만 아니라 공적 노후보장도 글로벌 주식시장의 순환에 의존하기 시작하게 됨을 의미한다. 이제 금융시장의 하강은 단순한 자산 손실이 아니라 노후의 경제적 보장을 희생시키는 결과를 가져온다. 이런 의미에서 연기금 금융화는 소위 위험의 분산이 아닌 위험의 집중을 가져오고 있다.

한편 흔히 연기금 금융화는 연기금의 정치적 위험을 더는 것으로, 정확히 반대되는 지점에 있는 것처럼 인식되지만 한국의 경우 연기금 운영에 대한 정치적 의도의 개입과 금융화는 동시에 이루어졌다. 세계은행의 영향 아래 1998년 기금지배구조 개편이 이루어진 이후에 국민연금 기금 운용에 경제부처의 직접적인 개입은 절차적으로는 불가능해졌다. 그러나 기금운용에 관한 기획, 승인, 운용 등의 절차가 마련되고 가입자 대표가 참여하는 기금운용위원회가 최종적인 결정기능을 수행하게 된 이후에도 정부는

---

29. 2011년 국민연금 기금의 국내채권 수익률과 해외채권 수익률이 각각 5.63%, 6.96%였던 데 비해 국내주식부문 수익률은 -10.15%, 해외주식투자 수익률은 -6.97%에 달하였다.
30. 박해춘 전 국민연금공단 이사장은 2012년까지 국내주식투자 비중을 40%까지, 해외투자 비중을 20% 이상으로, 대체투자를 10%까지 확대하겠다고 밝혔다. 연기금 투자 포트폴리오 구성을 채권에서 주식으로 옮겨가겠다는 의지를 밝힌 것이다. 이명박 대통령도 '국민과의 대화'(TV 프로그램)에서 국민연금기금을 적극적으로 투자하여 높은 수익을 실현하겠다고 밝힌 바 있다.

연기금 운용에서 실질적인 주도권을 놓치지 않고 있다. 정부는 빈번히 국민연금을 증시 안정자금으로 투입하였고, 반복적으로 국민연금의 주식시장 안정화 효과, 경제 활성화 효과, 연기금이 높은 수익을 확보함으로써 연금재정을 건전화 시키는 효과 등을 명분으로 제시하였다. 정부가 내놨던 동북아 금융허브 구상에서 연기금의 금융화는 필수적인 요소이기도 했다. 이명박 정부 들어 연기금 금융화의 흐름은 더욱 노골적으로 정치적 의지에 의해 조정되는 양상을 보이고 있는데 2008년 금융위기 국면에서 국민연금기금이 유례없는 규모로 증시에 집중적으로 투입된 것이 그 사례이다. 4대강 사업을 위한 녹색펀드에 연기금 참여가 권장되고 있는 것 또한 연기금 금융화 국면에서도 국민연금기금이 정치적 위험으로부터 자유롭지 않다는 것을 보여준다.[31] 신자유주의 시대에 한국 국민연금기금이 갖는 정치적 위험은 과거와 그 형태가 달라졌을 뿐 여전하다.

한국 연금개혁의 파급 효과

2007년 개혁을 통해 국민연금의 사각지대 문제를 해소했다고 보기는 어렵다. 기초노령연금이 도입되었지만 불안정한 현재 위상으로 볼 때 이를 통해 미래의 사각지대 해소까지 기대할 수 있을지는 불분명하다. 사각지대의 미보장뿐만 아니라 낮은 수준의 보장까지 기준으로 한다면 더욱 그러하다. 공적연금이 '적절한' 보장이란 역할을 수행할 것을 기대하기는 더욱 어려워졌다. 세대 간 공평성 제고를 개혁의 명분으로 내세웠지만 후

---

31. 정부는 연기금 자산운용 평가의 공공성 항목에 녹색산업 투자 실적에 가산점을 부여하기로 하였다고 하며, 이 문제는 2009년 국회 환경노동위원회의 국정감사에서 이슈가 되었다.

세대의 예상 급여액은 사회보험 방식의 연금급여액이라고 보기에는 지나치게 낮다. 이러한 한국 연금개혁은 어떠한 파급효과를 가질 것인가?

한국 연금개혁의 효과: 사적 연금시장의 점진적 확대

다층 연금체계 구축을 통해 사적연금 시장을 확대시킨다는 신자유주의적 연금개혁의 목표는 한국에서는 아직 큰 성과를 거두지는 못하였다. 정부는 2005년 퇴직연금 도입 당시 퇴직금제 적용범위 확대와 퇴직연금으로의 전환, 기금운용에 대한 규제, 급여보장 장치 마련 등에 대해 그다지 적극적인 조치를 취하지 않았다.[32] 또한 노동과 자본 모두에게 기존의 퇴직금 제도를 유지할 때 갖는 경제적, 정치적 이점이 있다. 대폭적인 세제혜택이나 의무화 조치로 퇴직금의 퇴직연금제도로의 전환율을 높이거나, 중간정산제가 폐지되지 않는 한 퇴직연금 시장 규모가 가까운 미래에 충분히 커질 가능성은 별로 없다. 별다른 조치 없이, 노동시장이 점점 더 유연해지고 있는 가운데 사용자가 기여금을 전액 부담하는 퇴직연금 적용 대상자가 확대될 가능성은 거의 없다. 더욱 중요한 것은 퇴직연금제로의 전환이 지금과 같이 확정급여 방식 위주로 이루어진다면 연금시장 확대 효과는 크지 않다는 것이다. 퇴직연금 활성화를 위한 지원 대책을 마련하여 선진화된 다층 노후소득보장체계를 구축해나가야 한다는 주장(문형표, 2007)이나, 한국경제를 활성화하기 위한 정책 방안으로 확정기여형 방식의 퇴직연금을 확산시켜야 한다는 주장(한국개발연구원, 2009)은 퇴직연금 시장의 구축이 정체되고 있는 상황에 대한 자본 측의 초조함을 반영한

---

32. 퇴직연금에 상응하는 자영자 대상 개인연금 도입 등과 같은 사적연금의 보완장치가 그 예이다.

것이다. 따라서 향후 정부의 정책도 퇴직연금 시장 규모를 늘리는 데 집중될 것으로 보인다.

국민연금과 퇴직연금 모두 제대로 자리를 잡지 못한 상황에서 국민연금 급여가 대폭 삭감되었기 때문에 당분간 노후소득보장의 공백이 커지는 것은 불가피하다. 따라서 개인연금 시장의 역할에 주목하지 않을 수 없다. 일찍이 정부는 적극적인 세제혜택을 제공하여 개인연금 가입을 촉진하였고 개인연금 판매 창구가 다변화되면서 가입 건수와 개인연금 보험료 지출은 꾸준히 증가하였다. [33] 개인연금 기금 규모는 1998년에 약 23조 2896억이었던 것이 2008년 35조 9962억으로 꾸준히 증가하고 있다(주은선, 2008). 이는 퇴직연금 적립기금이 약 3조 정도인 것과 대조된다. 그러나 생명보험 유지율이 높지 않고, 개인연금 판매 증가율이 기대만큼 높지 않은 것은 자발적인 방식의 연금시장 확대가 갖는 한계를 보여준다. 개인연금 시장이 공적연금의 공백에 힘입어 얼마나 성장할 수 있을지는 미지수이다.

정리하면 적정소득보장을 위해서는 반드시 사적연금 가입이 필요한 상황이 되었다. 이에 공적연금의 영역 조정에 대한 반응으로 사적연금 시장 확대가 기대되고 있으나 잠재력이 큰 퇴직연금 시장 확대는 아직 본격화되지 않았고, 자발적인 개인연금 시장 규모는 이미 세제혜택 속에서 증가하였으나 그 증가세의 지속은 의문스럽다.

최근의 신자유주의적 연금개혁 과정은 연금시장이라는 것이 자연스럽

---

33. 개인연금자료 대신 생명보험자료를 이용하여 사적부문에 대한 투입을 살펴본 김민정(2005)에 따르면 '생명보험 성향조사'자료로 분석한 결과, 2006년 현재 가구당 평균소득의 12.2%를 생명보험료로 지출하는 것으로 나타났다. 생명보험을 기준으로 한다면 노령, 장애, 가구주 사망 등에 대비한 사적보험료 지출은 공적연금보험료 지출을 훨씬 웃돈다(주은선, 2008에서 재인용).

게 형성된 것이 아니라 정부에 의해 전략적으로 조성되고 촉진될 수 있는 것임을 보여준다. 이제 한국에서 연금시장 확대에 관건이 되는 것은 정부가 공적연금 축소에 이어 사적연금 시장 확대를 위해 어떠한 정책을 내놓느냐 하는 것이 될 수 있다. 확정기여형 퇴직연금 가입을 유도하는 유인책이 그 예가 될 수 있다. 한국의 공적연금 축소와 연금시장 확대 과정에서 노후보장에 관한 국가의 역할은 미미한 수준의 기초연금과 최저생계비를 크게 넘어서지 않는 국민연금 급여를 통해 최저보장을 하는 것으로 재편되었다. 이 경우 국가는 사적연금 시장과 관련하여 중개자로서, 규제자로서, 혹은 재정 조달자로서 다양한 역할을 새롭게 맡게 된다. 직접적인 급여제공자로서의 국가 역할이 축소된 가운데 이제 사적연금시장 구축을 위해 국가가 어떤 새로운 역할을 자임하고 나설 것인지 지켜볼 필요가 있다.

무산된 사회적 연대의 기획, 노후보장의 개별화

2000년대 중반의 연금개혁은 사회적 연대를 통해 작동하는 소득보장의 범위와 개인단위의 개별계약, 자기책임 중심의 소득보장의 범위와 경계를 변화시켰다. 즉, 국민연금의 삭감을 통해 최근의 연금개혁은 공적노후보장제도의 연대적 기능 및 사회 통합기능을 약화시킨 대신 시장을 확대시킴으로써 자기책임 요소를 강화하였다.[34]

국민연금이 최소보장 기능을 하는 데 그치면서 중상위 계층은 노후보장의 중심을 사연금제도로 옮길 수밖에 없다. 물론 이는 앞서 살펴본 바

---

34. 한국사회에서 복지욕구 해결에 사회적 연대 못지않게 중요한 것이 가족 차원의 연대였다. 그러나 한국에서 공적연금 축소가 노후보장에서 개별화가 아닌 가족 차원 연대를 계속 유지시키는 역할을 할 것인지 여부는 미지수이다. 이는 노후소득보장에서 개인, 가족, 국가의 역할 비중을 통해 계속 지켜볼 필요가 있다.

와 같이 초기에는 사적부문의 확대보다는 공적 부문의 축소를 통해서 진행된다. 전형적인 노후보장의 개별화 현상이다. 그렇다면 기초노령연금 도입은 하위소득계층에게는 오히려 새로운 방식의 사회적 연대를 만들어낸 것인가? 조세 재원의 기초노령연금은 노인의 70% 정도를 포괄함으로써 상당히 넓은 세대 간 연대, 그리고 계층 간 연대의 형식적 틀을 조성한 것으로 보인다. 그러나 급여 수준은 연금으로서 의미를 갖기에는 너무 미미한 수준이기에 이러한 연대는 실질적인 의미를 갖기 어렵다. 게다가 자산조사를 수반한 급여 제공이라는 제도 속성으로 인해 수급자들과 납세자를 분할시키는 효과는 보건복지부가 애초 의도대로 수급자 범위를 계속 줄여나간다면 더욱 부각될 수밖에 없다. 즉, 기초노령연금제도는 사회적 연대라는 관점에서 취약성을 갖고 있다.

물론 개혁 이전에도 국민연금제도는 이미 광범위한 사각지대 문제를 안고 있었기 때문에 사회적 연대 창출이라는 면에서 애초부터 한계를 가졌다. 소위 전 국민연금이라고 하더라도 상당수의 비정규직 노동자들, 영세 사업장 노동자들, 규칙적인 소득 흐름을 갖지 않는 다양한 직업군들이 배제된, 노동시장 내부자들끼리의 협소한 연대가 만들어져 있다. 국민연금 삭감으로 인한 사회적 연대의 축소는 공적연금이 상당히 오랜 동안, 보편적인 형태로 발전한 국가들에서의 그것과는 다른 의미일 수밖에 없다. 그럼에도 국민연금의 포괄성 확대를 통해 사회적 연대를 제고하고자 하는 기획이 2007년 연금개혁으로 인해 상당히 의미가 축소된 것은 사실이다.

'개별화'와 관련해서 한국에서 사적연금 시장의 발달은 아직 제한적이지만 이미 상당수 중간층은 연금 상품의 소비자이자 금융시장 투자자로 존재하고 있음을 지적할 필요가 있다.[35] 즉, 사적보험료 지출은 공적연금개혁의 효과가 나타나기 이전에도 이미 공적연금 보험료 지출을 훨씬 상회하였다. 보험소비자 설문조사 결과에 따르면 개인연금 가입가구는 2005년 22.7%에서 2008년 31.8%로 증가하였다. 이는 중간층의 금융시장으로의 포섭은 이미 상당한 속도로 진행되고 있었음을 보여준다. 그렇다면 한편으로는 노후대비에 대한 사회적 인식이 높아지고 다른 한편으로는 국민연금 개혁 이후 공적연금의 급여적절성이 현격히 떨어지는 가운데 사적연금 시장에 어떤 변화가 있을지 주목해 볼 필요가 있다.

결론

한국의 연금체계는 아직 불완전한 형태의 신자유주의적 특징을 보여주고 있다. 사적연금시장의 발달과 연기금의 금융화는 아직 덜 진전되었다. 그러나 이러한 불완전성에도 불구하고, 한국 연금정책이 꾸준히 신자유주의적인 방향을 추구하였고, 연금체계 전반이 시장화와 금융화를 추구하는 방향으로 변화한 것은 부인할 수 없다. 여러 가지 제약에도 불구하고 이러한 방향으로 일관된 변화가 가능한 것은 공적연금 축소와 사적연금시장 조성을 위한 국가의 적극적 역할이 있었기 때문이다. 국가는 과거 퇴직금 제도를 둘러싼 자본, 노동의 뿌리 깊은 이해관계에도 불구하고 모호한 형태로나마 퇴직연금제를 도입함으로써 기업연금 시장을 확대할 수

---

35. 보험개발원(2008)에 따르면 생명보험 전체 가입건수 약 5912만 건 중 공적연금에 준하는 역할을 하는 연금보험은 601만 건, 종신보험은 1114만 건으로서 총 1714만 건이며 나머지는 암보험, 상해보험 등이다. 여기에 개인연금 상품 가입자 수를 감안한다면 경제활동인구 중 상당수는 사연금에 가입해 있을 것으로 보인다.

있는 계기를 만들었다. 게다가 국가의 사회보장에 관한 역할을 스스로 '최소보장자' 로 규정함으로써 사적연금 시장이 팽창할 수 있는 여지를 만들어냈다. 더욱이 국민연금기금의 금융화를 주도한 것은 다름 아닌 국가였다. 한국 연금체계 변화에서 관찰되는 국가 역할의 이러한 특징은 신자유주의시대 국가의 전형적인 모습 중 하나일 것이다.

이제 한국 연금제도의 신자유주의적 진전에서 드러난 불완전성 문제를 해결하기 위한 여러 가지 시도들이 이어질 것으로 보인다.[36] 우선 이제 국가는 사적 연금시장에 대한 지원자enabler로, 혹은 중개자로, 규제자로서 스스로의 역할을 정립하고자 할 것으로 전망된다. 사적연금에 대한 세제혜택 변화, 퇴직연금시장 확대를 위한 유인책, 확정기여형 연금가입을 유도하거나 강제하는 조치 등이 이와 관련된다. 물론 국가가 지원자, 중개자, 규제자 역할을 강화하는 것과, 이를 효과적으로 해낼 수 있느냐 하는 것은 별개의 문제이다.

또한 연기금 금융화라는 측면에서 사회적 제약을 없애고 이를 가속화시킬 수 있는 조치로 국민연금기금 지배구조 개편이 있다. 최근 시도된 연기금 지배구조 개편의 핵심은 연기금 운용에 관한 정책결정 권한을 금융전문가에게 집중시키는 것이다. 이는 연기금 운영에 관한 시민사회의 참여와 주도권을 차단하는 효과가 있다. 명분은 정치적 자율성 강화이지만 금융전문가가 연기금 정책을 주도하는 것이 그 자체로 정치적 자율성을 의미하지 않는다. 연기금 지배구조 개편은 온전히 금융적 관점에서 연기금

---

36. 연금개혁으로 한국 노후소득보장체계가 갖고 있는 문제들이 최소한 봉합조차 되었다고 보기 어렵다는 점에서, 그리고 2013년에 재정재계산이 이루어진다는 것을 감안하면 연금개혁은 다시 수면 위로 올라올 수 있다. 공적연금의 역할과 연금재정 문제, 연기금의 기능을 둘러싼 논쟁은 언제든지 다시 전개될 수 있다.

이 운영되도록 함으로써 연기금 금융화를 촉진할 것으로 기대된다. 이는 연기금 금융화라는 경로를 수정하지 않는 한 포기할 수 없는 정책 사안이 될 것이다. 연기금 규모 증가와 금융시장 투입 확대 등으로 인해 연기금이 한국의 사회경제정책에서 점점 중요한 위상을 가지게 될 것임이 명확해지고 있기 때문이다.

한국 연금제도의 재편을 위한 새로운 담론은 아직 불투명하다. 분명한 것은 새로운 연금정책은 공적연금제도에 대한 것뿐만 아니라 퇴직연금 등의 사적연금제도와 대안적인 연기금 운용 방안 및 지배구조 구성 방안을 포괄하는, 전 방위적인 것이어야 한다는 사실이다.

건강보험 통합에서 건강보험 보장성 강화, 그리고 민간의료보험의 급팽창

건강보험 통합과 건강보험의 보장성 강화, 그 성과와 한계

2000년 7월 1일 마침내 건강보험이 단일 보험자로 통합되었다. 이로서 짧게는 10여 년, 길게는 20여 년에 걸친 건강보험의 관리운영체계를 둘러싼 논란은 종지부를 찍게 되었다.[1] 사회보험 방식으로 출발한 건강보험을 단일 국가보험 방식으로 전환한 것은 세계에서 유례를 찾을 수 없는 실험이었다. 이런 한국의 실험이 성공적으로 실현되면서, 북유럽 국가를 중심

* 이진석 _ 서울대학교 의료관리학 교실 교수

1. 1980년대 초반, 행정관료를 중심으로 이루어진 조합-통합 논쟁이 건강보험 관리운영체계를 둘러싼 제1차 논쟁이었다. 조합주의와 통합주의라는 용어가 만들어졌던 것도 이 즈음이다. 제1차 논쟁은 조합주의의 승리로 마무리되었으며, 통합을 주장하던 관료들은 옷을 벗어야 했다. 당시, 전경련을 비롯한 경제단체, 한국노총, 조선일보와 동아일보 등의 보수언론이 건강보험 통합을 반대하는데 목소리를 높였다. 이들 단체의 입장은 2000년 건강보험 통합에 이르기까지 일관되게 유지되었다.

으로 한 국영의료체계National Health Service, NHS, 프랑스, 독일, 일본 등의 사회보험체계Social Health Insurance, SHI, 미국의 민간의료보험체계Private Health Insurance, PHI로 구분되던 의료보장제도 유형에 국가보험체계National Health Insurance, NHI가 추가되었다(Lee, Chun, Lee, & Seo, 2008). 일각에서는 건강보험 통합으로 완성된 국가보험체계의 성격을 '준 NHS'로 묘사하기도 한다. 또한 한국이 복지국가 초입에 들어섰다는 중요한 징표로 건강보험 통합을 해석하기도 한다.

건강보험 통합의 의미는 기존에 수백 개로 나누어져 있던 조합을 하나로 합치는 관리운영체계의 변화에 국한되지 않는 것이었다.[2] 건강보험 통합의 가장 중요한 의미는 건강보험의 보장성 강화를 위한 제도적 기반이 마련되었다는 점이다. 수백 개의 조합으로 나누어져 운영되던 체계 아래에서는 건강보험의 보장성을 강화하기가 매우 어려웠다. 재정 상태가 열악한 조합에 맞춰 건강보험의 급여 수준을 결정할 수밖에 없었기 때문이다. 어떤 조합은 막대한 누적 적립금을 쌓아두고 있으면서도 조합원들에게 충분한 급여 혜택을 주지 못하는가 하면, 또 다른 조합은 최소한의 급여 혜택조차도 감당하기 힘든 열악한 재정 상태를 면치 못하고 있었다. 물론 각 조합 간의 재정 위험을 분산하는 기전을 갖추고는 있었지만, 그 효과는 제한적이었다. 건강보험 통합은 보장성 강화의 중요한 걸림돌이었던 조합 간의 재정 격차를 일시에 해소하는 제도적 변혁이었다. 통합 건강보험체계라는 제도적 기반이 없었다면, 참여정부 시기의 건강보험의 보장

---

2. 1998년 227개의 지역조합과 공무원및사립학교의료보험관리공단이 1차로 통합하여 국민의료보험관리공단이 출범하였다. 그리고 2000년 국민의료보험관리공단과 139개의 직장조합이 통합하여 국민건강보험공단이 출범하였다. 건강보험재정을 통합하여, 명실상부한 완전 통합을 이룬 시기는 2003년이다.

성 강화는 불가능했을 것이다.

보험료 부과체계의 형평성 향상 역시 건강보험 통합의 빠뜨릴 수 없는 성과이다. 과거 조합 방식에서는 재정 상태가 열악한 농어촌 지역조합의 보험료는 상대적으로 비싸고, 재정 상태가 양호한 직장조합과 서울 강남과 같이 부유한 지역조합의 보험료는 상대적으로 저렴했다. 각 조합이 독립채산 방식으로 운영된 데에 따른 불가피한 현상이었다. 이 같은 보험료 부담의 부조리를 해소하고, 전국 어디에 거주하든, 어떤 직장에 근무하든 간에 동일한 기준으로 보험료를 부과하게 된 것은 전적으로 건강보험 통합의 성과이다. 물론 지역가입자와 직장가입자의 보험료 부과체계가 완전 통합되지 못한 점은 한계로 지적할 수 있지만, 이는 건강보험 자체에서 비롯된 것이라기보다는 우리나라 조세체계 전반의 문제에서 비롯된 것으로 이해할 수 있다.

흔히 간과되는 성과 중의 하나가 건강보험 관리운영체계의 투명성과 책임성 향상이다. 과거에는 수백 명의 의료보험 조합장과 그 몇 곱절되는 임원들이 있었다. 이들로부터 비롯되는 비리와 부패가 심각했으나, 수백 개에 이르는 조합들을 일일이 감독하는 것도 쉽지 않은 실정이었다. 게다가 직장의료보험 조합의 누적 적립금은 마치 해당 기업의 사금고인 양 간주되었다. 수많은 직장의료보험 조합의 조합장과 간부들, 그리고 기업들이 건강보험 통합을 결사적으로 반대했던 이면에는 이런 이권이 있었던 것이다. 그러나 건강보험 통합으로 수백 명에 이르던 조합장은 1명의 공단 이사장으로, 수천 명의 임원들은 십수 명의 임원으로 줄어들었다. 그리고 정부와 국민의 실질적인 감시와 감독이 가능하게 되었다.

국민의 사회 연대 의식을 제고한 점도 중요한 성과이다. 건강보험 통합으로 의료급여 수급권자를 제외한 모든 국민은 하나의 보험을 가지게 되었다. 이것이 가지는 사회적, 정치적 의미는 작지 않다. 과거 조합 방식에서는 사회 연대의 범위가 특정 지역과 직장에 국한되었지만, 통합 건강보험체계에서는 사회 연대의 범위가 전 지역과 전 국민을 아우르게 된 것이다. 통합 건강보험체계에 이르러서야, 국민의 건강권을 국가가 책임진다는 헌법 정신이 온전히 구현될 수 있는 기틀이 마련된 것이다.

마지막 성과는 시장주의 세력의 의료민영화 공세에 맞설 수 있는 버팀목을 마련했다는 점이다. 과거의 조합 방식을 유지했었다면, 시장주의 세력의 의료민영화 공세에 맞서기가 쉽지 않았을 것이다. 시범사업이라는 명목으로 의료보험조합 몇 개를 떼어내서 미국식 의료체계를 적용하려는 시도가 끊임없이 이루어졌을 것이다. 예컨대, 삼성과 현대그룹의 직장의료보험조합과 서울삼성병원, 서울아산병원을 직접 연결하는 네트워킹이 진즉에 이루어졌을 것이다. 이런 측면에서 보면, 10년 전의 건강보험 통합이 지금의 의료민영화 정책을 가로막는 중요한 버팀목이 된 셈이다.

건강보험 통합을 이룬 과정 역시 중요한 운동적 의미를 갖고 있다. 건강보험은 진보적 시민사회운동과 개혁적 민주 정치세력이 연대해서 제도 개혁을 달성한 전형을 보여주고 있다. 1994년 '의료보험통합일원화 및 보험적용확대를 위한 범국민연대회의(약칭, 의보연대회의)'가 결성되었다. 의보연대회의는 노동, 농민, 시민, 보건의료 등 총 77개 단체와 6개 지역연대회의를 포괄하는 대규모 연대조직이었다. 1980년대 초반의 제1차 통합 논쟁 때와 마찬가지로 전경련을 비롯한 경제단체, 한국노총, 보수언론은 건강보험 통합을 강력하게 반대하였다. 의보연대회의는 당시 시민사회운동의 역량을 총 집중하다시피 하며, 건강보험 통합 운동을 지속해 왔다.

그리고 건강보험 통합을 대선 공약으로 내세운 김대중 후보가 1997년 12월 대통령 선거에 당선되면서, 건강보험 통합은 급물살을 타며 현실화되기에 이르렀다.

노무현 정부는 역대 정부 중에서 건강보험의 보장성 강화를 위해 가장 심혈을 기울인 정부였다. 대선 공약으로 '건강보험 보장률 80% 달성'을 제시하였고, 집권 기간 중 공약을 달성하기 위한 보장성 강화 로드맵을 마련하였다. 그리고 실제로 일정 수준 이상의 본인부담금을 전액 건강보험에서 부담하는 본인부담 상한제 도입, 6세 미만 영유아 입원 본인부담금 면제, 식대 건강보험 적용, 중증질환자 본인부담 경감 등의 급여 확대 조치가 시행되었다. 이에 따라 건강보험 급여비 지출 규모는 2002년 14조 원 규모에서 2007년 25조 원 규모로 급증하였다. 이 같은 보장성 강화의 재원을 마련하기 위해 매년 보험료율이 평균 6% 가량 인상되었으며, 국고지원금은 2002년 3조 원에서 2007년 3조 7천억 원으로 증가하였다.

노무현 정부 기간 중에 중증환자의 치료비 부담은 크게 줄어들었다. 2004년 49.6%에 불과하던 암환자의 건강보험 보장률이 2007년 71.5%로 급격히 향상되었다. 그러나 일반 국민이 평균적으로 체감하는 건강보험의 보장성 강화 혜택은 미미하였다. 평균적인 건강보험 보장률은 2004년 61.3%에서 64.6%로 미미하게 향상되는 데 그쳤다. 게다가 분모에 해당하는 전체 국민의료비가 급증하면서, 보장률 수치의 일부 향상에도 불구하고 국민이 의료이용 중에 직접 부담하는 본인부담 액수는 오히려 늘어났다. 이런 결과는 건강보험의 보장성 강화와 함께 추진되었어야 할 건강보험 지출 구조 개선이 중도에 좌초된 탓이 크다. 2004년 건강보험의 행위별 수가제를 DRG 포괄수가제로 개편하고자 했던 시도가 의료공급자의 강한 반발에 부딪혀 무산된 이래, 건강보험의 낭비적 지출 구조를 개선하는 시도는 사실상 실종되었다.

취약한 건강보험의 보장성과 민간의료보험의 급팽창

한국의 건강보험은 흔히 '진료비 할인제도'로 일컬어졌다. 노무현 정부 기간 동안에 건강보험을 '진료비 할인제도'로 일컫는 빈도는 현저히 줄어들었다. 그러나 환자의 치료비 부담은 여전히 과중했고, 그 틈새를 민간의료보험이 파고들면서 시장 규모를 계속 확대해 나갔다. 특히, 보험업법 개정으로 2005년부터 생명보험사의 실손형 민간의료보험 판매가 허용되면서 민간의료보험 문제는 새로운 국면을 맞이하게 되었다. 실손형 민간의료보험 상품은 이미 손해보험사에 의해 판매되고 있었다. 그러나 전체 보험시장에서 손해보험사가 차지하는 시장 비중이 크지 않았기 때문에 큰 관심사항으로 부각되지는 않았다. 그러나 민간의료보험 시장의 80% 이상을 점유하고 있는 생명보험사의 실손형 민간의료보험 상품 판매는 사뭇 다른 의미를 가지는 것이었다. 이에 보건복지부와 건강보험 측은 실손형 민간의료보험이 건강보험에 미칠 부정적 영향을 최소화할 수 있는 합리적 규제를 요구하였다. 그리고 시민사회단체 역시 '민간의료보험법' 제정을 요구하며, 민간의료보험 시장의 급격한 시장 팽창을 경계하였다.[3] 반면, 의료산업화 정책을 주도하던 경제부처는 실손형 민간의료보험에 대한 규제를 반대하였다. 실손형 민간의료보험을 둘러싼 논란은 2006년 국무

---

3. 그러나, 민간의료보험법 제정운동은 실제로 강력하게 진행되지 못했다. 일부 시민사회단체와 노동조합 활동가들이 민간의료보험법 제정 자체가 민간의료보험의 실체를 인정하는 것이라며, 법 제정운동에 대해서 반대하거나 부정적인 입장을 표출했기 때문이다. 민간의료보험은 폐지의 대상이지, 법 제정을 통해 관리할 대상이 아니라는 것이 이들의 문제의식이었다.

총리 산하 의료산업선진화위원회의 결정으로 일단락되는 듯 했다.[4] 그러나 민간의료보험의 관할 부처인 금융당국은 의료산업선진화위원회의 결정사항을 현실화하는 조치를 시행하지 않았다. 결국, 이명박 정부가 출범할 때까지 민간의료보험에 대한 합리적 규제는 시행되지 않았으며, 정권이 바뀌면서 2006년의 결정사항은 사실상 유명무실하게 되어 버렸다. 실손형 민간의료보험에 대한 합리적 규제가 공전을 거듭하는 와중에 민간의료보험 시장은 날로 팽창했다. 2008년 기준으로 이미 성인 인구의 70% 이상이 민간의료보험에 가입한 상태이며, 민간의료보험료로 지출하는 비용도 연간 30조 원 이상으로 건강보험 전체 재정 규모에 육박하는 수준으로 늘어났다.

이명박 정부가 집권하면서 건강보험은 이전 정부와는 전혀 다른 상황에 직면하게 되었다. 이명박 대통령은 대선 후보 시절부터 현행 건강보험 제도의 근간을 뒤흔들 수 있는 '요양기관 당연지정제 폐지' 의견을 내비쳤다. 게다가 대통령 인수위원회에서는 건강보험을 네덜란드 방식으로 민영화하는 방안이 거론되기도 했다. 그러나 2008년 마이클 무어 감독의 〈식코〉 상영과 촛불시위를 거치면서, 건강보험의 골간을 송두리째 뽑을 수 있는 이들 사안은 정책적 고려 대상에서 제외되었다. 만약, 2008년의 〈식코〉 상영과 촛불시위가 없었더라면, 한국의 건강보험은 일대 혼란 상태에 빠져들었을 것이다. 특히, 〈식코〉는 우연히 국내 상영 시기가 맞아떨어졌던 것이 아니라 이명박 정부의 의료민영화 정책을 우려한 시민사회가 조직

---

4. 의료산업선진화위원회에서는 ① 민간의료보험은 국민건강보험의 비급여를 중심으로 급여 ② 국민건강보험과 민간의료보험 간의 개인정보를 제외한 기초통계 공유 ③ 보험사와 의료기관 간 비급여 가격계약 체결 ④ 상품 표준화(표준약관 제정) ⑤ 건강보험심사평가원으로 민간의료보험의 진료비 심사 업무 위탁 등의 국민건강보험과 민간의료보험 간의 역할 설정의 기본 방향을 결정하였다.

적이고 계획적으로 기획한 프로그램이었다는 점에서 그 의미가 크다.

　요양기관 당연지정제 폐지, 건강보험 민영화 등은 당분간 정책적 고려 사항에서 제외된 듯 하며, 이명박 정부 집권 기간 중에 다시 거론될 가능성은 크지 않아 보인다. 그러나 건강보험재정 확충과 보장성 강화에 대한 이명박 정부의 소극적 태도는 건강보험의 위상과 역할을 지속적으로 위협하고 있다. 2008년 말, 정부는 건강보험 30년 역사를 통틀어 처음으로 건강보험료 인상을 동결하였다. 경제위기에도 불구하고 건강보험재정을 확충해서 보장성을 강화했던 이전 정부와는 확연히 다른 접근방식을 보인 것이다. 분모에 해당하는 국민의료비는 경제위기 상황에도 불구하고 급증하고 있다. 이런 상황에서 이명박 정부의 소극적인 건강보험재정 확충은 국민이 사적으로 부담해야 하는 의료비용의 크기를 한층 늘리고 있다. 결과적으로 이명박 정부의 소극적인 건강보험재정 확충 정책은 민간의료보험에 대한 국민 의존도를 높임으로써 민간의료보험 활성화를 뒷받침하는 강력한 경제적 기반으로 작용하고 있다. 이런 상황이 향후 몇 년간 지속된다면, 이제 근근이 떼어낸 '진료비 할인제도'라는 오명을 건강보험이 다시 얻게 될 것이다.

'규제 완화'의 신화에 갇힌 의료공급체계 개편과 영리의료법인 허용

　1989년 전국민의료보험이 시행되면서, 의료기관의 양적 부족 문제가 부각되었으며, 이를 해결하기 위해 의료기관 개설에 관련된 각종 규제가 완화되었다. 이런 규제 완화와 전국민의료보험 시행으로 인한 국민 의료 이용량의 증가에 힘입어 1990년대 우리나라의 의료기관은 양적으로 크게 늘어났다. 그리고 2000년을 경과하면서 한국의 단위 인구당 급성기 병상 수는 OECD 평균을 넘어섰다. 의료기관의 양적 공급에 대한 정책적 재검 토가 필요한 시점이었다. 그러나 의료기관의 양적 공급, 그리고 의료공급 체계 전반에 대한 정책적 논의는 전혀 이루어지지 않았다. 2000년대 들어 의료기관의 양적 확대는 더욱 급속하게 이루어졌다. 그리고 이로 인한 부 작용이 곳곳에서 표출되었다. 대형병원으로의 환자 쏠림 현상과 의료기관 간의 계층화가 심화되었다. 동네병의원의 경영 악화가 가시화되었고, 경 영 수지를 보전하기 위한 각종 편법이 구조화되었다. 서비스 강도를 높이 고, 각종 비급여 서비스를 양산하면서 평균진료비가 지난 10여 년 사이에 2배 이상 급증하였다. 그러나 지난 10년 동안 이런 의료공급체계 문제는 철저하게 비결정의 정치Non-decision politics 영역에 방치되어 있었다. 의료공급 체계를 합리화하기 위한 정책적 노력이 사실상 전무했다.

지난 10년 동안 의료공급체계 합리화에 대한 요구가 전혀 없었던 것은 아니다. 전국민 주치의제도 시행과 공공병원 확충 요구가 지속되었으며, 지역 병상 총량제의 필요성도 끊임없이 제기되었다. 그러나 이런 요구들 은 '규제 완화'의 신화에 갇혀 빛을 발하지 못했다. 1997년 외환위기 이후, '규제 완화'는 모든 영역에 관철되는 핵심 가치인양 취급되었으며, 보건의 료영역 또한 여기서 예외는 아니었다. 무질서하고 비합리적인 의료공급체 계에 질서와 합리성을 부여하기 위해서는 일정한 규제가 필수불가결했다. 그러나 '규제 완화'라는 강력한 지배 담론 앞에서 합리적 규제를 요구하는 주장은 설 자리를 찾을 수 없게 되었다.

'규제 완화'의 신화에 갇혀 의료공급체계의 합리적 개편을 방치한 것은 김대중, 노무현 정부 보건의료정책의 가장 큰 패착 중의 하나이다. 이로 말미암아 의료공급체계 개편은 도저히 손을 댈 수 없는 난제가 되어버렸다. 게다가 의약분업을 계기로 의료공급자들이 고도로 정치세력화 되면서 문제 해결을 더욱 어렵게 만들고 있다.

지난 10년 사이에 불거진 영리의료법인 허용 문제는 의료공급체계의 무질서와 비합리성을 극대화하는 뇌관과 같다. 영리의료법인 관련 논의의 발단은 2003년 정부의 동북아 중심병원 유치계획과 2004년 경제자유구역의 영리 외국병원 설립 계획이었다. 물론 이 당시의 주된 문제인식은 경제자유구역에 대한 외국자본의 투자와 기업 유치를 촉진하기 위해 경제자유구역에 거주할 외국인의 생활여건을 마련하는 것이었다. 그러나 이후 논의 과정을 거치면서, 초기의 문제인식은 의료서비스 산업 활성화로 진화하였다. 노무현 정부 기간 중에 영리의료법인 허용에 대한 논의가 만개했지만, 정책 결정은 유보되었다. 그러나 영리의료법인 허용을 둘러싼 논란이 야기한 파급효과는 만만치 않았다. "의료서비스를 통해 돈을 벌 수 있으며, 돈을 벌어야 한다"는 담론이 강하게 뿌리내리는 계기가 된 것이다. 열어서는 안 되는, 혹은 매우 조심스럽게 열어야 하는 판도라의 상자를 활짝 열어버린 것이다. 그리고 이명박 정부가 들어서면서, 노무현 정부 기간 중에 시민사회의 강력한 반대와 정부 내부의 견제·조정으로 유보되었던 의료민영화 정책이 일방주행으로 추진되기에 이르렀다.

21세기의 첫 10년, 그리고 그 이후

'개혁'에 대한 열망과 의지로 시작된 새천년의 첫 10년이 '개악'을 막아내기 위한 운동으로 마무리되는 듯 했다. 그러나 2010년을 경과하면서,

전혀 새로운 국면의 보건의료 환경이 만들어지게 된다. 2010년 7월, '건강 보험 하나로 운동'이 시작되면서 상당한 사회적 반향을 불러일으키게 되었다. '건강보험 하나로 운동'이 큰 사회적 반향을 불러일으킨 이유는 이 운동이 무상의료는 허황된 꿈이 아니라 지금 당장이라도 가능한 프로그램이라는 구체적 실현경로를 보여주었기 때문이기도 했지만, 6.2 지방선거를 통해 성취한 무상급식의 후광효과도 큰 몫을 했다.

2010년 하반기 진보정당들이 연이어 건강보험 하나로 대개혁 방안, 무상의료 방안을 내놓은데 이어, 민주당이 공식 당론으로 실질적인 무상의료 방안을 채택하기에 이르렀다. 한나라당과 보수세력들은 이 같은 무상의료 방안에 대해 거센 비난을 퍼부었지만, 건강보험의 획기적인 보장성 강화를 요구하는 국민적 열망은 이미 무마하거나 덮을 수 있는 경계를 넘어버렸다. 의료공급체계의 공공성 강화도 새로운 조짐을 보이고 있다. 흥미로운 점은 정부가 나서서 병상총량제 시행, 의료기관의 기능 재정립 등을 거론하고, 이를 정책적으로 검토 · 추진하기 시작했다는 사실이다. 2008년 금융위기로 깨져버린 시장만능의 신화, 그리고 더 이상 방치할 수 없을 정도로 심각해진 의료공급체계의 무정부적 상황이 반영된 결과인 듯하다.

물론, 의료민영화를 요구하는 목소리는 여전히 높고, 이들 세력 역시 여전히 공고하다. 이명박 정부도 의료민영화에 대한 의지를 전혀 포기하지 않고 있다. 그러나 압도적인 힘의 불균형 아래에서 일방적으로 의료민영화를 향해 내몰리던 상황은 분명히 변화되었다. 새천년의 두 번째 10년, 과연 보편적 의료복지 시대를 여는 서막이 될 것인가? 아니면 의료민영화 시대를 여는 서막이 될 것인가?

 4장 노동시장 유연화와 노동복지

들어가며

보통 노동시장의 영역은 '복지'라는 이름 아래 다루어지지는 않는다. 이것은 아마도 노동시장은 글자 그대로 상품으로서의 노동력이 거래되는 시장의 영역이고, 복지는 기본적으로 시장의 원리를 관철하지 않는 영역으로 간주하는 차이가 벽을 만들기 때문일 것이다. 따라서 노동시장과 복지 영역이라고 하면, 오히려 둘 사이의 관계를 분석하는 연구가 주를 이룬다. 예를 들면, 노동시장의 구조 변동에 따른 사회보험 설계나, 또는 더 노골적으로 노동시장 활성화를 저해하지 않는 사회보험이나 기초생활보장 수급 모델 등을 구축하는 것 등이다. 즉 노동시장과 복지는 상호 보완하거나 심지어 대립되기도 하는, 서로 다른 영역으로 간주되는 것이다.

＊장귀연 _ 경상대학교 사회과학연구원 연구교수

그러나 '복지福祉, welfare'라는 말 그 자체의 어의語義, 즉 사람들의 행복한 삶을 위한 사회적 제도 및 조건이라는 측면에서 보면, 노동시장정책이야말로 복지정책의 중요한 일부분일 수 있다. 결국 자본주의 경제에서는 인구의 대다수가 노동시장에서 노동력을 팔아 생계를 유지하는 것인 만큼, 노동시장정책은 대다수 사람들의 생활수준을 결정하는 데 있어 결정적인 영향을 미치기 때문이다. 따라서 이 글은 노동자들의 안정적이고 행복한 삶을 뜻하는 노동복지의 관점에서 노동시장정책을 분석하고자 하는 것이다.

노동시장정책에서 2000년대의 첫 10년을 관통하는 키워드는 '유연화'라고 할 수 있다. 1998년 이른바 IMF 체제 하에서 노동시장 유연화는 공식적인 정책 방향성으로 제도화되었다. 이를 통해 기업과 국가 경쟁력을 강화한다는 것이지만, 적어도 노동자의 삶이라는 측면에서 볼 때 유연화란 곧 '불안정화'를 의미함은 부인할 수가 없다. 단순하게 말해서 노동시장이 유연화 된다는 것은 노동자들의 고용과 임금이 불안정해진다는 것이고, 물론 이는 삶의 불안정으로 이어진다. 노동복지의 측면에서 이에 대한 대책으로 제시된 것이 이른바 '유연안정성flexicurity'이다. 즉 기업의 고용방식은 유연화 하되 그로 인한 노동자들의 생활의 불안정성은 최소화한다는 것이다. 그런데 이것이 가능하기 위해서는 수동적 노동시장정책Passive Labor Market Policies과 적극적 노동시장정책Active Labor Market Policies 양자가 보편적으로 확립되어 확실한 실효성을 가져야 한다. 쉽게 이야기해서, 노동시장의 유연화로 기업이 고용과 임금의 안정을 보장하지 않는다면 노동자들은 취업과 실업을 반복할 수밖에 없게 되는데, 실업 시기에도 생활에 큰 타격을 받지 않도록 하고(수동적 노동시장정책) 고용량을 늘리고 재취업을 쉽게 할 수 있도록 하는(적극적 노동시장정책) 사회적인 안정망이 갖추어져야 하는 것이다.

이 글에서 살펴볼 것이 이러한 부분이다. 즉, 우선 노동시장 유연화 정책의 제도화 및 결과를 살펴보고, 그러한 상황에서 최소한의 안정 장치로 작동해야 할 노동복지정책의 전개 과정을 검토한 후, 마지막으로 그 효과와 양상을 분석한다.

노동시장 유연화

노동시장 유연화의 제도화

이 글의 주제가 2000년대의 첫 10년을 다루고 있지만, 이 기간의 노동시장을 이야기하기 위해서는 일단 1998년에서 시작해야 할 것이다. 물론 노동시장 유연화의 경향이 1998년을 기점으로 나타난 것은 아니다. 이미 1990년대 중반부터 기업들은 사업장 수준에서 개별적으로 노동 유연화를 추구하면서 이의 제도적 보장을 원하고 있었다. 1996~1997년의 노동법 개정 파동이 이를 잘 증명하는데, 당시 기업계의 요구는 노동 유연화를 위한 이른바 '3제', 즉 정리해고제, 파견근로제, 변형시간근로제의 도입이었다. 이 제도들을 도입한 개정 노동법은 노동계와 야당의 반대를 무릅쓰고 1996년 말 '날치기 통과'되었고, 곧바로 노동계와 시민사회의 광범위한 저항을 받아 결국 1997년 2월 주요 조항들이 삭제되거나 유보되는 재개정이 이루어지게 되었다.

표 4-1 노동시장 유연화를 위한 법적 제도화

	법제화	주요 내용
정리해고제	근로기준법개정(1998. 2)	"경영상 이유"로 해고 가능 - "긴박한 경영상의 필요" - 해고 회피 노력 선행 - 노동조합과 협의
파견근로제	파견법("파견근로자보호 등에 관한 법률") 제정(1998. 2)	근로자 공급 사업 허용 - 26개 업무 지정(직접생산공정 등 제외) - 최장 2년간 파견 가능

그러나 주지하다시피 그 해를 채 넘기지 못한 1997년 말에 외환위기가 발생하면서 상황은 급변하였다. 구제금융을 제공한 국제통화기금IMF의 조건 중에는 노동시장 유연화도 포함되어 있었다. 이러한 경제 상황의 압박 하에서 결국 1998년 2월 노사정 합의를 거쳐 정리해고제와 파견근로제를 도입한 노동법 개정이 이루어지게 되었다.

정리해고제와 파견근로제는 모두 기존 노동법에서 금지되었던 것들을 노동시장 유연화를 위해 허용한 것이다. 그동안 노동법상 부당해고가 되지 않기 위해서는 기본적으로 노동자의 귀책사유가 있어야 해고가 가능했으나, 정리해고제를 도입함으로써 단지 경영상의 이유에 의해서 해고가 가능하게 되었다. 또 기존에는 중간착취 등의 우려가 있기 때문에 직업안정법을 통해 노동자들을 모아 다른 기업에 공급하는 것을 엄격히 금지해 왔는데, 파견법의 제정으로 이에 대한 예외를 인정한 것이다.

따라서 이는 유연화를 법 제도로 확립하였다는 점에서 중요한 의미를 가진다. 그러나 노동시장의 유연화 경향은 명시적인 제도적 규정만으로는 살펴볼 수 없는 사회경제적 현상이다. 순수하게 기업의 입장에서 보면, 경영 상황에 따라서 그때그때 손쉽게 해고가능하거나 직접 고용하는 책임

없이 파견된 노동자를 이용하는 등 유연하게 노동자를 사용하는 것은 언제나 좋은 일이고 원해왔던 바다. 하지만 이러한 '기업의 자유'는 노동자들의 생활 악화로 치달을 수 있고, 따라서 '노동자의 권리 보호'라는 사회적 차원에서 이를 규제해 왔던 것이다. 그런데 경제 위기를 계기로 하여 세계적인 신자유주의 경제 환경에서의 경쟁력 향상이라는 명목으로, 이 규제를 완화하고 기업이 원하는 유연화를 공식적으로 제도화한 것이다. 그러므로 정리해고제나 파견근로제 등의 유연화제도를 수립한 법은, 그 자체가 현실에 미치는 실질적 효과보다는 오히려 정책 방향성과 앞으로의 흐름을 지시하는 상징적 의미가 중요하다고 할 수 있다.

실제 현실은 제도적 허용의 차원을 훨씬 넘어선다. 공식적인 정리해고 절차를 밟지 않아도 희망퇴직 등 다양한 방법을 통해 집단적으로 해고를 하기도 하고, 또 처음부터 계약직으로 채용하면 주기적으로 고용계약을 해지할 기회가 있다. 파견허용 대상 업종이 아니고 합법적인 파견이 아니더라도 도급 형식을 취하면 얼마든지 직접 고용하지 않고 노동자를 사용하는 것이 가능하다. 이러한 방법들은 이미 1998년 이전에도 종종 사용되었던 것이지만, 이 시기를 기점으로 급속하게 더욱 보편적으로 확산되었다. 즉 법적인 제도화는 노동시장 유연화가 확고한 방향이 되었음을 시사하는 것이고, 일단 고삐가 풀리자 유연화가 급속도로 확산되어 지금까지 결정적인 흐름으로 자리 잡게 된 것이다.

불안정노동의 확산

2000년대에 접어들면서 비정규직 문제가 중요한 사회적 문제로 떠올

랐다. 비정규직 문제는 2000년대의 첫 10년 내내 가장 중요한 사회 문제이자 쟁점이었다. 기업들은 고용 및 임금의 유연성을 확대하기 위해 다양한 방식의 비정규직 고용을 선호하게 되었고, 반대로 노동자들의 입장에서는 안정적인 고용 기회가 그만큼 줄어들었다.

전통적으로 노동시장에서의 안정성을 평가하는 기준으로 종사상지위 지표를 사용해왔다. 상용직에 비해 임시직과 일용직은 안정성이 몹시 떨어지는 취약 노동자층이라고 볼 수 있다. 이들은 고용 기간이 1년 미만이고 대개 임금이 불규칙하거나 퇴직금이나 사회보험 등의 노동복지 혜택이 없다.[1] 2000년대 이전 시기를 보면, 임시·일용직 비율이 감소하는 추세를 보이다가 1995년의 41.9%를 최저점으로 다시 증가 추세로 전환하는데, 이것은 1980년대 이래 내부노동시장이 확대되어가다 1990년대 중반부터 기업들이 유연화에 눈을 돌리기 시작한 정황과 일치한다.

임시·일용직 비율은 여기서 다루는 시기인 2000년부터 다시 줄어들기 시작한다. 그러나 이것은 노동시장 유연화를 반증反證하는 것이 아니라 오히려 방증傍證하는 것이다. 1998년 경제 위기로 인한 구조조정 후 다시 고용을 하는 과정에서, 기업들은 임시·일용직으로 충당하기 어려운 상시적이거나 핵심적인 업무 부문에서도 정규 고용을 하지 않고 다양한 비정규 고용 방식을 취하고 있기 때문이다.

이러한 비정규 고용 방식에는 몇 가지가 있는데, 가장 보편적인 것은 고용계약 기간을 한정하는 것이다. 만약 1년 이상의 계약직이라면 종사상지위 상으로는 임시직이 아닌 상용직으로 분류되지만, 고용계약 기간이 한

---

1. 종사상지위는 고용기간을 주요 기준으로 하고 있지만 단순히 고용기간만이 아니라 임금지급 방식이나 퇴직금 등의 노동복지 여부 등도 고려해서 판단하고 있다.

정되어 있는 만큼 고용이 안정되어 있다고 말하기 어렵다. 두 번째 방법은 기업에서 사용하는 노동력을 직접 고용하지 않고 노동력을 공급하는 업체와 계약을 맺어 고용에 따른 책임 없이 노동력을 사용하는 것이다. 이것이 합법적으로 가능한 것은 1998년 제정된 파견법의 파견대상 업무에만 해당하지만, 파견이 아니라 도급 형식을 취함으로써 보편적으로 이용할 수가 있다.[2] 이러한 간접고용이 사내하청, 도급, 용역, 외주 등 다양한 이름으로 확산된 것이다. 마지막으로 특수고용 방식이 있는데, 이는 기업에서 일을 하는 노동자를 고용하는 것이 아니라 개인 사업자 신분으로 만들어 고용 계약이 아닌 사업자 간 계약을 맺는 것이다. 이 경우에는 노동자가 형식상 고용이 되어 있는 것이 아니기 때문에 통계상 임금노동자로 분류되지도 않는다.

이처럼 종사상 지위만으로는 분별하기 어려운 비정규 고용 방식이 확대됨에 따라, 2000년부터 통계청에서는 경제활동인구부가조사를 실시하여 이를 파악하기 시작하였는데, 〈그림 4-1〉은 이 조사에서 추산된 바 2000년에서 2010년까지 임시·일용직 및 그 외 비정규직 형태로 고용된 노동자의 숫자를 나타낸 것이다.[3] 그래프에서 보다시피 불안정노동자의 숫자

---

2. 도급은 노동법이 아니라 민법상의 용어로 업무의 일부분을 다른 사업자에게 사업계약을 통해 넘기는 것이다. 판례 등에서는 진성도급과 불법파견을 가리는 기준으로 도급 업체 노동자들의 노동과정에서 원청 사용사업주 측의 직접적인 지휘·감독이 있는지 여부를 중심으로 판단하고 있다. 그러나 원청 기업의 업무를 원청 사업장에서 하는 한 사용 기업이 이 노동자들의 일에 전혀 관여하지 않기란 어려운 일이다. 그리고 법적인 판단보다 이 글이 다루는 관점에서 더 중요한 것은, 노동자들의 노동조건이 사실상 사용기업인 원청에 의해 좌우됨에도 불구하고 이 사용 기업은 고용책임에서 벗어나고 반면 노동자들을 고용한 도급업체는 원청에 종속적이므로, 간접고용 노동자들의 노동조건이 매우 불안정해진다는 점이다.
3. 정부가 공식 발표하는 비정규직 비율은 약 30%대이고 노동계는 50%대로 큰 차이가 나는데, 이는 정부 발표에서는 임시·일용직 중에서 계약기간이 한시적으로 정해져 있지 않은 층을 비정규직에서 제외하기 때문이다. 그런데 사실 이들이야말로 대개 영세소기업 등지에서 명시적인 고용계약서를 제대로 작성하지도 않고 일하는 노동자들로서 가장 노동조건이 열악하고 불안정한 층이다. 실제로도 정부 통계에서 비정규직에서 제외된 이 층의 노동조건이 다른 비정규직 부분들보다도 훨씬 더 열악한 것으로 나타난다. 이들은 전통적인 취약노동자층에 해당하기

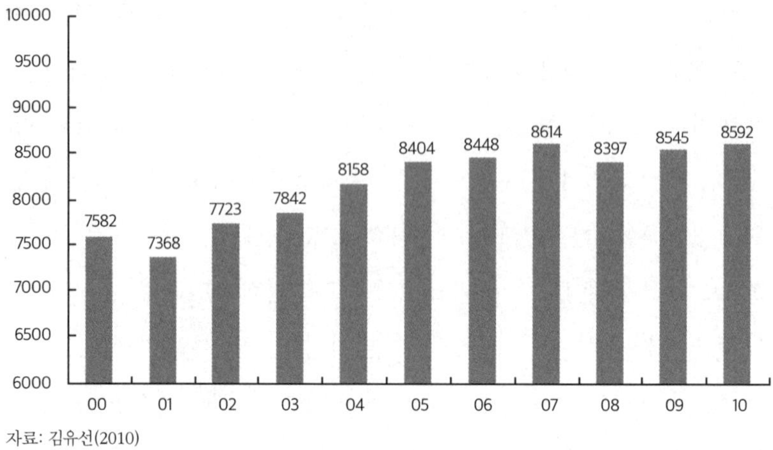

자료: 김유선(2010)

는 2004년에 800만을 넘어서 2000년대 후반 이래 850만 명 선을 유지하고 있다.

　기업의 입장에서 보면 주기적으로 고용계약을 해지할 수 있는 임시 · 일용 · 계약직 등 기간제고용 뿐 아니라 간접고용과 특수고용 또한 노동력의 유연적 사용에 크게 기여한다. 간접고용과 특수고용은 고용계약이 아닌 사업계약을 통해 노동자를 사용하는 것이므로 노동법의 적용을 거의 받지 않으며, 역시 주기적인 계약 갱신을 통해 유연성을 확보할 기회를 갖는다. 즉 비교적 해고가 쉽지 않고 임금 체계가 고정적인 정규직에 비해,

때문에, '비정규직'이란 용어를 노동시장 유연화에 따라 등장한 다양한 고용형태를 가리키는 말로 간주한다면 비정규직 통계에서 제외될 수도 있다. 그러나 문제는, 비정규직이 아니면 모두 정규직이라는 규정 하에 정부 연구소 등지에서는 이들을 정규직에 포함하여 정규직과 비정규직을 비교한다는 점이다. 결국 가장 열악한 노동자층을 정규직에 포함하기 때문에 정규직과 비정규직의 격차가 실제보다 상당히 줄어든 지표로 발표되는 것이다. 여기서는 물론 고용형태의 다양화가 아니라 노동자의 불안정화가 논의의 주제이기 때문에, 노동계의 추산과 같이 임시 · 일용직과 비정규직을 합하여 불안정노동자로 규정한다.

비정규직을 사용하면 고용계약(직접고용 기간제의 경우)이나 사업계약(간접고용이나 특수고용의 경우)이 만료되고 갱신할 때마다 인원 수량과 비용을 조절할 수 있는 것이다.

그러나 노동자의 편에서 보면 이러한 유연성은 고용과 임금의 불안정으로 번역된다. 도급을 받는 기업이 독자적인 사업 기반을 갖지 못하고 원청 사업장에 노동력을 공급하는 것에 지나지 않는 한, 그곳에 고용된 노동자들은 간접고용으로서 고용 유지와 임금 수준이 고용상의 책임을 지지 않는 원청에 달려 있다. 특수고용은 형식상 개인 사업자로 분류되지만 전통적인 자영업과 달리 개인 사업의 기반 없이 기업과의 계약에 의해서만 노동이 가능하기 때문에 역시 계약 해지가 해고와 동일한 의미를 가지며, 더군다나 특수고용의 경우 대개 실적급이므로 임금 불안정성이 매우 크다.

실제로 임금지급 방식을 표시한 〈그림 4-2〉를 보면, 정규직은 거의 모두 월급제나 연봉제인데 비해, 비정규직 등 불안정노동자의 경우는 월급제가 절반 수준에 불과하며 일급제와 실적급제 등 임금 불안정성이 강한 것을 알 수 있다.[4] 즉 임시·일용직이나 계약직, 간접고용, 특수고용 같은 고용상의 불안정성은 임금 불안정성과도 연동되는 것이다.

고용과 임금의 불안정은 곧 삶의 불안정으로 이어진다. 무엇보다도 고용이 불안정한 것은 치명적인데, 실업 시기에 생활이 어려워짐은 말할 것도 없고, 언제든지 실업 상태가 될 수 있기 때문에 일을 하는 동안에도 최대

---

4. 임금지급 방식을 2000년대 초반과 비교해 보면, 정규직 노동자들의 경우 2000년대 초에는 90% 이상 월급제였지만 2000년대 말에는 연봉제가 30%까지 늘었다. 이 점에서 정규직 노동자들의 임금유연성이 강화되고 있다고 할 수 있다. 다만, 불안정노동자들의 임금지급 방식 비율은 10년 동안 거의 차이를 보이지 않는다. 즉 10년 전부터 지금까지, 절반에 달하는 불안정노동자들은 월급이나 연봉제 방식보다 시급, 실적급, 일급 등 매우 불안정한 방식으로 임금을 지불받고 있다.

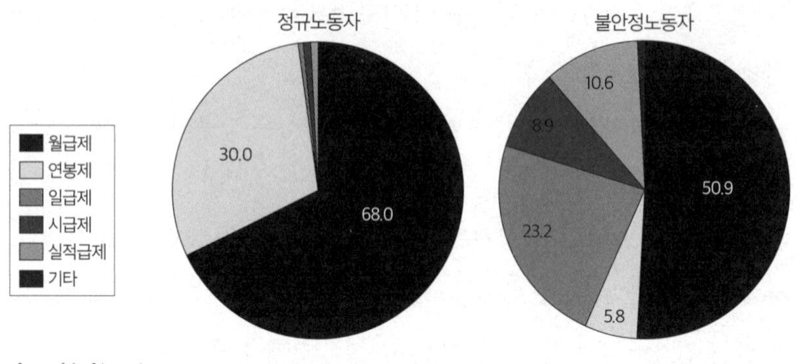

자료: 김유선(2010)

한 돈을 벌어놓기 위해 잔업 등을 무리하게 하는 등 삶의 질 자체가 대단히 악화되기 마련이다.

노동의 불안정성과 삶의 질 악화를 경감하기 위한 몇 가지 기본적인 정책들이 존재한다. 우선 고용보험과 실업급여는 실업 시기에도 기본적인 생활을 유지할 수 있도록 하는 제도다. 또한, 노동시장 유연화를 추진하며 '평생직장이 아닌 평생직업'이라는 구호가 나오는 만큼 재취업이 쉽게 가능하도록 공공서비스로 지원하는 정책이 필요하다. 그러므로 다음에서는 이러한 장치들이 얼마나 효과적으로 작동하고 있는지 보도록 한다.

유연성에 대한 안정 장치들

실업급여

실업급여는 노동자들이 노동시장에서 소득을 얻지 못하게 될 때에도 기본적인 생활을 유지할 수 있도록 하는 제도로서 대표적인 수동적 노동시장정책 프로그램이다. 그러나 한국에서 실업급여를 지급하는 고용보험 제도가 실시된 기간은 그리 길지 않다. 1995년 1월 1일부터 피고용인 30인 이상 사업장을 대상으로 처음 시작되기는 했지만, 적용 범위도 작고 수급 요건도 엄격하여 1997년까지 실업자 대비 수급자 비율이 1%대에 불과해서 유명무실한 수준이었다.

실업급여의 중요성이 갑자기 부각된 것은 역시 1998년 외환위기로 인한 대량실업 사태를 맞이해서이다. 그리하여 1998년 1월과 3월에 고용보험 적용 대상 사업장이 각각 종업원 10인 이상과 5인 이상으로, 10월에 1인 이상 전 사업장으로 확대되었으며, 또한 1998년 3월 1일부터 1999년 12월 31일까지 수급 요건을 완화하는 한시적 조치를 취했다. 그리고 한시적 조치가 끝난 2000년에 다시 실업급여 수급 요건을 조정한 것이 지금까지 기본 골격이 되고 있다.

2000년 이후 현재의 실업급여 수급 요건은 〈표 4-2〉와 같다. 실직 이전 기준 18개월 중 6개월 이상 고용보험을 납부한 상태로 근무한 경우 실업급여를 받을 자격이 생기는데, 수급 기간은 연령과 근무기간에 따라 3개월에서 최장 8개월까지 가능하다. 수급액은 퇴직 전 평균임금의 50%이고 하한선은 최저임금의 90%이며 상한선도 정해져 있다. 또 2004년부터는,

표 4-2 실업급여의 수급 요건

수급자격 기간		퇴사 전 18개월 중 180일 이상 피보험기간				
		1년 미만	1~3년	3~5년	5~10년	10년~
수급 기간	30세 미만	90일	90일	120일	150일	180일
	30~50세 미만	90일	120일	150일	180일	210일
	50세 이상 및 장애인	90일	150일	180일	210일	240일
수급액		퇴직 전 평균임금의 50%				
	상한	1일 4만 원				
	하한	최저임금액의 90%				

하루하루 고용과 임금 변동이 심하여 수급 요건을 확인하기 어려운 일
용 노동자에 대한 특별조항을 삽입하여 실업급여 수급이 가능하도록 하
였다.

그림 4-3 고용보험 가입자 비율 추세

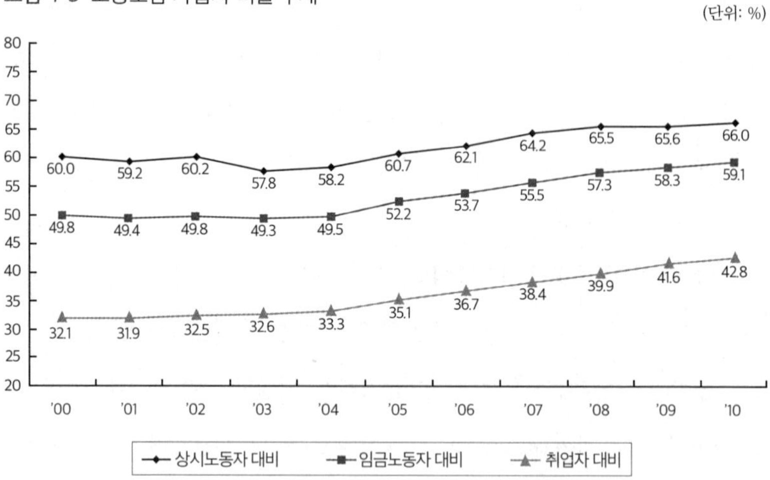

(단위: %)

자료: 한국고용정보원(2010)

2000년 이래로 고용보험 가입자와 실업급여 수급자는 차츰 증가하고 있으나, 아직도 다수를 포괄하고 있다고 말하기 어려운 상태다. 〈그림 4-3〉은 2000년 이후 상시(상용·임시)노동자, 임금노동자, 취업자 대비 고용보험 가입자 비율을 나타낸 것인데, 2000년대 전반기 동안은 정체를 보이다가 2005년부터 조금씩 증가하는 추세를 보인다. 임금노동자 중에서 고용보험 가입자는 2004년까지 50%에 못 미치다가 2005년부터 차츰 증가하여 2010년에 이르러서는 60% 가까이에 이르고 있다. 〈그림 4-4〉는 실업급여 수급자 수와 실업자 대비 수급자 비율이 계속 증가하고 있음을 보여준다. 그렇지만 이제 겨우 40%를 넘는 수준에 불과하다. 즉 다수의 노동자들이 실업 시 최소한의 안정 장치가 없는 상황에 노출되어 있는 것이다.

그림 4-4 실업자 대비 실업급여 수급자 비율

(단위: 천명, %)

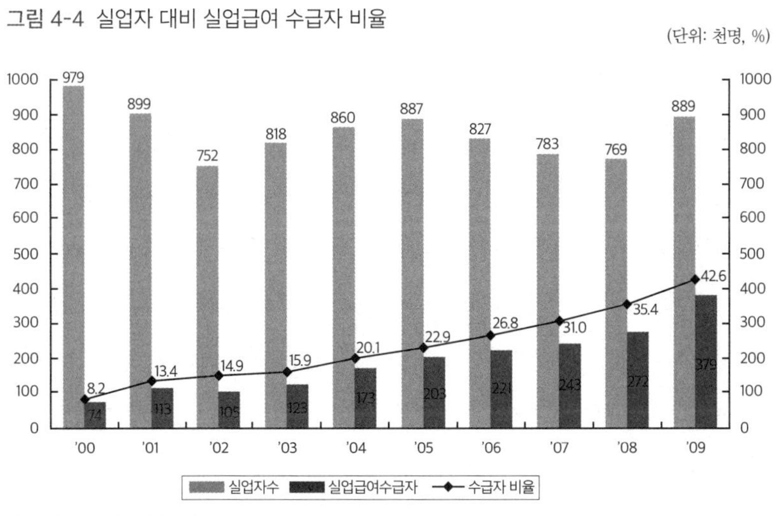

자료: 한국고용정보원(2010)

표 4-3 OECD 국가들에서 실업급여의 평균 소득대체율

(단위: %)

국가	노르웨이	벨기에	오스트리아	덴마크	아일랜드	포르투갈
1년간	72	65	61	68	50	79
5년간	72	63	59	56	50	48
국가	독일	프랑스	핀란드	호주	스페인	뉴질랜드
1년간	64	67	60	42	69	38
5년간	45	45	43	42	39	38
국가	스웨덴	아이슬랜드	영국	네덜란드	스위스	룩셈부르크
1년간	66	57	28	71	80	87
5년간	37	36	28	28	24	24
국가	캐나다	헝가리	폴란드	체코	일본	터키
1년간	52	48	42	33	45	46
5년간	22	20	16	15	11	9
국가	슬로바키아	그리스	이탈리아	한국	미국	평균
1년간	32	33	37	31	28	52
5년간	8	7	7	6	6	28

자료: OECD(2009). 2007년 기준.

고용보험 가입자와 실업급여 수급자 수가 아직 불충분한 수준이기는 하지만 차츰 증가하고 있는 것은 긍정적인 신호다. 그러나 더욱 큰 문제는 실업급여 수준 자체가 매우 빈약하다는 것이다. 특히 수급 기간은 지나치게 짧다. 최장 수급 기간인 8개월도 상당히 제한적인 경우(50세 이상이나 장애인으로 피보험자로 10년 이상 근무한 경우)에만 해당할 뿐, 노동시장 참여율이 높은 층에서 그보다 훨씬 짧게 설정되어 있는 상황이다.

OECD 통계에 따르면, 2007년 현재 한국의 제도 아래에서 실업급여의 소득대체율은 실업 1년간 31%로 OECD 29개국 중 끝에서 두 번째이며 OECD 평균인 52%에 크게 못 미친다. 특히 장기실업에 대한 급여 보장이

전혀 없기 때문에 OECD에서 계측하는 5년간 소득대체율에서는 6%(OECD 평균은 28%)로 최하위를 차지하고 있다.

이것이 의미하는 바는, 한국의 실업급여는 아주 일시적인 방편에 불과하며 노동자가 다시 노동시장에서 일자리를 찾지 않는 한 생계를 유지하는 것이 불가능하다는 것이다. 즉 노동자 생활에 대한 안정성보다는 노동시장 참여와 활성화에 더 크게 비중을 둔 제도라고 볼 수 있다. 그러한 상황에서는 노동시장에서의 일자리 제공을 위한 적극적 노동시장정책 프로그램이 더욱 중요해진다. 이어서 다음에는 적극적 노동시장정책에 대해서 검토하도록 한다.

적극적 노동시장정책과 고용서비스

적극적 노동시장정책에는 기업을 대상으로 하여 고용보조금을 지급하는 것이나 일자리 창출 지원을 하는 것, 노동자들을 대상으로 일자리 일치job-matching를 위하여 직업훈련이나 구직 서비스를 제공하는 것 등이 해당한다. 한국에서는 이러한 정책들도 역시 1998년부터 본격적으로 시작되었다. 여기서는 직접적으로 개별 노동자들이 일자리를 찾을 수 있도록 지원하는 공공고용서비스Public Employment Service: PES를 중심으로 2000년대의 현황을 간략하게 보도록 하자.

노동자들을 위한 고용서비스를 여러 가지 노동시장정책 프로그램과 결합하여 한 번에 제공할 수 있도록 관리하는 것이 세계적인 추세다. 즉 노동자들과 접촉하여 실업급여를 지급하면서 직업훈련을 지원하고 취업을 알선하는 방식인데, 한국에서 이를 담당하는 기관은 고용노동부 산하 고

표 4-4 고용센터 인력 현황

(단위: 명)

		2000	2001	2002	2003	2004	2005	2006	2007	2008	2009
개수*		126	168	156	155	118	112	85	84	82	81
인력	전체	2,462	2,492	2,364	2,367	2,357	2,510	2,897	2,935	2,996	3,092
	공무원	543	543	543	603	642	885	1,323	2,763	2,884	2,919
	직업상담원**	1,296	1,825	1,821	1,764	1,715	1,625	1,574	162	112	110

 * 2006년부터 고용센터 통폐합, 조직개편으로 숫자가 줄어듦.
** 2007년부터 민간계약직이었던 직업상담원을 직업상담직렬군 공무원으로 전환

용센터이다. [5]

고용센터는 1998년 8월 각 지방노동관서의 취업알선과와 고용보험과를 독립시켜 만들어졌으며, 적극적 노동시장정책을 포함한 고용보험 사업과 직업상담 및 취업알선을 맡고 있다. 고용보험 가입자는 실업 시에 고용센터에 등록하여 실업급여를 받는 동시에 구직 상담과 취업 알선을 받게 된다. 실업급여 수급자 뿐 아니라 일반 구직자와 특히 취약계층에 대한 상담 및 취업알선, 직업훈련 지원도 고용센터에서 담당한다. 고용보험 사업을 집행하는 기관으로서 고용보험 관리나 기업에 대한 고용보조금 지급 등의 업무도 수행하지만, 역시 고용 지원이 기본적인 목적인만큼 〈표 4-4〉에서 보다시피 인력 중 3/4 정도가 직업상담원으로 구성되어 있다.

노무현 정부 시기인 2005년 고용센터의 개혁을 중심으로 한 〈고용서비스 선진화 방안〉이 정책적으로 제시된 바가 있었는데, 이를 위한 정책보고서에서는 다른 나라들에 비해 한국의 공공고용서비스 투자가 미흡하다는 점을 지적하면서 인력과 재원을 확충할 필요성에 대해 말하고 있다. 또 구

---

5. 이외에 지자체별로 취업정보센터가 있으며, 고용노동부의 공식 구인·구직 전산망인 워크넷이 운영되고 있다.

직자층에 맞춰 더 심화된 서비스를 제공함으로써 구직 경로에서 공공고용
서비스가 차지하는 비율을 최소한 10%대로 끌어올리는 것을 목표로 설
정하였다.

이러한 정책 방향에 따라 2006년 고용센터 운영규정이 제정되어 내부
조직구조를 재편함과 더불어 구직자 특성에 맞는 상담 및 고용지원 매뉴
얼이 제시·적용되기 시작하였다. 또한 효율성을 위해 고용센터를 통폐
합하여 숫자를 줄이고 대도시 중심의 운영으로 개편하였으며, 고용이 불
안한 계약직 직업상담원이 공무원 조직에서 일하는 데 어려움이 있다는 지
적에 따라 2007년부터는 민간직업상담원을 직업상담직렬군 공무원으로
전환하는 조치를 취하게 되었다.

그러나 실제로는 〈표 4-4〉에서 보다시피 공공고용서비스의 중심적인
기관인 고용센터의 인력이 10년 동안 겨우 500여 명 늘었을 따름이다.
〈고용서비스 선진화 방안〉에 따라 고용센터 개편이 실시된 2006년에만
400명 가까이 늘었을 뿐, 나머지 기간에서는 인력이 줄지 않고 유지된 정
도에 불과하다. 공공고용서비스 기관 인력 1인당 경제활동인구 수를 보
면, 공공고용서비스가 잘 되어 있는 유럽의 독일과 영국은 각각 500명과
400명이 되지 않으며, 미국과 일본도 각각 3,300여 명, 3,700여 명 수준이
다(동국대학교 경주캠퍼스 산학협력단, 2009; 노동부 직업상담원 노동조
합, 2010 참조). 그에 비해 한국의 경우는 공공고용서비스 기관 인력 1인
당 경제활동 인구수는 8,300명 정도로 공공고용서비스 인프라 자체가 매
우 미비하다는 것을 알 수 있다. 결과적으로 실직자들의 구직 경로에서 공
공고용서비스가 차지하는 비중은 10%에도 미치지 못하는 상태로, 〈고용
서비스 선진화 방안〉에서 다른 나라들의 상황을 비교·고려하여 가장 최

표 4-5 적극적 노동시장정책(ALMP)에 대한 GDP 대비 공공지출 비율

(단위: %)

	취업알선	행정*	직업훈련	고용보조	일자리창출	ALMP전체
한국	0.01	0.01	0.06	0.06	0.05	0.20
OECD평균	0.07	0.05	0.14	0.09	0.06	0.57

자료: OECD(2010). 2008년 기준.
*OECD 통계에는 공공고용서비스 및 행정 분류로 되어 있으나 여기서는 세분류인 취업알선과 수급 행정 부문을 나누어서 봄.

소한으로 설정한 목표에도 여전히 미달한다.[6]

실제로 OECD 국가들 중 한국이 고용서비스 및 그 외 적극적 노동시장 정책에 투여하는 비중은 최하위권이다. 〈표 4-5〉는 한국의 적극적 노동시장정책에 대한 GDP 대비 공공지출 비율을 OECD 평균과 비교한 것이다. GDP 대비 고용알선을 위한 공공지출은 보고된 OECD 국가들 중에서 가장 적으며, 적극적 노동시장정책 전체에 대한 공공지출 역시 OECD 평균의 절반에 훨씬 못 미치면서 미국에 이어 끝에서 두 번째이다. OECD 평균과 비교할 때 그나마 덜 차이가 나는 것은 기업을 대상으로 한 고용보조금 부문이나 일자리 창출 정책으로, 직접 노동자들을 지원하는 취업알선이나 직업훈련보다 기업을 지원하는 쪽에 비중을 두고 있는 것처럼 보인다.[7]

---

6. 오성욱 · 김균 · 이만기(2010)에 따르면 2009년 경제활동인구조사를 분석한 결과 실직자들의 구직 경로 비중에서 공공직업알선기관이 차지하는 비율은 약 9.4% 정도다. 박찬임 · 박성재 · 김화순 · 김종일(2007)의 연구에서는 2005년까지 2~3% 정도로 나타나 있다. 그러나 두 연구 보고서에서의 분류 방법이 동일한 것으로 보이지 않으므로 그 기간 동안 공공고용서비스의 비중이 그 정도로 높아졌다고 보기는 어렵다. 다만 적어도 2010년까지 높게 잡아도 10%에 못 미친다는 점은 알 수 있다.
7. 실제로 2005년 당시 제출된 〈고용서비스 선진화 방안〉의 정책보고서에서도, 2002년까지 보고된 OECD 국가들의 공공고용서비스에 대한 공공지출 비중을 제시하면서 한국은 공공지출이 지나치게 작다는 점을 보여준다. 또한 여타의 적극적 노동시장정책들에 비해 고용서비스 부문의 지출 비중이 높은 나라들이 실업률이 낮다는 결과를 제시하면서 공공고용서비스에 더 많은 재원을 투자할 필요성을 이야기하고 있다. 그러나 2000년대 초의 통계와 〈표 4-5〉의 2008년

물론 나라마다 노동시장 상황이 다르기 때문에 노동시장정책에 대한 비중을 단순 비교하기는 어렵다. 그러나 다른 정책들보다 취업알선을 비롯한 공공고용서비스는 노동자들에게 보편적으로 필요한 서비스이다. 노동시장이 유연화 되고 실업과 취업을 반복하는 상황에서는 더욱 그러하다. 더군다나 한국의 경우는 위에서 보았듯이 실업급여 수급 기간이 짧기 때문에 이른바 '유연안정성'을 추구한다면 수급 기간 종료 이내에 빨리 취업할 수 있도록 돕는 고용서비스가 매우 활성화되어야 한다. 그러나 현재의 지표로 보면, 그 과정도 공공정책으로 보장하거나 지원하기보다는 주로 시장에 맡기고 있는 것으로 보인다.

그런 점에서 최근 민간고용서비스 활성화 정책과 직업안정법의 개정은 더욱 우려할 만하다. 2005년 노무현 정부의 〈고용서비스 선진화 방안〉에서도 민간고용서비스의 역량 강화 및 공공고용서비스와의 연계에 대해 다루고 있지만, 이때는 비교적 조심스러운 접근이었다. 당시의 정책보고서에서는, 고용서비스의 기본적인 인프라가 취약하고 민간고용서비스 업체가 영세한 한국적 상황과 더불어 취약계층에 대한 보호를 고려해 볼 때, 일단 공공고용서비스의 확립이 중요하며 고용서비스 수준이 일정 궤도에 오를 때까지 공공고용서비스가 주도적 역할을 담당해야 한다고 밝히고 있다.

그러나 그 후 2008년 이명박 정부가 들어서자 정책 방향은 공공고용서비스를 확충하기보다 민간고용서비스 시장을 양성하고 활성화하는 쪽으로 설정된 것처럼 보인다. 2008년 노동부는 직업안정법 전면 개편 방안을 위한 정책보고서를 제출하였고 2009년 〈고용지원서비스산업 선진화 방

통계를 비교해 보면, 한국에서 공공고용서비스나 그 밖의 적극적 노동시장정책 프로그램에 대한 GDP 대비 비중은 거의 변한 바가 없다.

안〉을 제시하였다. 이에 따라 2009년 일차적으로 직업안정법이 개정되었다.

노무현 정부 시기에는 〈고용서비스 선진화 방안〉이었던 것이 〈고용지원서비스산업 선진화 방안〉으로 변화한 것은 현 정부의 정책 방향을 명백히 지시하고 있다. 즉, 고용서비스를 시장적 산업으로 보는 관점에서 이를 육성하겠다는 것이다.

그러나 고용서비스가 공공화 되지 못하고 영리를 추구하는 민간 기업에 맡겨지면, 노동자들은 결국 취업을 하기 위해서도 비용을 지불해야 하는 것이다. 노동시장 유연화로 고용이 불안정해진 상황에서 고용서비스는 노동자들에게 더욱 절실하고 필수적인 것이 된다. 그럼에도 불구하고 위에서 보았듯이 공공고용서비스를 확충하는 대신 이를 시장에 맡기는 것은 노동복지의 관점에서는 부정적으로 평가할 수밖에 없다.

양극화

노동시장 조건의 양극화

위에서 본 것처럼 노동시장 유연화에 따른 노동자들의 불안정을 완화시켜줄 기본적인 안정 장치(실업급여, 고용서비스 등) 자체가 매우 미비한 것도 문제이지만, 더 큰 문제는 양극화의 경향이다. 노동시장 유연화가 진행되면서 노동조건의 양극화가 심화되고 있는데, 거기에 더하여 노동복지조차 양극화되고 있는 것이다. 우선 노동시장 양극화의 현상을 살펴보자.

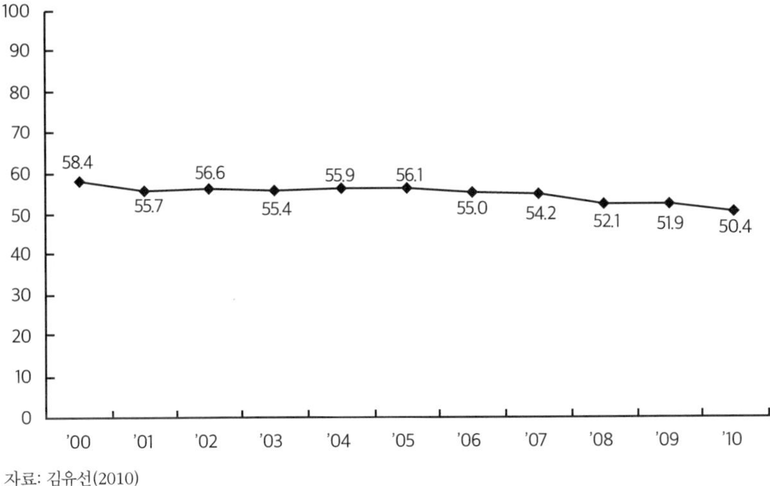

자료: 김유선(2010)

〈그림 4-5〉는 2000년대 동안 전체 임금노동자 중 불안정노동자의 비율을 나타낸 것이다. 비정규직과 임시·일용 등 불안정한 고용 형태로 고용된 노동자들이 2006년까지 임금노동자의 55%가 넘었고 그 후 줄어드는 추세를 보이나 여전히 50%선을 차지하고 있다.[8] 즉 고용 형태상으로 비교적 안정적인 정규직 노동자와 불안정한 방식으로 고용된 불안정노동자가 각각 절반씩 양분되어 있는 것이다.

---

8. 2006년부터 비정규직 비율이 줄어드는 것은 일차적으로 그해 제정된 비정규보호법의 영향으로 볼 수 있다. 기간제 노동자의 2년 후 정규직 전환과 차별 금지 등을 규정한 비정규보호법은 2006년 11월 통과되어 2007년 7월부터 단계적으로 행하는 것으로 되어 있으나 법 제정의 영향력은 시행 전부터 나타나고 있었다. 그러나 다른 한편으로 이것은 비정규직 추계를 줄어들게 하는 효과를 만들어낼 수도 있다. 즉 비정규보호법에 대한 기업들의 대응은 정규직 전환, 2년 미만으로 계약 기간 단기화, 외주화 등 세 가지로 관찰되는데, 이 중 외주화로 직접고용 계약직을 간접고용이나 특수고용으로 돌리는 것은 비정규직 추계를 줄일 수 있기 때문이다. 물론 비정규직 규모를 추산하는 경제활동인구조사 부가조사에는 간접고용이나 특수고용을 분별하는 설문 문항도 있지만, 설문 응답자인 노동자들이 간접고용과 특수고용 방식에 대해서는 스스로 인식하지 못하는 경우가 많다. 따라서 비정규보호법 이후 비정규직 규모가 줄어든 부분 중 일부는 이처럼 증가된 간접고용이나 특수고용이 과소 추산된 효과에서 기인한 것일 수도 있다.

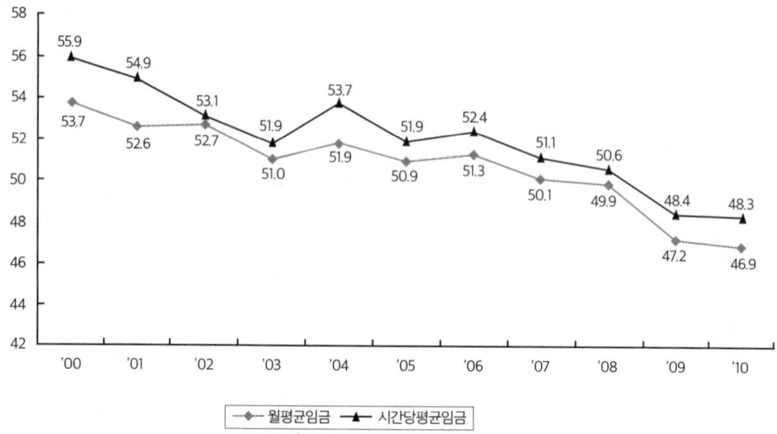

자료: 김유선(2010)

더욱 문제는 이 불안정노동자층이 고용이 불안할 뿐만 아니라 임금도 저임금이고, 나아가 정규노동자층과의 격차가 점점 더 벌어지고 있다는 점이다. 〈그림 4-6〉은 정규노동자층의 평균 임금을 100으로 놓았을 때 불안정노동자층의 월평균 임금과 시간당평균 임금을 비율로 나타낸 것이다. 전체적으로 보아 갈수록 격차가 벌어지고 있는 추세임을 알 수 있으며, 2008년부터는 정규직 평균임금의 거의 절반에도 못 미치는 상황이 되었다.

기업들이 유연화를 추구한다고 할지라도 모든 노동자들을 비정규직화하기는 어렵다. 업무의 성격상 기업 특수적 숙련이 필요하거나 노동과정이 긴밀하게 연계된 경우에는 쉽게 비정규직화하기가 어렵고, 또 기업의 안정적이고 효과적인 운영을 위해서도 일부 노동력은 기업에 대한 소속감과 책임성을 부여할 수 있는 정규직으로 남겨두어야 한다. 따라서 일부 핵심

노동력은 정규직으로 유지하되 비정규직화할 수 있는 부분들을 찾아 차츰 유연성을 확대하는 전략을 쓰게 된다.

이처럼 유연화한 노동력 부분은 앞에서 말했듯이 고용 유연성뿐만 아니라 임금 유연성도 갖게 되는데, 현실적으로 임금 유연성이란 임금 비용을 절감할 수 있다는 뜻이다. 다른 말로 하자면 유연화된 노동력은 고용의 불안정성 뿐 아니라 저임금에도 시달리게 된다. 불안정한 고용 형태로 말미암아 임금이 낮아질 여지가 지속되기 때문이다. 이에 따라 특별한 규제가 없는 한, 상대적으로 안정적인 정규노동자층과 불안정노동자층으로 양분된 노동력 사이의 격차는 점점 심해지게 되고, 그 결과가 〈그림 4-6〉에서 나타나는 바이다.

이에 따른 노동시장의 양극화, 나아가 불안정노동자층의 빈곤화는 심각한 문제이다. 〈그림 4-7〉은 경제활동인구조사 부가조사에서 나타난

그림 4-7 전체 임금 노동자 중 법정최저임금 미달자 비율

(단위: %)

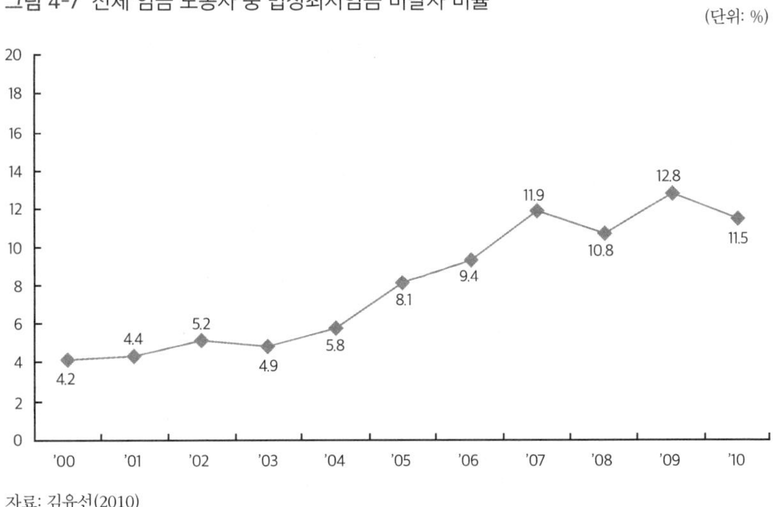

자료: 김유선(2010)

법정 최저임금 미달자의 비율을 보여주는데, 2000년대 동안 전체적으로 상당한 증가 추세를 보이고 있음을 알 수 있다. 특히 2004년부터 2007년까지 이 비율은 가파르게 상승하여 지금은 전체 노동자 중 법정 최저임금 미달자가 10%가 넘고 있는 상황이다. 그리고 이들의 95%가 고용형태 상으로 불안정노동자층에 속한다(김유선, 2010). 결국 노동시장의 유연화에 따라 고용과 임금의 불안정성, 그리고 저임금과 빈곤에 시달리는 노동자가 증가하는 양극화 현상이 나타나고 있는 것이다.

노동복지의 양극화

다른 복지 영역과 마찬가지로 노동복지도 보편적인 것이되 특히 취약계층에 대해서 더 신경 쓸 필요가 있다. 복지정책은 취약계층을 집중적으로 지원함으로써 사회적 양극화를 방지하는 기능도 있기 때문이다. 하지만 현재의 상황을 살펴보면, 노동시장 유연화로 타격을 받은 불안정노동자층이 노동복지의 수혜 또한 오히려 더 취약한 편임을 알 수 있다.

〈그림 4-8〉은 2000년대 동안 고용보험 적용률을 정규노동자층과 불안정노동자층으로 나누어 본 것이다. 정규노동자층은 고용보험 적용률이 80%를 넘는 데 비해,[9] 불안정노동자층은 조금씩 증가하고는 있으나 2005년에야 30%를 넘어서 지금도 30%대에 불과하다. 말하자면 고용이 불안정하여 수시로 실업에 노출된 불안정노동자들이 대부분 실업급여조차 받지 못한다는 것이다. 제도적으로는 모든 사업장의 피고용인과 일용

---

9. 정규노동자층에서 고용보험 가입에서 제외된 경우는 대개 공무원 · 교사 등 특수직역연금에 가입된 경우이다.

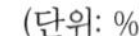

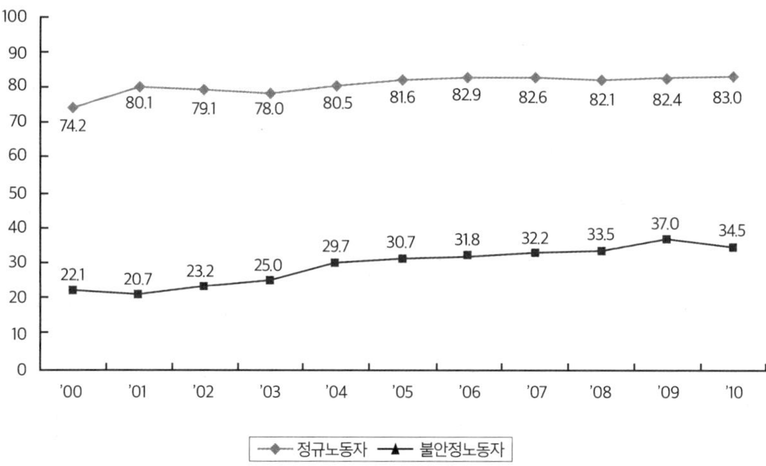

자료: 김유선(2010)

노동자에게까지 고용보험이 의무화되어 있으나, 특수고용의 경우는 대개 적용받지 않으며 일용노동자의 가입률도 극히 낮다. 공식적인 근로계약서를 작성하지 않고 비공식부문에서 일하는 일용 · 임시 노동자들은 고용보험과 실업급여의 사각지대에 존재한다. 따라서 고용안정성의 면에서 가장 취약한 계층이 실업 시의 안정망에서도 배제되어 있는 상황이다.

다른 정책적 · 제도적 변화들도 양극화 해소에 도움이 되는 방식이라고 보기 어렵다. 고용서비스에서 공공 부문을 확충하지 않고 오히려 노동력 중개 시장을 활성화하는 데 중점을 둔 현 정책 방향은 불안정노동자들의 부담을 더욱 강화시키는 것이다.

고용 중개를 하는 민간 기업들 중에는 이른바 헤드헌팅 업체와 같이 전문직 노동력을 담당하는 곳들도 있지만, 다수가 저임금 · 불안정노동자 층에 해당하는 노동력의 중개에 종사하고 있다. 실제로 노동자들이 주로 민간 고용알선 업체를 통하여 취업하게 되는 부문은, 건설일용노동, 가사ㆍ간병 등의 돌봄서비스 노동, 공단 소기업 생산직 부문 등이다. 이러한 곳들은 노동력의 수요가 변동이 심하거나 상시적이지 않기 때문에 정규노동력을 고용하기보다는 일용ㆍ임시노동을 선호하고 따라서 필요할 때마다 알선 업체를 통해 모집된 노동력을 사용하기 때문이다. 즉 알선 업체를 통해 고용되는 노동력은 비정규직 및 임시ㆍ일용 노동자를 포함한 불안정노동자층에서도 가장 취약한 층에 해당한다. 적어도 취약 노동자층을 대상으로 해서는 기본적으로 공공고용서비스가 지원되어야 함에도 불구하고, 현재와 같이 공공고용서비스의 확충 없이 민간 영리 업체에 맡기는 것은 이들의 빈곤화를 개선하는 데 도움이 되지 않는다.

게다가 민간고용서비스 산업을 양성하겠다는 정책은 간접고용을 더 확산시킬 가능성이 크다는 우려가 적지 않다. 현재도 파견대상 업무가 아닌 부문에 대해서도 용역이나 도급 등의 형태로 기업에 필요한 노동력을 제공하는 업체들이 적지 않은데, 현재 정책안에서 제시된 것처럼 복합 고용서비스 기업을 허용한다면 구직 소개와 모집, 파견과 용역을 넘나들며 규제를 피해서 노동력을 중개하거나 제공하는 것이 용이해지기 때문이다. 그리고 간접고용은 중간업체의 영리가 추구되기 때문에 직접고용 비정규직 방식에 비해서도 노동자들의 임금이 낮아질 수밖에 없는 구조다. 결국 간접고용이 확산되면 불안정노동자의 저임금화가 더 진행되고 양극화가 심화될 가능성이 높다.

다른 한편으로, 노동시장의 유연화에 따라 비정규직 문제가 크게 사회적으로 쟁점화되자 지나친 비정규직화 경향을 제어하고 비정규직을 보호하기 위한 방안이 논의되지 않은 것은 아니다. 오랜 논쟁 끝에 2006년 11

월에 국회를 통과한 비정규보호법[10]도 이러한 취지에서였다고 할 수 있다. 한국에서는 비정규직 유형 중에서도 고용계약 기간을 한정한 기간제 고용이 대다수였기 때문에 기간제로 2년 이상 고용한 경우에는 정규직화할 것과 더불어 정규직과 비정규직의 차별을 금지한 것이 주요 내용이었다.

그러나 이것은 양극화에 관한 한은, 상황을 개선하는 효과를 크게 나타내지 않았다. 실제로 기업 특수적 숙련이 필요한 핵심 노동력을 계약직으로 사용했던 곳에서는 2년 후 정규직화하는 경우들이 나타났지만, 그렇지 않은 경우에는 고용계약을 더 단기화하든지 아니면 외주를 통해 간접고용화하는 것으로 기업들이 대처했기 때문이다. 즉 비정규직 중에서도 일부 숙련수준이 높은 층은 비정규보호법의 수혜를 받는 것이 가능하나, 취약한 계층은 오히려 고용 불안정과 임금 하락의 가능성이 높아진 것이다. 또 임금 등 처우에서의 차별 금지는 같은 사업장의 동일한 업무를 하는 정규직과 비교하는 것이어서 특정 업무 자체를 비정규직화하거나 또는 정규직과 비정규직의 업무를 조금씩 조정하는 방법으로 피해갈 수 있기 때문에, 처우 개선 효과는 거의 없는 것으로 판단된다. 결국 앞서 〈그림 4-5〉와 〈그림 4-6〉에서 보는 것처럼 불안정노동자층의 비율은 줄었으나 양극화는 더욱 강화되고 있다.

---

10. 통상 비정규보호법이라고 말하는 것은 2006년 11월 30일 제정된 "기간제 및 단시간 근로자 보호 등에 관한 법률"과 개정된 "파견 근로자 보호 등에 관한 법률"을 가리킨다. 노동계에서는 실질적인 비정규직 보호나 정규직화를 위해서는 현 비정규보호법에 규정된 사용기간 규제보다는 사용사유 규제를 통해 상시고용을 정규직화해야 한다고 주장하고 있다.

나가며

2000년대의 노동복지를 요약해서 평가해 보면, 노동복지정책의 필요성이 인식되고 제도적으로 초석을 놓은 시기임과 동시에 현실적인 노동자들의 안정성과 복지는 악화된 시기라고 볼 수 있다. 이것이 모순된 것이라고 할 수는 없는데, 노동복지가 긴급하게 필요하게 된 것 자체가 1998년 대량실업 사태와 노동시장 유연화의 본격적인 추진 때문이며, 이로 인해 노동자들의 불안정성이 매우 커지게 된 탓이기 때문이다. 말하자면 노동시장 유연화에 의한 불안정성과 생활 악화가 심화되는 수준을, 수동적·적극적 노동시장정책을 통한 안정망 구축이 따라가지 못한 상황이다.

경제 위기 후 이른바 IMF체제가 수립된 1998년은 다음 세 가지가 동시에 이루어진 해이다. 노동시장 유연화가 분명한 정책 방향으로 설정되고 법적 제도화가 이루어짐과 동시에, 그 이전에는 극소수에게만 적용되던 고용보험과 실업급여를 실질화하였고, 고용센터를 설립하여 적극적 노동시장정책들을 집행하면서 노동자들에게 고용서비스를 지원하는 기관을 만들었다. 노동시장이 유연화된다는 것은 노동자들의 불안정성이 커진다는 의미이므로, 그 불안정을 어느 정도 상쇄할 안정장치로서 실업 시에도 생활을 유지할 수 있는 실업급여와 다시 쉽게 일자리를 찾을 수 있도록 하는 고용서비스가 시급해졌기 때문이다.

그리하여 2000년대의 10년은 노동시장 유연화가 진행되면서 이러한 노동복지제도도 나름 자리를 잡는 기간이었다. 고용보험 가입률과 실업급여 수급률은 2000년대를 통틀어 차츰 증가하였다. 그러나 10년이 지난 후에도 아직 임금노동자 대비 60%, 경제활동인구 대비 40% 정도로 다수를 포괄하고 있다고 말하기는 어렵다. 또한 수급 기간이 매우 짧고 장기실업을 대비한 보장이 전혀 없어, 실업 노동자들이 빠르게 다시 노동시장에 참여하는 것을 전제로 하고 있다. 그만큼 노동자들의 구직을 지원하는 서비스가 활성화되어야 하는데, 이러한 공공고용서비스를 제공하는 기관으로 고용센터가 설치되어 자리를 잡았다. 그렇지만 공공고용서비스와 적극적 노동시장정책에 대한 공공 지출은 여전히 매우 낮은 수준이다. 2000년대 중반에 고용센터의 개혁과 더불어 공공고용서비스의 확충이 정책적으로 제시된 적이 있으나 제대로 현실화되지 못하였고, 2000년대 후반에는 공공고용서비스보다 오히려 민간고용서비스 시장을 활성화하는 것에 중점을 둔 정책 방향이 설정되었다. 결국 전체적으로 보아, 노동자들의 불안정성에 대비한 노동복지 정책과 제도가 본격적으로 수립되고 실행된 10년이었으나 아직도 상당히 미흡한 수준이라고 평가할 수 있다.

그동안 노동시장 유연화는 양극화와 불안정노동자층의 빈곤화를 가져왔다. 노동력의 유연화는 고용 유연성 뿐 아니라 임금을 낮출 기회를 지속적으로 제공하는 것이기도 하며, 따라서 정규노동자가 아닌 불안정노동자들은 고용 불안과 동시에 저임금의 압박을 받게 된다. 노동복지제도조차 이러한 빈곤화를 개선시키는 데 도움을 주지 못하면서 오히려 양극화를 심화시키는 형국이다. 상대적으로 안정적인 정규노동자들은 거의 고용보험을 적용받고 있으나, 주기적인 실업에 노출되어 있는 임시·일용 및 비정규직의 불안정노동자들은 다수가 배제되어 있는 상태다. 고용서비스의 시장화나 비정규보호법은 간접고용을 부추김으로써 저임금화를 강화할 가능성이 높다. 노동시장 조건에서 불안정한 노동자들이 이러한 불안정성을 제어하기 위한 안정 장치들에서도 오히려 더 배제되는 현상은 아이러니하게 느껴진다. 하지만 이는 결국, 이 제도들이 실질적으로 다수 노동자들을 포괄하지 못하고 미흡한 수준에 그치고 있기 때문이다. 결과적으로 노동시장에서 가장 불안정한 노동자들이 노동복지의 혜택에서도 가장 배제됨으로써 양극화의 문제는 더욱 심각해지고 있다.

'유연화'란 단어가 좋은 어감으로 느껴지지만, 사실 노동자의 입장에서 보면 '불안정화'란 말과 동의어이다. 노동시장 유연화는 기업의 자유를 보장하는 것으로서, 그런 측면에서 유연화를 추진하는 측의 명분대로 경제 활성화에는 도움을 줄지도 모른다. 그러나 노동자들의 삶이 불안정해지고 악화된다면 결코 안정적이고 좋은 사회라고는 누구도 말할 수 없을 것이다. 그렇기 때문에 대안적으로 '유연안정성'이란 말이 나온 것이다. 노동시장이 유연화되더라도 실업 시의 생활과 빠른 재취업을 지원하는 안정 장치를 통해 노동자들의 삶을 악화시키지 않겠다는 뜻이다. 하지만 2000년대의 10년을 보면 유연안정성을 위한 제도적 장치의 효과는 턱없이 미미하며 그 결과는 현재 사회적 양극화로 나타나고 있다. 다음 10년은 어떻게 될 것인가? 노동복지가 대폭 확충되고 무분별한 노동시장 유연화 경향이 제어되지 않는 한, 이러한 양극화 현상은 기업의 자유나 경제 성장만으로는 해결되지 않을 것이다.

들어가며

미국의 금융시장 붕괴로 인해 야기된 세계 경제위기로 인해 우리사회는 일자리 부족, 불평등 심화, 그리고 빈곤의 확대 현상을 경험하고 있다. 하지만 그에 비해 사회안전망의 정비는 더디기만 하다. 특히나 최후의 사회안전망인 국민기초생활보장법(이하 기초법)이 제대로 된 기능을 못하고 있다는 비판에 직면해 있다. 기초법은 외환위기 직후 대량실업과 빈곤계층의 확대에 따른 사회안전망 정비 차원에서 제정되었다. 1999년에 제정된 기초법은 이전의 생활보호법을 대체한 것으로 최저생활보장이 '국가의 시혜'에서 '국민의 권리'로 규정되었다는 것과 근로능력자 가구라고 하더라도 최저생계비를 보장받을 수 있게 되었다는 점이 가장 큰 변화라고 할 수 있다. 하지만 법 시행 10년이 지난 현 시점에서 과거를 되돌아 볼 때 과연

*허선 _ 순천향대학교 사회복지학과 교수

법 제정의 목적[1]이 실제 달성되고 있는지에 대해서 세밀한 평가를 해볼 필요가 있다. 특히 여기저기서 기초법에 대해 비판하는 목소리가 많은데 그것이 어떠한 내용인지, 설계상의 문제인지 아니면 운영상의 문제인지를 확인해볼 필요가 있다. 이 글에서는 이와 같은 작업의 일환으로 기초보장제도를 둘러싼 그동안의 주요 쟁점에 대해 정리하고 각각의 쟁점에 대해 필자의 의견을 제시해 보고자 하였다.

국민기초생활보장제도의 주요 변화

국민기초생활보장제도의 주요 변화

기초법의 주요 변화를 요약하면 〈표 5-1〉과 같다. 10년 동안 수급자 선정기준에 많은 변화가 있었다. 2001년에는 주민등록상 문제를 가진 자(노숙인, 쪽방, 비닐하우스촌 거주자 등)에게 기초생활보장번호를 부여하여 보호하는 제도를 마련하였고, 2003년에는 법 제정 시부터 예정되어 있었던 소득인정액제도(수급자 선정 시 소득과 재산을 동시에 고려하는 제도)가 시행되었다.[2] 2004년에는 법 시행 이후 1차 최저생계비 실계측이 있었고, 3년 후인 2007년에 2차 실계측이 있었다. 법 시행 초기에는 5년마다 한 번씩 최저생계비를 실계측하기로 되어 있었으나 법 개정 후 3년마

---

1. 법 제1조(목적) 이 법은 생활이 어려운 자에게 필요한 급여를 행하여 이들의 최저생활을 보장하고 자활을 조성하는 것을 목적으로 한다. 제4조(보장의 기준 등) ① 이 법에 의한 생활보장은 건강하고 문화적인 최저생활을 유지할 수 있는 것이어야 한다.
2. 하지만 원래 시행하기로 했던 일반 근로능력자의 근로유인을 위해 마련하기로 한 '근로소득공제제도'의 경우는 소득 파악 미비의 이유로 무기한 연기되었다.

표 5-1 국민기초생활보장법 10년간의 주요 변화

일시	변경 내용
1999. 9. 7	· 국민기초생활보장법 제정
2000. 10. 1	· 국민기초생활보장법 시행
2001. 8	· 주민등록상 문제를 가진 자(노숙인, 쪽방, 비닐하우스촌 거주자 등)에게 기초생활보장번호 부여
2002. 6	· 수급자 중고생 자녀에 학용품비 신규지원 · 장애인, 학생, 자활공동체 근로소득공제율 확대(10~15% → 30%) · 차상위계층 만성 희귀질환자 의료급여 실시
2003. 1. 1	· 소득인정액제도(재산의 소득환산제) 시행 · 일반 근로능력자의 근로소득공제제도 무기한 연기
2004. 12. 1	· 법 시행 이후 1차 최저생계비 실계측 후 최저생계비 결정
2005. 7. 1	· 부양의무자 범위 1차 축소(수급권자의 1촌의 직계혈족 및 그 배우자, 생계를 같이 하는 2촌 이내의 혈족)
2006. 3. 24	· 긴급복지지원법 시행
2006. 7. 1	· 부양능력판정기준 변경(최저생계비의 120% → 130%)
2007. 1. 1	· 부양의무자 범위 2차 축소 시행(생계를 같이하는 2촌 이내의 혈족 제외)
2007. 6	· 차상위계층에 대한 장제급여 및 자활급여 지급 근거 마련(시행령, 시행규칙 개정)
2008. 8	· 금융재산조회시스템 구축
2008. 11	· 부양의무자 재산기준 완화 · 간주부양비 부과율 인하(아들의 경우 40% → 30%)
2009. 1	· 재산기준(기본재산액) 변경(대도시 3800만 원 → 5400만 원)
2009. 5. 11	· 한시생계보호 실시

자료: 복지부(2009), 「국민기초생활보장사업안내」에서 재구성

다 한 번씩 하는 것으로 변경되었다. 2005년에는 수급자 선정과 관련된 부양의무자 범위의 1차 축소, 2007년에는 2차 축소가 있었다. 그 결과 현행 기준은 '수급권자의 1촌의 직계 혈족 및 그 배우자'로 그 범위가 축소되었다. 또한 2006년에는 부양능력 판정 소득기준의 변경이 있었는데, 기존의 최저생계비 120%에서 130%로 조정되었다. 2009년에는 수급자 선정

을 위한 재산기준이 인상되었고 경제위기로 인한 한시 생계보호가 실시되었다. 이렇듯 적어도 외형적으로는 수급자 선정기준이 계속 개선되어온 것은 사실이다. 하지만 선정기준의 개선이 수급자 수의 변화로 곧바로 이어지지는 않았다.

국민기초생활보장수급자 규모의 추이

국민기초생활보장수급자 수는 10년 동안 커다란 변화가 없었는데, 〈표 5-2〉에서와 같이 기초법이 시행된 초기에는 수급자 수가 줄어들다가 2004년 이후 약간씩 증가하고 있는 추세이다. 2000년 10월에 기초법이 시행되면서 직전에 151만 명이었던 생활보호대상자(한시보호자 포함)가 149만 명으로 줄어든 채 법이 시행되었고, 이러한 규모는 매년 감소추세를 보이다 최근에 와서야 초기 숫자보다 늘어난 상황이다. 빈곤의 심각성, 불평등 정도에 따라 수급자 규모가 변화되어야 최후의 안전망으로서 제대로 기능하고 있다고 말할 수 있을 것이나 지난 10년간의 수급자 규모와 한국 빈곤의 심화정도를 비교하면 그렇지 못하다. 유경준(2009)에 따르면 2000년의 경우 상대빈곤율이 10.5%였던 것이 2008년의 경우 14.3%로 증가하였고, 불평등도를 나타내는 지니계수의 경우 동기간 0.299에서 0.321로 높아졌지만, 같은 기간 수급률은 별 변동이 없다. 2008년 금융위기 이후 경제성장률이 낮아지고, 실업률과 빈곤율이 증가하였지만 수급자 증가는 소수에 불과하였다.

표 5-2 국민기초생활보장수급자 수 추이

		2001	2002	2003	2004	2005	2006	2007	2008	2009.6
일반 수급자	가구	698,075	691,018	717,861	753,681	809,745	831,692	852,420	854,205	883,753
	인원	1,345,526	1,275,625	1,292,690	1,337,714	1,425,684	1,449,832	1,463,140	1,444,010	1,491,318
시설수급자		74,469	75,560	81,715	86,374	87,668	85,118	86,708	85,929	85,179
총 수급인원		1,419,995	1,351,185	1,374,405	1,424,088	1,513,352	1,534,950	1,549,848	1,529,939	1,576,497
수급률(%)		3.00	2.84	2.87	2.96	3.14	3.18	3.20	3.20	3.20

* 수급률 = 수급자 수 / 전체 인구×100
자료: 복지부(각 년도), 국민기초생활보장수급자 현황

국민기초생활보장제도의 주요 쟁점

기초생활보장제도에 대해서 다양한 주체들에 의해 다양한 평가가 내려지고 있다. 노대명(2009)은 수급자와 공무원들의 제도에 대한 불만을 정리한 적이 있는데, 수급(권)자들은 대체로 ① 수급자 선정과정에서의 부당한 탈락에 대한 불만 ② 추정소득 부과에 따른 급여삭감에 대한 불만 ③ 자활사업의 낮은 참여소득에 대한 불만 ④ 수급자격 상실에 따른 우려 등을 가지고 있고, 담당 공무원들은 대체로 ① 소득파악의 어려움 ② 근로능력 판정을 둘러싼 시비 ③ 부정수급 입증의 어려움 ④ 과도한 업무 부담 등을 호소하고 있다. 한편 정부에서는 다양한 방법으로 제도 개선(선정기준 완화, 자산조사시스템 정비 등)을 위해 노력해 왔지만, 정부는 사각지대의 문제보다는 부정수급 문제와 탈 수급 성과 부진 문제에 더 많은 관심을 가져온 경향이 있다. 한편 연구자들은 전공에 따라 다양한 관심을 보이고 있다. 연구자들이 관심이 있는 문제를 구분하자면, 첫째 근로빈곤층의 근로의욕 감퇴 문제, 둘째 탈 수급 성과 부진 문제, 셋째 부정수급과 소득파악 문제, 넷째 사각지대의 문제, 다섯째 최저생계비 문제로 분류할 수 있을 것이다. 기초법 제정의 의의를 찾기 위한 제도 개편 방향으로 나아가기 위해서는 이와 같은 문제를 한 가지씩 상세하게 검토해 볼 필요가 있을 것이다.

근로능력자는 빈곤함정에 빠져 수급자에서 벗어나려 하지 않는가?

기초보장제도가 시행되면 근로의욕이 감퇴될 것이라는 우려는 법 제정 이전부터 있었고[3] 최근까지 이어지고 있다. 이러한 주장은 법이 시행되면서 사실 확인을 통해 그 진위가 가려졌지만 몇 가지는 아직까지 주요 쟁점으로 남아 있다. 특히 이전의 생활보호법에서는 배제되었던 근로능력자를 기초생활보장대상에 포함시키는 것과 관련하여 근로능력자의 처리 문제와 함께 근로의욕 감퇴 문제는 여전히 뜨거운 쟁점이 되고 있고 2009년부터 지급된 근로장려세EITC 시행과 맞물려 새로운 쟁점으로 부각되고 있다.

기초법 시행 이전부터 지금까지 여전히 근로능력자 가구의 근로의욕 감퇴를 예방하기 위해서 근로능력자 가구를 기초보장수급제도에서 분리시키거나 혹은 기간을 제한하자는 주장이 일부에서 제기되어 왔다. 안종범

---

3. 법 시행 직전의 정부 문서에서 나타나 있는 문구를 인용하면 다음과 같다. "일할 능력이 있는 자까지 공적부조를 지급하는 것은 근로의욕을 저하시키게 되므로 근로능력이 있는 자는 직업훈련과 일자리 제공에 역점을 두어야 하며 공적부조는 꼭 필요한 자에게만 적정수준이 지급되어야 한다"(기획예산처 복지노동예산과, ⊠주요국가의 사회복지 개편 동향⊠, 1999. 4. 30)

·송재창(2006), 이상은(2004), 강신욱 외(2008), 문형표(2009)의 연구가 그러한 주장의 대표적인 것들이다. 안종범·송재창(2006)의 연구에서는 국민기초생활보장 대상자 중에서 근로능력자를 한국형 EITC 제도 도입을 통해 흡수하고 기존 소득세 체계와 결합할 것을 주장하였다. 이에 따라 계층 간 분배 효과, 근로에 미치는 영향 그리고 재정소요액 등을 정책 모의실험을 통해 추정하였다. 구체적으로는 소규모 사업장에 고용된 근로자, 특히 비정규직 근로자에 대한 원천징수관리를 국세행정상 노력을 통해 개선할 경우 저소득층 소득파악의 상당 부분이 해결될 수 있음을 주장하였다. 이상은(2004)은 기초보장제도의 시행이 근로능력빈곤가구의 빈곤문제를 획기적으로 감소시킬 것으로 기대되었음에도 불구하고 당시까지의 기초보장제도에 의한 근로능력 빈곤가구에 대한 대응은 그 기대에 미치지 못한다고 평가하였다. 이에 거시적 및 미시적 차원에서 근로능력 빈곤가구에 대한 빈곤정책의 발전 방향을 모색하였는데, 거시적 측면에서 선진국 빈곤제도의 구조를 분석하고, 한국노동패널 2~5차 자료를 이용하여 근로능력 가구와 근로무능력 가구 간에 빈곤의 기간과 빈곤의 깊이에 차이가 있는가를 분석하였다. 미시적 측면에서 미국의 근로능력을 가진 빈곤가구에 대한 빈곤정책의 경험을 검토해본 결과 근로강제나 수급기간 제한을 통하여 수급자들의 복지수급을 억제하고 EITC나 사회복지서비스의 확충을 통하여 노동시장 정착을 지원하는 양면 전략이 수급자들이 복지제도를 떠나 자립하도록 하는데 보다 성공적인 것으로 나타났다고 주장하고 있다.

강신욱 외(2008)는 빈곤관련 지원정책에서 초래되는 '도덕적 해이 문제'를 해결하기 위한 정책방안을 강구하였다. 기초보장제도의 틀을 유지할 경우를 가정하여 대안을 찾았는데, 기본적으로 국민기초생활수급권자들 중에서 근로가능자와 불가능자를 최대한도의 노력을 통해 구분하여 불가능자들을 중심으로 하는 기초보장제도를 운영하고, 차상위계층의 경우 100% 근로 가능한 인구만으로 구성되어 있지 못하므로, 먼저 근로가능계층, 근로불가능계층 및 구분이 어려운 중간계층 등으로 분류한 뒤, 근로가능계층은 EITC제도의 수혜자가 되도록 유도하며, 근로불가능계층과 중간계층에 대해서는 자산조사 방식의 지원을 하되 이들에 대한 지원은 근로장려세제 수혜자의 급여수준보다 높지 않도록 지원수준 및 내용을 결정하는 것을 방안으로 강구하였다. 다섯 가지 방안 중 방안4[4]가 도덕적 해이를 방지하면서도 필요한 보조를 실시한다는 측면에서 현실성 있는 제도가 될 수 있다고 주장하고 있다. 한편 문형표(2009)는 기초생활보장 대상자의 80% 이상을 차지하는 근로무능력자(노인, 아동, 장애인)만을 대상으로 한 별도의 공공부조를 설계할 필요가 있다는 주장을 하고 있다. 세밀한 자산조사 결과에 의존할 필요 없이 근로무능력자에게 적정수준의 생계를 보장하고, 근로능력자는 워크페어Workfare 위주의 노동시장정책ALMP과 EITC로 흡수하면 된다는 주장이다. 최저생계비 등 공적으로 보장해야 하는 수준에 관한 개념을 정립한 후, 관련 제도의 기준선을 이에 맞추어 일관되게 종합 조정할 필요가 있고, 사회서비스 사업들의 다양한 기준들도 일원화, 단순화할 필요가 있다는 것이다. 이와 같이 근로빈곤층을 연구하는 대부분의 연구자들은 기초보장제도의 근로의욕 감퇴

---

4. 방안1) 근로장려세제 시행 + 근로능력이 있는 기초수급자 제외. 방안2) 근로장려세제 시행 + 기초수급액 삭감(예: 50% 수준으로). 방안3) 근로장려세제 시행 + 개별급여제도로 전환. 방안4) 근로장려세제 시행 + 근로능력이 있는 기초수급자 제외 + 한시적 포괄보조 허용. 방안5) 기초보장 유지 + 근로장려세제 시행 유보 + 자활근로사업의 내실화(강신욱 외, 2008)

문제와 일자리 대책, 자립방안에 관심의 초점을 맞추고 있다. 이들의 연구가 기초생활보장제도를 어떻게 개선해야 하는지에 대해 여러 가지 아이디어를 제공하고 있지만 '근로능력자 가구의 최저생활 보장'이라는 측면을 더 주의 깊게 바라볼 필요가 있을 것이다.

첫째, 근로능력 가구를 기초생활보장제도에서 분리해야 할 이유가 충분하지 않고, 그 대안을 충분히 마련하지 못하고 있다. 현행 제도에서는 근로유인이 거의 불가능하다는 것이 그들이 주장하는 주된 이유인데, 그들의 주장대로 제도를 시행한다면 '최저생활 보장' 원칙이 훼손될 수 있다는 점에 유념해야 할 것이다. 그들은 보통 '근로능력자'의 빈곤이라는 용어를 사용하고 있는데, 가구 상황을 감안하여 좀 더 정확하게 표현하면 '근로무능력자들이 많이 포함된 근로능력자 가구'의 빈곤문제이다. 다시 말해서 근로능력자 가구에는 근로무능력자인 피부양자들이 함께 생활하고 있기 때문에 근로능력자만을 기준으로 하는 제도 변경은 바람직하지 못할 수 있다는 것이다. 또한 빈곤한 근로능력자 가구라고 해서 모두 다 수급자로 보호받고 있는 것도 아니고, 대부분 극심하게 생활이 곤란한 가구가 수급자로 선정되어 있을 뿐이다. 한국복지패널데이터를 분석해 보면 전체 근로능력자 빈곤가구 중 절반에 못 미치는 가구가 수급자로 보호받고 있다.[5] 한편 기초보장수급자DB를 분석한 김미곤 외(2008)의 연구를 통해 빈곤 근로능력자 가구의 특성을 파악할 수 있는데, 〈그림 5-1〉과 같이 전체 수급가구 중에서 근로능력자 가구의 비율은 25.8%(전체 가구의 1.35%)에 불과하고 그 중 순수 근로능력자로만 구성된 가구는 없

---

5. 복지패널데이터상 근로능력자 가구의 수급률은 5.1%에 달한다. 이는 빈곤한 근로능력자 가구 중 4.6%가 기초생활보장제도로부터 배제되어 있음을 뜻한다.

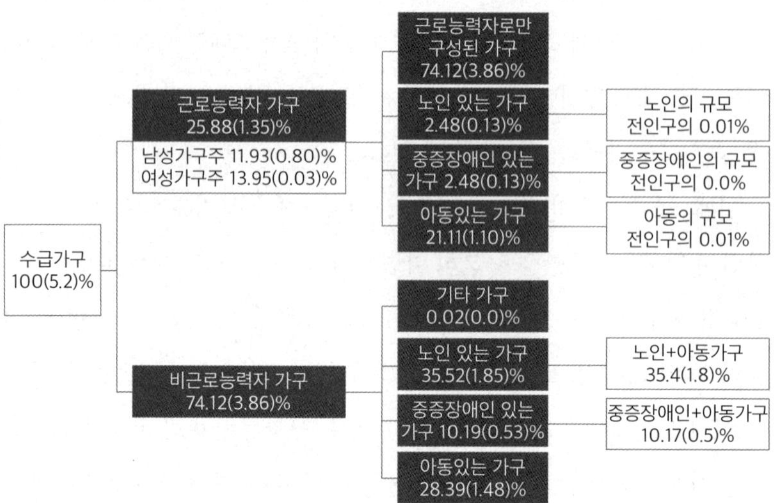

주: 1) 2006년 7월 수급자 DB(수급가구 수는 841,730가구)를 기준으로 분석함
  2) 음영 처리된 ( )밖의 %는 수급가구 비율, ( )안의 비율은 전체 가구 대비 비율임.
  3) 해당 가구추계는 2006년도 추계 가구인 총 16,158,334가구를 기준으로 계산함.
자료: 보건복지부, 「기초보장수급자 DB」, 2006. 7, 김미곤 외(2008)에서 재인용

고, 아동이 있거나(1.10%), 노인이 있거나(0.13%), 중증장애인이 있는 가구(0.12%)임을 알 수 있다. 즉, 의료비, 교육비와 같은 특별한 지출을 요하는 상황에 처해 있는 가구들이 대부분이다. 또한 대부분의 경우 근로능력자들이 열심히 일한다고 하더라도 그들의 소득이 필요한 생활비 수준에 못 미치는 경우가 많다. 열심히 일하는 근로능력자가 있는 가구라할지라도 장애, 질병과 같은 지출요인이 많거나 부양해야 할 근로무능력 가구원이 많을 경우 현행 제도와 같이 추가적인 생계급여를 실시해야만 그 가구가 최저생활을 보장받을 수 있을 것이다.

둘째, 근로능력자를 기초보장제도 안에 포함하고 있어도 근로유인을 제고할 수 있다. 기초법의 제정 배경과 그 의의를 볼 때, '근로의욕 유지 및

제고'라는 정책목표가 중요하긴 하지만 '최저생활보장'이라는 정책목표보다 우선하지는 않는다. 시급히 해결해야 할 문제가 무엇이고, 누구를 위한 개선이고, 무엇을 위한 개선인지의 입장에서 접근해야 한다. 시급히 해결해야 할 문제는 너무나 어렵게 살아가고 있음에도 불구하고 수급자로 선정되지 못한 비수급 빈곤층의 문제일 것이다. 또한 무엇이 기초수급자의 근로의욕을 저하시키고 있는지를 상세히 살펴볼 필요가 있다. 근로의욕 감퇴 문제는 기초보장시스템 설계상의 잘못이라기보다는 운영상의 잘못이거나 설계를 변경한 것에 그 주요 원인이 있다.[6] 기초법이 제정되기 이전에 근로의욕 감퇴의 문제는 주요 쟁점이 되었고, 그 결과 기초법에는 근로를 장려하는 당근요법(근로소득공제제도)과 채찍요법(조건부 수급)이 공존하는 시스템이 탄생하게 되었음은 주지의 사실이다. 근로유인을 꾀하고자 한다면 근로소득공제제도와 같은 당근요법을 사용하는 것이 더 바람직할 수 있다. 하지만 기초법 제정 당시 2003년부터 시행하기로 했던 일반근로자에 대한 근로소득공제제도는 소득파악능력이 미비하다는 이유를 들어 정부에서 무기한 연기한 상황이다. 소득파악 시스템이 상당히 정비된 현 시점까지도 전면 시행을 검토하지도 않고 있는 상황이다. 또한 새롭게 시작한 근로유인장치인 '근로장려세'의 경우에도 기초보장 수급자는 그 대상에서 제외시키고 있는 상황이다. 마련해 놓았던 근로유인장치

---

6. 복지부 주요업무자료(2009)에 따르면 2008년도 12월말 현재 시설수급자 등을 제외한 전체 수급자수는 1,444,010명(854,205가구)인데, 그 중 근로능력자로 분류된 사람이 302,500명(20.9%)이고, 이들 중 취업자(136,476명), 가구여건(58,197명), 환경적응(12,841명)의 이유로 조건부과 제외자가 207,514명으로 대부분을 차지하고 있다. 근로를 조건으로 생계급여를 받고 있는 자는 33,928명으로 전체 근로능력자의 11.2%에 불과하다. 또한 조건부 수급자 중에서도 근로능력이 높은 취업대상자는 2,812명에 불과하고 대부분(31,116명)이 비취업대상자에 속한다. 이렇듯 기초보장수급자에 포함되어 있는 근로능력자는 대부분 일을 하고 있거나 일을 할 수 없는 여건에 있는 사람들이라는 점을 확인할 수 있다.

를 가동해 보지도 않은 채 근로유인이 안 된다는 주장은 성급한 판단일 것이다.

셋째, 수급기한의 제한과 같은 방식은 한국의 사회보장 현실과 맞지 않다. 사회보험, 사회수당과 같은 기타 사회복지제도가 잘 정비되어 있지 못하고 오래되지 않은 우리나라의 경우는 기초보장 수급기간의 제한은 생존권 박탈과 다르지 않기 때문이다. 그리고 근로유인을 위한 장치를 만든다고 하더라도 그 보장수준이 최저생계비 수준을 넘어서는 선에서 진행되어야 한다. 앞에서 언급했던 연구자들은 '근로빈곤층들이 빈곤함정에 빠져서 벗어나지 않으려고 한다'고 주장하고 있는데, 정확하게 표현하면 벗어나지 않으려 하기보다는 벗어나지 못하도록 만들고 있는 상황이다. 수급에서 벗어나는 순간 그 이전 보다 훨씬 낮은 생활수준을 감수해야 하기 때문에 아무도 벗어나려 하지 않는 것이다. 현재와 같은 공공부조시스템 상에서는 근로능력자를 기초보장수급자에서 제외시키면 근로빈곤가구의 근로무능력자들의 생계 보장에 대해서는 아무런 대책이 없다. 미국의 경우 연방정부의 EITC 예산이 전통적인 공공부조인 TANF의 예산보다 훨씬 많고, 전 국민의 15%에 달하는 빈곤층이 한국의 의료급여보다 본인 부담이 훨씬 적은 의료혜택을 받을 수 있는 시스템이 마련되어 있다는 사실에 유념할 필요가 있다. 또한 기초생활보장제도에서 근로능력자를 분리하려고 한다면 그에 앞서 실업부조제도 도입과 최저임금 인상을 우선적으로 검토할 필요가 있을 것이다. 일을 하면 어느 가구나 최저생활이 보장될 수 있어야 한다는 전제에서나 분리가 가능할 것이기 때문이다. 대량실업과 같은 일을 하고 싶어도 일을 할 수 없는 상황에서는 근로능력자라고 하더라도 별 대안이 없다. 그들에게 일자리를 마련해 줄 때까지, 혹은 그들이 일자리를 찾을 때까지 생계를 보장해 주고, 일을 해서 소득을 확보해도 최저생계비에 미달한 경우 보충해 주는 현행 방식의 기초생활보장제도는 여전히 필요하다.

부정수급자가 점점 늘어나는가?

기초법 제정 이전에 그랬던 것처럼 소득파악능력의 미비로 부정수급자가 증가하고 있다는 주장이 여전히 제기되고 있는 상황이다. 복지부의 자료를 살펴보면 〈표 5-3〉과 같이, 기초생활보장 급여 부정수급이 2005년 3,478가구, 2006년 6,060가구, 2007년 8,654가구, 2008년에는 상반기에만 전년대비 55%를 초과한 4,773가구로 나타나 매년 증가한 것으로 나타나고 있다.

수급자가 자산·소득 등의 증가사실을 사실대로 곧바로 신고할 경우 증가액만큼 급여비가 삭감되기 때문에 자진신고를 기피하는 경향이 있는 것이 사실이다. 하지만 복지담당공무원의 업무과다로 제때 조사를 하지

표 5-3 부정수급자 현황 및 조치내역

(단위: 가구, 천원)

연도	부정수급자 유형별				부정수급		보장비용 징수	
	소계	소득인정액 초과		부양의무자	가구	징수결정액	가구	징수액
		소득초과	재산초과					
2005	3,478	2,481	468	529	902	1,381,055	763	1,010,046
2006	6,060	4,277	642	1,141	2,016	3,385,159	1,838	2,381,167
2007	8,654	6,313	1,171	1,170	3,270	4,182,723	2,515	2,055,526
2008	4,773	3,864	365	544	1,418	1,459,063	842	465,276

자료: 보건복지부 기초생활보장과(각 년도), 「부정수급자 현황 및 조치 내역」.

못해서 부정수급을 방치하는 경우도 많다. 〈표 5-3〉에서와 같이 보장비용 징수 결정을 내린 가구 수가 부정수급가구 수 보다 적은 이유는 부정수급으로 분류하기 곤란한 사유가 많다는 증거라고 볼 수 있다. 즉, 부정수급자로 분류한 가구를 정밀 조사해 보면 부정수급 가구가 아니라 행정처리의 실수인 경우가 많다는 것이다. 〈표 5-3〉에서는 소득 변화에 대해 수급 가구가 신고하는 것을 충분히 숙지하고 있지 못하거나 정기적인 재산·금융조사결과(본인도 모르는 부양의무자의 재산 증가) 드러난 케이스도 부정수급에 포함시키고 있는 것이다. 정기조사에서 드러난 소득 인상자를 부정수급자로 분류하는 것 자체가 국민에게 잘못된 오해를 불러일으킬 수 있으므로 수급자가 고의로 속인 것만을 부정수급자로 분류하는 것이 타당할 것이다. 고의성 있는 부정수급만을 집계하여 발표한다고 한다면 그 규모가 증가하고 있다는 아무런 증거도 없을 뿐만 아니라 오히려 사실을 왜곡시키고 있다는 사실이 밝혀질 것으로 예상된다. 행정적 오류를 부정수급이라고 매도하기에 앞서 다음과 같은 장치 마련이 필요하다.

첫째, 사회보장기관 간 「정보 공유시스템」 연계 강화가 필요하다. 부정수급 예방에 필수적인 수급자의 금융재산, 소득 등 자산변동과 부양의무자의 군 입대 등 신분 변동 상황을 실시간으로 파악하기 위한 기관 간 정보 공유시스템이 미비하다. 금융재산, 재소자 및 군 입대 등에 대한 정보가 1년에 1~2회만 제공되어 변동시점과 반영시점의 시차로 인한 부당수급이 발생하고 있는 것이다. 시·군·구에서 직접 수급자 재산, 소득 변동사항 등을 조회하도록 하거나 정보 제공횟수를 확대할 수 있으면 이러한 문제는 줄어들 것이다.

둘째, 수급 중지자 전출입 시 수급 중지에 관한 사항을 의무적으로 전달할 수 있도록 하는 조치가 필요하다. 지금까지 수급 중지자가 다른 지역으로 이사 갈 경우 다시 수급자로 지정되어 예산이 낭비되는 경우도 많았다.

셋째, 자진신고 유도대책 마련이 필요하다. 소득·자산 증가사실을 자진신고할 경우 일정 기간 동안 보장비용을 징수하지 않는 등의 자진신고 유도대책 마련이 필요하다. 다른 제도에서 이미 시행하고 있는 자진신고 시 일정 기간의 금액을 전액 혹은 일부 경감해주는 제도의 도입이 필요하다.

넷째, 사회복지 담당공무원 및 모니터링(부정수급 조사) 인력 확보가 필요하다. 현장을 보면 복지담당공무원의 업무과중으로 수급자의 상황변화를 제대로 확인하지 못하는 경우가 빈발하다. 보통 복지공무원 혼자서 200~400여 가구의 수급자 및 자활지원, 교육급여, 모·부자관리, 소년소녀가장, 결식아동, 보육료 관리 등을 담당하는 경우가 많은데 인력을 증원하거나 별도의 모니터링(부정수급 조사) 전담인력의 확보가 필요하다.

현행 최저생계비는 공공부조 급여선으로서 지나치게 높은 수준인가?

기초법상에 기초보장수급자로 선정되기 위해서는 "부양의무자가 없거나 부양의무자가 있어도 부양능력이 없거나 또는 부양을 받을 수 없는 자로서 소득인정액이 최저생계비 이하인 자"로 규정되어 있다. 즉 소득인정액 기준과 부양의무자 기준을 동시에 충족해야 수급자로 선정될 수 있다. 이와 같이 최저생계비는 2000년 최저생계비의 공식적인 발표 이후 기초생활보장제도의 수급자 선정을 위한 기준뿐만 아니라 급여액 수준을 결정짓는 기준으로 사용되고 있으며, 여타 공공부조제도의 수급자 선정을 위한 참고 기준이 되고 있다. 최저생계비는 다용도로 사용되는 만큼 뜨거운 논란의 중심에 서 있다. 2012년도 한국의 가구규모별 최저생계비는 〈표 5-4〉와 같다. 현재 최저생계비는 전국 단일 기준을 사용하고 있고, 3년마다 실계측하도록 되어 있으며 중앙생활보장위원회에서 매년 심의 결정한다.

　매년 중앙생활보장위원회(혹은 산하 최저생계비 전문위원회)에서 열띤 논쟁이 벌어지는데 최저생계비 수준이 높다는 주장과 낮다는 주장이 항상 대립하여 왔다. 주로 정부 측(특히 예산관련 부처)에서는 매년 물가상승률 수준의 인상을 주장해 왔고 민간위원 중 일부 학자들이 현행 최저생계비 수준이 높다는 주장에 동의하고 있다. 그러한 논쟁의 연속선상에서 박능후(2007)는 "건강하고 문화적인 생활을 유지하는 데 필요한 최소한의 비용이란 측면에서 현 최저생계비는 지나치게 낮은 수준"이지만 "아무런 근로를 하지 않고, 소득이 전혀 없는 빈곤층이 수령하는 공공부조급여액"이 퇴직근로자가 받는 연금급여액보다 높아서는 안 된다는 주장을 펴면서 빈곤선과 공공부조급여선을 분리하자는 주장을 하였다.

표 5-4 2012년도 가구규모별 최저생계비

(단위: 원)

구분	1인가구	2인가구	3인가구	4인가구	5인가구	6인가구
2012	553,354	942,197	1,218,873	1,495,550	1,772,227	2,048,904

자료: 복지부(2012), 「국민기초생활보장사업안내」

현행 '최저생계비의 수준이 공공부조급여액의 수준으로는 높다'는 의견에 대해서는 세밀한 검토가 필요할 것이다. 우선 공공부조급여액의 수준을 정하는데 있어서 연금과 최저생계비를 직접 비교하는 것은 적당치 않다. 굳이 비교해서 문제를 지적한다면 연금급여액이 최저생계비보다 낮은 것이라고 할 수 있다. 저부담, 저급여의 연금제도를 운영하는 국가에서는 모두 공공부조급여수준을 연금급여액 수준보다 낮추어야 하는 것은 아닐 것이다. 연금수급자 대부분은 다른 소득과 합산하여 생활하고 있고, 그럼에도 불구하고 최저생계비의 이하의 소득이라고 한다면 공공부조수급자가 될 수 있다. 연금수급자와 공공부조수급자 간의 형평성을 위해서라면 연금급여액의 일부는 소득에서 공제하는 제도를 도입할 수도 있을 것이다. 또한 근로경력이 없는 취약계층에 대한 사회보장의 우선순위는 낮아도 된다는 주장에 대해서도 동의하기 어렵다. 또한 현재의 수급권자들은 대부분 열심히 일하고 있거나, 일하려 하지만 일자리를 못 찾고 있으며, 성실한 납세자이며, 병역과 같은 국민으로서 의무를 이행한 사람들이다. 그러한 점을 감안하여 기초법에서 '최저생활의 보장을 국민의 권리'로 명시한 것이라는 점을 유념할 필요가 있을 것이다.

또한 빈곤선과 '현금급여 기준선으로서의 최저생계비'를 분리하자는 주장은 급여수준을 현행보다 낮추어 기초법에서 정한 최저생활수준이 아닌 예산에 맞춘 최저생존수준을 보장하자는 것으로 이해될 수 있고, 이는 기초법 제정 정신에 위배된다. 현행법상 최저생계비가 공공부조급여 기준선이 되고 있기 때문에 분리 주장은 기초법 상의 보장수준을 최저생활수준 이하로 하자는 주장과 다르지 않다. 보장수준을 최저생활수준 이하로 낮추는 것은 한국적 상황에서 특히나 받아들여져서는 곤란한 주장이다. 오랜 세월 연금을 시행하고 있고, 다양한 무상의 현물급여가 있으며, 그리고 데모그란트 방식의 사회보장제도가 발달되어 있는 나라의 경우는 대부분의 국민이 공공부조의 수혜를 받지 않아도 최소한의 생활이 보장되고 있기 때문에 생계급여가 상대적으로 적다고 하더라도 생계유지가 가능하지만 한국의 경우는 상황이 다르다. 손병돈(2006)에 따르면 노인부부의 경우 한국의 공공부조급여수준(PPP 지수로 환산한)은 미국의 54.7%, 영국의 50.7% 수준에 불과하고, 중증장애인 부부의 경우 한국은 미국의 57.2%, 영국의 26.2%에 불과하다. 한국의 공공부조급여수준이 미국이나 영국보다 크게 낮은 주요한 이유는 한국의 주거급여수준이 현저하게 낮다는 점, 장애, 아동, 한부모 등 추가적인 욕구가 있는 집단에 대한 공공부조제도가 부실하다는 점, 그리고 저임금 근로자에 대한 소득보장제도가 없다는 점 때문이다. 급여수준을 하향 조정할 것이 아니라 오히려 시급히 현실화해야 한다. 현재의 최저생계비 수준은 10년 전에 비해 상대적으로 매우 낮아졌고, 이렇게 낮아진 것은 계측상의 문제뿐만 아니라 복합적인 여러 가지 문제에 기인한다(허선, 2009). 첫째 최저생계비에 포함된 항목(질과 양)의 비현실성, 둘째 지역별 최저생계비를 적용하지 않는 문제, 셋째 가구유형별 특별 필요비용을 감안하지 않는 문제, 넷째 비계측년도에 지나치게 낮은 인상률을 적용해온 것 등 여러 요인이 맞물려 있다.

오히려 기초법 제정의 의의를 감안하여 최저생계비는 현실에 맞게 계측되어야 하고, 현실화된 최저생계비에 맞는 수급자 선정과 급여가 이루어져야 하며, 그에 필요한 예산은 자동적으로 충당될 수 있어야만 할 것이다.

사각지대(비수급 빈곤층의 존재)는 불가피한 것인가?

그동안 기초생활보장제도의 사각지대에 대한 문제제기는 법 시행 준비 단계인 수급자 선정기준이 발표된 시점(1999년 4월)부터 시민단체에 의해 이루어졌고, 이후 연구자와 시민단체의 주요 관심사 중의 한 가지가 되고 있다. 또한 경제상황 및 빈곤상황과 무관하게 그동안 수급자 규모가 변화하지 않거나 혹은 줄고 있는 이유[7]에 대한 관심도 제기되고 있는 상황이다. 우리가 관심을 가질 필요가 있는 문제는 얼마나 많은 빈곤계층이 수급자가 되지 못한 채 살아가고 있으며 어떤 이유 때문에 이러한 결과가 발생하느냐이다.

법 시행 초기에는 비수급 빈곤층의 규모가 얼마나 되는지를 확인할 수 있는 데이터가 없었지만 최근에 와서 한국보건사회연구원에서 실시하는 차상위계층실태조사와 한국복지패널데이터 등을 통해 그 규모를 확인할 수 있게 되어 비수급 빈곤층의 규모와 존재 이유에 대해 확인할 수 있게 되었다. 한국복지패널 2차년도(2006) 조사자료를 이용해서 빈곤가구율과 비수급 빈곤층의 규모를 추정한 결과를 소개하면 〈그림 5-2〉와 같다(허선, 2009). 경상소득에서 공공부조급여액을 제외시킨 금액과 최저생계비를 비교하여 빈곤가구율을 산출하면 한국의 전체 빈곤가구율(A+B+C)은 13.3%이고, 소득인정액을 기준으로 하는 빈곤가구율(A+B)은 10.2%이

---

7. 박능후(2009)는 수급자 수가 크게 변화하지 않는 이유로 ① 그 기간 동안 빈곤인구 비율의 변화가 크지 않았다는 점과 ② 수급자 규모에 대한 강력한 내적 관성의 존재 가능성을 들고 있다. 두 번째 이유에 대한 설명으로 2005년부터 시작된 Top-down 예산방식에 의해 수급자 확대를 위해 필요한 예산확대가 더 어려워졌다는 점을 들고 있다. 즉, 비용 일부를 지방자치단체가 분담하게 되어 있어 지방정부 재정을 압박하고 수급자 규모를 늘리지 못하게 하는 압박 요인으로 작용하고 있다는 것이다.

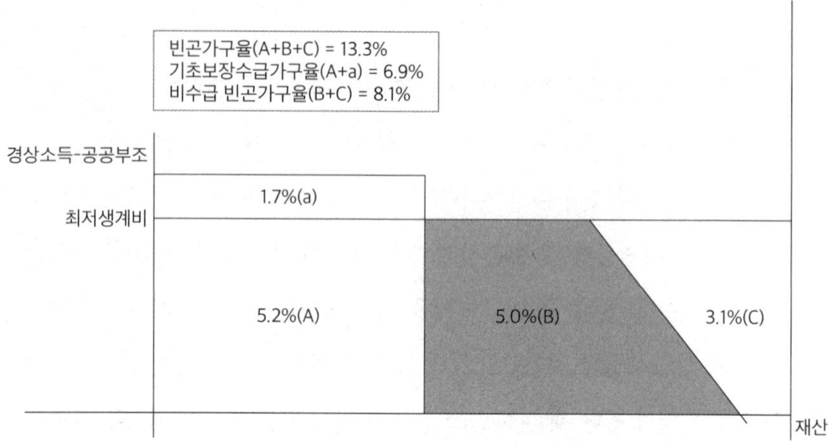

자료: 한국보건사회연구원 · 서울대사회복지연구소, 「한국복지패널」 2차년도 데이터

다. 그에 비해 기초보장수급가구율(A+a)은 6.9%이다.[8]

그림을 통해 현행 기초생활보장제도를 평가하는데 중요한 판단 기준은 전체가구 중 8.1%(B+C)에 달하는 비수급 빈곤층이라고 할 수 있다. 소득은 최저생계비 이하이지만 재산이 기초생활보장제도에서 정한 기준 이상인 가구의 비율(C)은 3.1%로 추정된다. 또한 기초보장제도의 재산과 소득기준에는 부합하지만 다른 이유 때문에 수급자로 선정되지 못한 가구(5.0%)의 존재는 현행 제도의 커다란 문제점을 나타낸다고 할 수 있다. 정부에서도 비수급 빈곤계층의 규모를 이와 유사하게 추정하고 있다. 2009년 발표된 긴급지원대책자료[9]에서 정부는 소득과 재산기준에는 부

---

8. 2차 차상위계층 실태조사자료를 사용한 이현주 외(2008)의 연구 결과에서는 비수급 빈곤층의 규모가 103만 명(2.13%)인 것으로 추정되었다.
9. 관계부처합동, 「민생안정 긴급지원 대책」, 2009. 3. 12

합하지만 수급자가 되지 못한 계층을 60만 가구(100만 명)로 추정하고 있고, 재산으로 인해 수급자가 되지 못한 빈곤 계층은 100만 가구(240만 명)로 추정하고 있다. 이와 같이 비수급 빈곤층의 규모는 추정되지만 현재까지 그 변화가 제대로 분석되지는 못하고 있다. 2009년 이후의 경제위기 상황에서 수급자 수가 예상보다 증가하지 못한 이유에 대해 충분한 분석결과가 도출되지 못하고 있는 상황이다. 대규모의 비수급 빈곤층의 존재가 정부의 의도된 방치인지, 아니면 불가피한 결과인지에 대해서 확인하기 위해서는 비수급 빈곤층의 생활실태 분석을 통해 어느 정도 유추해 볼 수 있을 것이다.

한국복지패널데이터를 분석한 결과(허선, 2009), 비수급 빈곤가구가 수급가구에 비해 여성가구주 비율이 훨씬 높고, 가구주 연령에 있어서는 비수급 빈곤가구의 경우가 더 고령이다. 또한 비수급 빈곤가구의 일반적 사항으로는 단독가구의 비중이 높고(32.6%), 전체 가구원 수에서 1, 2인의 비중이 높고(70.1%), 장애인가구원 수의 비중이 일반가구에 비해 높고(19.1%), 노인이 있는 가구의 비율이 오히려 수급가구에 비해 높으며(67.6%), 근로능력가구원이 없는 가구의 비율은 51.5%나 된다. '극심한 생계곤란 경험'을 볼 때, 비수급 빈곤가구는 대부분 수급가구에 준하는 생활곤란 경험을 겪고 있는 것으로 나타났다. 이와 같이 수급자와 다르지 않은 생활을 하거나 오히려 더 어려운 생활을 하고 있음에도 불구하고 수급자로 선정되지 못한 가구가 많이 있다는 사실은 수급자 선정과정 및 선정기준과 관련이 있다. 즉, 부양의무자 기준과 재산 기준을 고려하는 방식에 문제가 있는 것인데, 비수급 빈곤층의 규모를 줄이고자 하는 정부의 의지가 부족하다고 볼 수 있을 것이다.

부양의무자 기준(간주부양비 제도)은 합리적인 방법과 수준에서
결정되는가?

경제상황 악화와 빈곤율 증가에도 불구하고 수급자 수가 늘어나지 않는 여러 이유 중 하나는 수급자 선정 시 부양의무자 기준을 지나치게 엄격하게 적용하기 때문으로 보인다. 현재 제도상 기초보장수급가구로 선정되기 위해서는 부양능력이 있는 부양의무자가 없어야 한다. 실제 부양 여부와는 무관하게 현재는 부양의무자의 소득과 재산을 조사하여 일정 수준이 넘으면 피부양자를 부양하고 있는 것으로 간주하여 수급자에서 제외시키는 제도가 운영되고 있다. 즉, 수급자 선정을 위해 고려하는 상황이 실제 생활곤란 정도가 아니라는 것이다. 이와 같은 간주부양비 제도에 대해 대다수의 학자와 단체에서 비판하고 있지만 정부에서는 기본적인 틀을 변화시키려 하고 있지 않은 상황이다. 또한 현행 부양의무자의 범위는 수급권자의 직계혈족(부모, 아들·딸 등) 및 그 배우자(며느리, 사위 등)로 그 범위가 법 시행 초기에 비해 많이 좁혀지기는 했지만 이 또한 적정범위인가에 대해 논란이 존재한다.

또한 실제 부양과 상관없이 부양의무자가구의 소득과 재산의 많고 적음으로 수급신청자의 수급 여부를 판단하는 것은 커다란 문제임에 분명하다. 이러한 방식의 제도가 만들어진 것은 재정당국(당시 예산처)의 강력한 요구가 있었기 때문이다(복지부 내부자료, 2000). 논란이 되는 것은 부양비를 간주하는 방식뿐만 아니라 설정한 소득 및 재산수준이다. 그 수준의 적절성에 대해서는 연구자에 의해서도, 혹은 정부 측에서도 심도 깊게 논의한 적이 없다. 부양의무자 기준이 갖는 문제의 심각성과 중요성에

비해 그에 관한 연구는 활발하지 않다. 부양의무자 기준에 관한 대표적인 종합 연구가 한국보건사회연구원에서 행한 연구(여유진 외, 2009)이다. 정부에서 정한 부양의무자 판정기준이 적절한 수준인가에 관해서는 허선·유현상(2009)의 연구가 관련된 시도라고 할 수 있다. 허선·유현상은 모든 가구가 2인의 피부양가구가 있다는 가정 하에 한국복지패널데이터에 현행 부양의무자 기준을 대입한 결과 2006년도의 경우 부양능력이 없는 가구의 비율은 16.12%, 부양능력 미약가구의 비율은 15.85%이며, 부양능력이 있는 가구의 비율은 68.02%로 추정하였다. 즉 정부에서 정한 기준을 대입해 볼 때 우리나라 대다수의 가구는 부양능력이 있는 것으로 간주되고 있다는 것을 알 수 있다. 부양능력이 있다고 인정되는 가구는 피부양가구의 최저생계비의 전액에 해당하는 금액만큼을 부양비로 보낼 수 있다고 간주하는 것인데, 이는 매우 비현실적인 기준일 뿐이다.

부양의무자 기준과 관련하여 지금까지 논의되었거나 논의될 수 있는 대안은 〈표 5-5〉와 같이 정리할 수 있다. 부양의무자 범위를 축소하거나 부양비 부과율을 인하하는 대안이 가능하고, 재산기준과 소득기준을 인상하는 안도 가능하다. 하지만 이는 실제 부양과 무관하게 부양을 하는 것으로 간주한다는 측면에서 문제를 해결하기 위한 것이 아니라 줄이기 위한 조치에 불과하다. 부양의무자 기준이 존재하는 다른 대부분의 국가와 같이 실제 부양하는 정도를 감안한 수급자 선정이 필요할 것이다. 일부에서는 전면적인 부양의무자 기준의 폐지를 논의하고 있지만 상위법인 민법에 부양의무규정이 존재하는 한 엄밀한 의미에서 완전한 폐지는 불가능하다. 현 상황에서는 국민의식의 변화를 고려하고,[10] 부양의무자 기준

10. 보사연에서 행한 '빈곤에 대한 부양의식 여론조사'를 보면 빈곤한 사람은 '정부'에서 일차적으

표 5-5 부양의무자 기준의 선택 가능한 대안

구 분		대안(쟁점)	논리 및 근거
부양의무자 범위	범위축소	미혼(30세 이하)의 자녀에 대해서만 부양의무 부과	주거비와 자녀 교육비에 대한 부담 증가
	부양부과 완화	사위, 며느리 부양의무자 제외, 혹은 완화	(부양)문화의 변화
부양능력 판정기준	재산기준	평균재산(중위재산)으로 인상	중위재산(4인 1억 4천만 원) / 2006년 평균재산(4인 2억 7천만 원) / 2006년
		평균재산의 150%로 인상	주거용 재산과 생계용 재산(예: 토지)을 재산에서 제외시키는 안도 가능
	소득기준	평균소득(중위소득)으로 인상	중위소득(4인 297만 원) / 2006년 평균소득(4인 359만 원) / 2006년
		평균소득의 150%로 인상	보사연 조사결과 국민들은 4인 가구 자신의 생활을 꾸려나가기 위한 최소한의 비용 300~350만 원
간주 부양비	철폐		실제 부양비를 감안하여 소득으로 인정하되, 부양의무자의 부양을 유도하기 위해서 부양비 공제를 도입
	존속	10, 20, 30% 구분	소득수준에 따라 차등 부과
수급자 선정 시 부양의무자규정의 폐지, 후 부양의무자에게 보장비용 징수			현재 방식의 부양의무자 기준이 존재하는 한 비수급 빈곤가구를 수급자로 보호하기가 매우 어렵다.

* 금액에 관한 근거는 여유진(2009)을 참조하였음.

으로 인한 사각지대 문제를 해결하기 위해서 간주 부양비 제도를 철폐하고 '선 선정 후 보장비용 징수' 시스템으로의 변경을 심각하게 고려해 볼만한 상황이 되었다. 즉, 동법의 보장비용 징수 요건이나 민법상의 부양의무는 그대로 유지되는 것을 뜻한다. 결국 정부에서 정한 부양능력판별기준을 가지고 부양능력이 있다고 판단되는 가구에게 보상비용을 징수하도

로 부양해야 한다는 의견이 74%가 넘고, 선지원 후 보장비용을 청구하는 구상권의 행사에 대해서도 찬성 비율이 반대 비율보다 높게 나타났다(한국보건사회연구원, 2009. 4. 14, 국민기초생활보장제도 부양의무자 기준 개선방안 정책토론회 자료집).

록 하며, 그에 불복할 경우 법정에서 그 시시비비를 가리는 시스템을 말한다. 이러한 방식의 제도를 운영할 경우 자동적으로 간주부양비제도는 폐지될 것이다.

소득인정액의 결정방식, 특히 기본재산액과 소득환산율

기초보장수급자로 선정되기 위해서는 부양의무자 기준을 만족해야 할 뿐만 아니라 가구의 소득인정액이 최저생계비 이하여야 한다(법 제5조, 제7조). 또한 소득인정액을 기준으로 생계급여액을 지급하고 있다. 소득인정액은 소득과 재산을 통합한 개념으로 소득인정액은 소득평가액과 재산의 소득환산액을 합한 금액이고, 소득평가액은 실제소득에서 가구특성별 지출비용과 근로소득공제를 제한 금액을 말한다. 재산의 소득환산액이란 재산에서 기본재산액과 부채를 제한 나머지 재산에 소득환산율을 곱한 금액을 말한다. 기초법에 최초로 도입한 소득인정액 개념은 이후 기초생활보장제도뿐만 아니라 한국의 기타 공공부조제도에서 널리 사용되고 있다.

〈그림 5-3〉과 같이, 소득과 재산이 어느 정도 있는 Ⓐ그룹에 속한 가구는 수급자로 선정될 수 있었음에도 불구하고 재산은 조금 있으나 소득이 적은 Ⓒ그룹에 속한 가구는 수급자로 선정될 수 없었던 생활보호법 당시 재산기준의 문제점을 개선하도록 하는 아이디어(정복란 외, 1991)를 기초법에 포함시킨 것이 소득인정액 개념이다. 소득인정액 개념은 시행 준비를 거쳐 2003년부터 시행되었다. 하지만 그 결정과정에서 많은 논란이 있었고, 선A'B'가 아닌 선AB로 결정되었다.[11] 그러한 결정의 배경에는 신규

11. 2002년도에 열린 중앙생활보장위원회(혹은 산하 소득인정액위원회)에서 논의를 거쳐 결정되

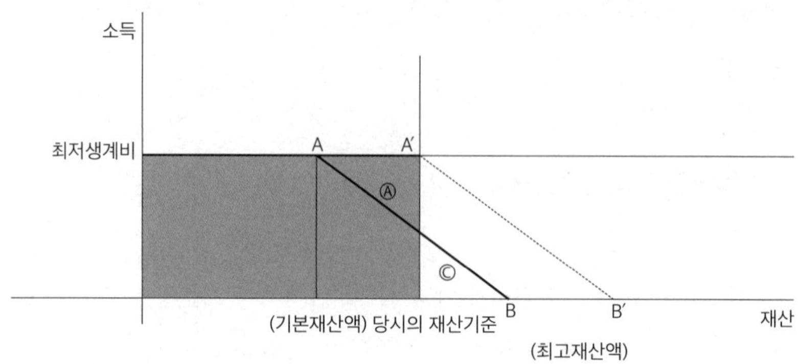

수급자 증가를 막고자 하는 정부의 의도가 있었고 실제 새로운 제도 시행으로 인한 신규수급자 수가 탈락자 수보다 적었다(복지부 내부자료, 2004). 소득인정액 개념의 도입은 형평성을 강화하는 차원에서는 바람직한 평가를 받을 수 있지만 그 수준에 있어서는 논란의 여지가 많이 있다. 현행 기본재산액 수준의 적절성을 평가하고 바람직한 환산율을 찾는 체계적인 연구는 아직 없는 상황이다. 정부에서 예산상황에 맞추어 임의대로 설정하는 방식부터 바꿀 필요가 있다. 특히 합리적인 환산율 설정이 뒤따를 때 이와 같은 방식의 제도가 합리적이라는 평가가 뒤따를 것이다.

결론: 국민기초생활보장제도의 과제

이제는 기초생활보장제도의 다각적인 개선이 필요한 시점이다. 그 방

었다. 자세한 사항은 허선 · 김미곤 · 유현상(2009) 연구를 참조 바람.

향은 기초생활보장의 원칙이 지켜질 수 있도록 하는 개선과 함께 탈 수급을 위한 여러 장치가 동시에 가동될 필요가 있다. 기초생활보장제도 시행 이후 자립·자활률이 낮아지고, 탈 수급 비율이 낮아지고 있는 것은 사실이다. 하지만 이러한 현상은 한국 기초생활보장제도 설계상의 문제라기보다는 공공부조제도가 가지고 있는 본질적인 한계와 운영상의 문제가 더 크다고 볼 수 있다. 자산조사 방식의 사회보장제도는 대부분 보충성의 원리에 따라 급여를 하므로 근로의욕 저하, 소득의 하향 신고 등이 뒤따를 수밖에 없고, 비수급 빈곤계층, 차상위계층 혹은 전국민을 대상으로 하는 복지 제도가 마련되지 않는 한, 빈곤함정의 문제는 필연적으로 발생할 수밖에 없다. 하지만 그와 같은 한계 속에서도 현행 보충급여체계를 근로유인 및 탈 수급을 촉진하는 급여방식으로 개편하기 위한 노력이 필요할 것이다. 차상위계층에 지원되는 EITC 및 기타 사회보장제도(주로 공공부조)와의 연계성이 매우 중요하다. 그리고 특히 근로 유인을 위해서 기초보장수급자에게 근로장려세 혹은 근로소득공제제도가 하루 빨리 시행되어야 할 것이다. 하지만 그것만으로 충분하지 않다. 근로능력자가구의 최저생활을 보장하면서 빈곤함정에서 벗어나게 유도하는 가장 좋은 방법은 계단식 사회보장시스템일 것이다. 계단식 사회보장시스템(혹은 차상위계층에 대한 욕구별 급여)이란 수급자에서 벗어나게 되면 그전보다 더 나은 생활이 가능한 시스템을 말한다. 즉, 해당 가구의 소득이 추가되어도 모든 복지혜택이 사라지는 것이 아닌, 기존에 주어지던 욕구별 현물급여(의료급여, 교육급여, 영구임대아파트 입주 등)는 유지되는 시스템이 가동되는 것이 바람직하다. 다만 이는 최저생계비의 합리적 설정을 전제로 해야 한다. 최저생계비가 현실화 되지 않으면 도움이 절실한 빈곤계층이 수급자로 선정되지 못할 가능성이 높아지기 때문이다. 또한 근로장려세의 경우는 기초보장제도가 최후의 안전망이라는 점을 감안하여 그 이전의 안전망으로서 기능을 할 수 있도록 해야 할 것이다. 그렇게 되려면 미국과 같이 막대한 예산을 편성하여 기초보장제도 수급자 모두와 빈곤계층 모두를 포괄하는 시스템이 갖추어져 있어야 할 것이다.

근로유인시스템과 탈 수급을 위한 방안과 함께 현재 비수급 빈곤가구를 하루 빨리 수급자로 편입시키는 노력이 필요할 것이다. 그것은 기본재산액과 소득환산율의 현실화, 최저생계비 설정의 개선, 부양의무자 기준의 개선, 추정소득의 폐지 혹은 개선과 연결된다. 기초보장제도 수급자 자격요건을 완화하여 부당 탈락자를 수급자로 선정될 수 있도록 대상자 층을 넓히는 것이 급선무이다. 현재 한국과 같이 사회수당제도가 도입되지 않고 사회보험이 늦게 시작된 상황에서는 공공부조의 비중이 확대되는 것은 불가피하다. 기초노령연금, 장애수당, 보육료 지원 등 자산조사 방식의 프로그램별로 대상층을 넓혀 가거나 아동수당, 노인수당과 같은 데모그란트 방식의 사회보장 프로그램을 도입하여 수급자 규모와 급여수준을 확대해 가면, 혹은 시간이 지나 사회보험의 수급자가 늘어나게 되면 기초보장수급자의 규모는 당연히 줄어들게 된다. 근로능력수급자들을 빈곤함정에서 벗어나게 한다는 측면과 사회적 형평성 측면에서 볼 때 차상위계층, 혹은 일반 국민에 대한 지원이 시급한 실정이다.

6장

후기산업사회의 새로운 요구, 가족정책

: 21세기 복지국가에 대한 새로운 요구

문제제기

인구, 가족, 노동시장의 변화는 지금까지 우리가 알고 있던 복지국가가 더 이상 지속가능하지 않을 수도 있다는 위기감을 주고 있다. 위기를 둘러싼 수많은 저작들이 쏟아져 나오고, 비판과 재비판이 계속되었다. 그러나 이러한 논란에도 불구하고 복지국가는 여전히 우리 곁에 있으며 지향해야 할 이상으로 남아 있다. 1980년대 최고조에 달했던 위기론은 이제 복지국가의 지속가능성을 위한 재편으로 초점이 모아지고 있는 듯하다. 당연한 것으로 간주되던 복지국가의 전제들이 재검토되기 시작했고, 복지국가의 지속가능성을 위한 새로운 원칙들이 논의되기 시작했다. 그리고 그 논의의 핵심은 변화된 사회경제적 조건 아래에서 복지국가가 개인과 집단의 다양한 이해와 요구들을 어떻게 반영할 것인지로 모아지고 있다.

＊윤홍식 _ 인하대학교 행정학과 사회복지전공 교수

그러나 후기산업사회의 변화된 조건 아래에서 다양성을 반영한다는 것이 무엇을 의미하는지에 대한 실천적 합의는 물론 학문적 합의조차 부재한 것이 현실이다. 도대체 복지국가가 다양성을 반영한다는 것이 어떤 의미를 갖는 것일까? 의문은 꼬리에 꼬리를 문다. 복지국가에서 이야기하는 다양성은 이념, 방법론, 정체성 중 어떤 다양성을 이야기하는 것인가? 선택의 문제가 아니라면 모두를 반영하는 것인가? 다양성을 강조한다는 것이 결국 차이를 반영한다는 것은 아닌가? 차이를 강조하지 않고, 다양성을 강조할 방법이 있는 것일까? 우리가 살고 있는 현실은 변화했는데, 복지국가는 여전히 대응 방향과 원칙을 찾지 못하고 있는 형국이다.

대부분의 학자와 정책전문가들은 후기산업사회의 다양성을 받아들여야 한다는 것에 동의하지만 프리드먼(2002: 33)의 주장처럼 (아무리 평등을 주장해도) 다양성을 인정한다는 것이 차이를 인정하는 것이 되고, 결국 모종의 위계를 만들었던 역사를 알고 있다. 어떤 식으로든 위계를 만들지 않고는 다양성을 주장하는 것은 불가능해보이기 때문이다. 하지만 인류역사는 다양성이 차이를 통해 위계를 만들고 불평등을 양산하는 것을 제어하기 위해, 인간존엄성이라는 보편적 가치를 지켜야한다는 언명을 주고 있다. 이 언명은 다양성과 보편성을 도식적으로 구분하는 것이 아니라 이 둘의 상호 연관성을 이해하는 것이야말로 후기산업사회에서 복지국가가 추구하는 다양성을 이해하는 핵심이라는 것을 이야기하고 있다. 복지국가는 개인적인 것이 정치적이라는 구호가 보편성을 부정하는 것으로 나아가는 것에 동의하지 않는다. 복지국가는 다양성을 보편성에 기반을 두고 실현함으로써 차이가 위계를 만들지 않고, 다양성의 긍정적 가치를 실현할 수 있는 것이다.

　　이러한 문제의식에 근거해 본 연구는 한국사회에서 후기산업사회가 요구하는 복지국가의 새로운 과제를 가족정책과 연계해 탐색하고자 한다. 왜냐하면 가족정책은 (남성생계부양자의 이해로 대표되는) 전통적 복지국가의 재편과정에서 새롭게 요구되는 복지국가의 핵심정책 중 하나이기 때문이다. 특히 이 글은 한국사회에서 시민들이 직면하는 다양한 사회위험이 복지국가의 전통적 역할로는 완화될 수 없으며, 가족정책이라는 복지국가의 새로운 역할을 요구하고 있는 현실을 제시하고자 한다.[1] 다음은 이 글에서 다룰 주요 개념과 분석을 위한 이론적 모형을 제시했다. 이어서 개념과 분석모델에 근거해 한국사회가 후기산업사회의 변화에 적절히 대응하지 못해 나타나는 배제와 복지국가에 대한 새로운 요구에 대해 분석했다. '가족정책, 복지국가의 새로운 역할을 둘러싼 쟁점'에서는 복지국가가 인구사회학적 변화와 노동시장의 변화에 대응해 새로운 요구를 실현하기 위해 직면하게 되는 세 가지 중요한 과제를 검토했다. 결론에서는 분석결과를 요약하고 이 글이 한국사회에 던져주는 함의를 정리했다.

개념과 분석의 틀: 어떻게 접근할 것인가?

후기산업사회의 개념적 의의

　　인간이 살았던, 살고 있는, 살아갈 시대를 규정하는 것은 각 시대가 사

---

1. 그럼에도 불구하고 한계가 명확하다. 이 글이 후쿠시마 원전사고와 같이 인류 전체의 위협이 되고 있는 환경생태와 관련된 위험을 다루지 않았다는 점은 명백한 한계이다.

회발달 단계에서 어떤 고유한 특성을 가지고 있는지를 포착하는 것이다. 익히 알려진 바와 같이 마르크스Marx는 생산수단의 소유방식에 따라 인류 역사의 발전단계를 구분하였고, 당시 마르크스가 살고 있던 시대를 '자본주의'사회로 다가올 사회를 '공산주의'사회로 규정했다. 그렇다면 우리가 살고 있는 지금 이 시대를 어떻게 규정할 수 있을까? 대답은 지금 우리가 살고 있는 시대를 어떻게 규정할지에 대한 다양하고 때로는 격렬한 논쟁들이 반세기가 넘게 진행되고 있는 중이라는 것이다. 실제로 지금 이 시대를 규정하는 것은 자칫 무모한 시도일수도 있다. 사실 지금은 우리에게 익숙하고 당연하게 받아들여지는 산업사회라는 개념도 산업혁명이 시작된 지 한참 후에야 광범위하게 사용되기 시작했다(Block, 1990: 6).

어쩌면 시간이 더 흐른 후에야 우리가 살고 있는 지금 이 시대를 규정할 수 있을지 모른다. 이러한 어려움을 반영하듯 이 시대를 규정하는 다양한 개념들은 각각의 학문영역에서, 때로는 학문영역을 넘나들며, 때로는 유사한 의미로 때로는 상이한 의미를 가지며 사용되고 있다. 포스트모던사회post-modern society, 후기자본주의post-capitalism, 후기포드주의post-fordism, 정보화사회information-oriented society 이외에도 다양한 새로운 개념·조어들이 사용되고 있다. 한국어로 번역된 용어들까지 포함하면 가히 개념의 홍수이다.[2]

더욱이 후기산업사회라는 개념은 공간적으로 서구라는 특정한 지역을, 시간적으로 산업화 이후라는 (여전히 모호한) 특정한 시기를 지칭하는 것이다. 이러한 주장은 후기산업사회가 이야기하려는 보편적 현실을 부정하

---

2. 예를 들어, 'Post-Industrial Society'는 후기산업사회, 탈산업사회, 탈공업화사회 등으로 달리 번역되고 있다.

려고 하는 것이 아니다. 한국사회에서 '후기산업사회'라는 개념을 지역적
· 역사적 특수성을 초월해 일반화된 원칙으로 적용시킬 때 발생하는 문제
를 경계하자는 것이다. 왜냐하면 라마자노글루(1997: 28)의 지적처럼 우
리가 직면한 문제를 제대로 풀어가기 위해서는 올바른 이론과 개념을 만
들 필요가 있기 때문이다. 만약 후기산업사회라는 개념이 한국사회에서
새로운 변화를 가능하게 하는 개념이라면 다른 경쟁적인 개념들보다 이
시대를 더 잘 설명하는 우월성을 보여주어야 한다.

물론 아직까지 후기산업사회라는 개념이 가지는 확정적 우위를 확인할
수 없다. 그럼에도 불구하고 후기산업사회와 다른 유사개념들은 서구사
회와 한국사회에서 일어나는 변화에 대해 유사하게 인식하고 있다. 남성
생계부양자, 완전고용, 제조업에 기반을 둔 대량생산 등 산업사회의 근본
토대가 약화되고 있다는데 포괄적인 차원에서 동의하고 있는 듯하다. 물
론 포괄적 차원에서 동의한다고 해도 한국인들의 삶에 영향을 미치는 문
제의 근원이 서구사회와 다르다는 사실을 부정할 수는 없다. 이러한 한계
를 인정하고 이 글에서는 개별 개념들에 대한 의미를 논하기보다는 개념
들이 가지는 공통의 인식에 기반을 두고 '후기산업사회'를 완전고용, 남성
생계부양자, 제조업 중심의 대량생산 등 복지국가의 전통적 전제들이 해
체 · 약화된 시기로 규정하고자 한다. 그리고 이를 한국사회에 적용할 때
는 산업사회에 기반을 둔 사회정책의 역할과 후기산업사회에 기반을 둔
새로운 사회정책, 즉 가족정책의 역할에 대해 이야기하게 될 것이다.

후기산업사회, 무엇을 이야기하려고 하나?

후기산업사회[3]는 다니엘 벨의 1973년 저작 『*The Coming of Post-In-dustrial Society*』에서 구체화된 개념이다. 벨(Bell, 1973: 9)이 후기산업사회라는 개념을 제안한 것은 산업화된 서구사회의 변화를 예측하기 위해서였다. 그에 따르면 후기산업사회는 산업화 이후 서구에 도래할 사회로 산업화사회와는 질적으로 다른 사회이다. 구체적으로 후기산업사회는 서비스업에 종사하는 노동자가 다수를 차지하고, 서비스업의 생산이 국민총생산GNP의 절반 이상을 차지하며, 주요한 생산물이 지식, 정보, 서비스로 변화하는 사회이다. 특히 전문지식과 기술을 가진 새로운 계급이 후기산업사회에서 지배적 역할을 한다는 것이다. 대표적 동조자로는 1980년대 베스트셀러였던 제3의 물결의 저자 토플러Alvin Toffler(Block, 1990)와 갤브레이스John Galbraith가 있다. 갤브레이스(Galbraith, 1967, Abercrimbie, Hill, Turner, 1984: 191에서 재인용)는 정치·경제생활에서 기술 관료들의 힘이 증대되고 있다고 인식함으로써 벨의 주장에 동조했다.

물론 후기산업사회에 대한 벨의 예상이 모두 적중한 것은 아니었다. 예를 들어, 기술관료(전문가)집단이 새로운 계급으로 등장했지만 산업사회의 계급을 해체하지는 않았다. 그러나 전체적인 맥락에서 산업사회의 핵심 토대가 해체되거나 약화될 것이라는 벨의 주장은 타당했다. 실제로 1980년대를 전후해 산업화된 서구 복지국가들은 탈-제조업화로 나아갔

---

3. 개인적으로 후기산업사회는 산업사회와 상이한 새로운 사회의 출현을 의미한다는 점에서 산업사회의 연장선에서 이해될 수 있는 후기산업사회라는 개념보다는 탈산업사회의 개념이 더 적절해 보인다.

다. 1960년에서 1980년 사이 스웨덴에서 서비스업 종사자의 비율은 전체 고용의 61%까지 증가한데 반해 제조업 종사자의 비율은 34%로 낮아졌다(일리, 2008: 698~700). 영국도 1963년부터 1983년까지 제조업 고용은 49%에서 34%로 급감한 반면 서비스업 고용은 48%에서 64%로 급증했다.

반숙련 노동에 기반을 둔 제조업의 약화는 단순히 산업구조의 변화만을 의미하지 않는다. 제조업에 기반을 두고 설계되고 제도화되었던 사회정책의 재편을 요구했다. 제조업의 감소와 서비스업의 증대는 상대적으로 동질적인 노동자들이 다양한 특성(고용지위, 인종, 성별, 국적, 혼인상태 등)을 가진 노동자들로 이질화되었다는 것을 의미했고, 이는 이들이 직면하는 사회위험이 동질적이지 않다는 것을 의미했다. 개별집단이 상이한 사회적 위험에 노출됨으로써 복지국가에 대한 그들의 요구 또한 다양해졌다.

그러나 이질성으로 인해 다양성을 반영해야 한다는 것이 사회정책의 보편적 목적인 공동선의 폐기를 요구하는 것인지는 의문이다. 더욱이 후기산업사회는 벨(Bell, 1973)이 지적했듯이 변화하지 않는 고정된 단계가 아니다. 그렇기 때문에 후기산업사회에 대한 대응은 개별 사회의 특성에 따라 다양할 수 있다. 이러한 관점에서 보면 과거의 역사적 경험은 우리에게 다양성을 수용하는 것과 보편성을 지키는 것이 이분법적 선택이 되어서는 안 된다는 것을 이야기하고 있다. 1960년대 후반 스페인, 이탈리아, 영국, 프랑스 등에서 학생들로부터 시작된 전후체제에 대한 도전은 구좌파의 신조였던 가치, 국가, 존경심, 조국, 사회 등과 같은 전통적 공동선에 도전했다(일리, 2008: 620~623). 구좌파의 교조를 해체하기 위한 신좌파의 시도는 1945년 체제를 완전히 해체하지는 못했지만 구좌파가 경시했던 '다양성'에 대한 눈을 뜨게 했다. 그러나 획일적 가치에 대한 부정을 통해 다양한 가치의 중요성을 일깨우는 순간 보편적 가치를 부정하는 주장들이 부활할 수 있는 길을 열어주었다(Judt, 2011: 102~104). 실제로 신자유주의의 대표적 정치인인 대처Thatcher는 "사회 따위란 없으며, 오직 개인과 가족만이 있다"고 주장했다.

대처의 주장은 사람에게는 보편적 욕구가 존재하고 사회정책은 이에 조응하는 인류의 목적의식적인 연대의 결과라는 사실을 부정하는 것이다. 그러나 불행히도 대처의 주장처럼 1970년대 후반부터 공동선에 대한 사회적 합의가 약화되면서 사회정책에 대한 사람들의 평가도 보편적 욕구가 아닌 효율에 맞추어지기 시작했다. 전후 복지국가가 태동하게 된 근본 목적인 개별 시민이 직면한 사회위험에 대한 연대적 대응을 통해 인간의 보편적 존엄성을 보장한다는 가치는 다양한 이해를 가장 효율적으로 반영해야 한다는 가치로 전환되었고, 국가는 시장으로 대체되기 시작했다. 영국, 미국, 프랑스 등 대부분의 산업화된 서구 국가들, 심지어 사민주의 전통이 강한 북유럽 복지국가들에서도 국가가 맡아오던 역할이 상당부분 민영화되었다(Jutd, 2011; Blomqvist, 2004).

결과는 대부분의 산업화된 국가들에서 지난 시기 동안 불평등과 빈곤이 증가했다(OECD, 2010). 지니계수는 1980년대부터 2000년대까지 1.21%P 증가했고, 빈곤율도 1%P 넘게 증가했다. 상대적으로 강력한 복지국가를 유지했던 스웨덴의 지니계수도 동기간 동안 OECD 평균보다 높은 2.01%P나 증가했고, 빈곤율도 1.5%P 넘게 증가했다. 이러한 결과는 엘리슨(Ellison, 2006: 417)의 지적처럼 보편성을 폐기하고 특수성을 받아들이는 것이 후기산업사회의 특성이라는 잘못된 이해의 결과였다. 물론 빈곤과 불평등의 증가는 1차적 분배(노동시장)가 악화된 것이 주요원인이겠지만 국가가 이를 효과적으로 제어하지 못한 것 또한 사실이다. 실제로 신자유주의가 지배적인 담론이었다는 점을 고려하면, 위축된 국가의 역할이 빈곤과 불평등을 확대했을 개연성은 충분하다(전병유, 2009; 이병훈, 2009).

그렇다면 후기산업사회에서 다양성은 단순히 하나의 도그마를 폐기하고 여러 개의 다른 도그마를 만드는 것이 아니며, 개별 주체들의 다양한 욕구를 단순히 반영하는 것도 아니다. 다양성은 개인들이 자신만의 독특한 욕구를 가지고 있으며, 각자의 욕구를 실현하는 방법 또한 각자의 특성에 따라 상이하지만, 국가는 개인들이 실현하려고 하는 욕구가 실현될 수 있는 다양한 사회정책을 적극적으로 모색해야 한다는 것으로 이해될 필요가 있다. 더불어 실존의 다양성을 실재적 다원주의를 통해 실현한다는 것은 이를 통해 한 사회가 추구하는 공동선이 존재한다는 것을 의미하는 것이다. 복지국가가 다양성을 실현한다는 것은 모든 개인의 욕구가 같다는 것에 대해 동의하지 않고, 복지국가가 개인의 필요에 대해 동일한 대응을 해야 한다는 것에도 동의하지 않는다(Ginsburg, 2003). 또한 다양성을 실현한다는 것은 시민의 건강, 주거, 소득보장, 교육 등 기본 권리를 보장하는 보편성과도 배치되지 않는다. 왜냐하면 건강, 주거, 소득보장, 교육에 대한 보편적 보장 없이 개인들이 가지는 특별한 욕구는 실현될 수 없기 때문이다. 지난 수십 년간 국가의 역할 축소와 시장의 역할 확대 과정은 시장의 힘만으로는 결코 다양성을 보장할 수 없으며, 보편성(공동선)을 위한 국가의 적극적 개입이 필요하다는 것을 이야기해주고 있다. 이러한 문제의식을 가족정책과 복지국가의 관계 속에서 규정하면, 후기산업사회에서 복지국가의 과제는 왜 남성생계부양자에 기반을 둔 소득보장 중심의 복지국가로는 시민들의 다양한 욕구를 적절히 보장할 수 없으며, 복지국가의 새로운 대안은 무엇인지를 묻는 것이 되어야 한다.

분석을 위한 이론적 모형

복지국가에 새롭게 요구되는 과제를 벨과 그의 동조자들이 주장하는 것처럼 산업사회의 종말과 후기산업사회의 도래로부터 시작할지, 아니면 울리히 벡(2010)[4]이 주장하는 것처럼 근대성의 지속(2차 근대성)이라는 전제에서 출발해야 할지에 대한 논란은 계속될 것으로 보인다. 그러나 한 가지는 분명하다. 복지국가의 기반이었던 완전고용, 남성생계부양자모델, 반숙련 제조업에 기반을 둔 사회가 해체되고 있다는 것이다. 그러므로 후기산업사회에서 사회정책의 새로운 역할은 변화된 조건 아래에서 제기되는 사회위험에 어떻게 대응하고 있는지에 대한 논의로부터 출발할 필요가 있다.

분석은 윤홍식(Yoon & Chung, 2009)이 제시한 "복지국가에서 가족정책의 지위"를 설명한 이론적 모형에 근거했다.[5] 이론적 모형에 대한 개략적인 설명은 탈상품화로부터 출발하려고 한다. 성별분업은 산업사회에 기반을 둔 전후 복지국가의 토대였다.[6] 사실 산업화 초기에는 가족원 모

---

4. 울리히 벡(2010: 23~24)은 근대성이 계속된다는 의미로 2차 근대성이라는 용어를 사용하는 데 이는 현재 우리가 살고 있는 시대가 산업사회와는 질적으로 다른 사회가 아니라 (기본적인 특성이 지속 또는 강화되고 있는) 산업사회의 연속선상에 있다고 주장한다.
5. 이하 모델에 대한 설명은 윤홍식(Yoon & Chung, 2009)의 논의를 재구성하고 보완한 것이다.
6. 물론 이에 대한 반론도 존재한다. 사실 성별분업에 기반을 두고 남성만이 노동시장에 참여하

두가 장시간 일을 해야 간신히 생계를 유지할 수 있었다. 1832년 영국 의회조사위원회의 보고서에 따르면 공장이 바쁘게 움직일 때 소녀들은 새벽 3시에 출근해 밤 10시가 넘어 집으로 돌아갔다고 한다(하일브로너 · 밀버그, 2010: 183~186). 또한 맨체스터 지역의 평균 노동시간은 종전보다 2시간이나 줄어들었는데도 하루 12시간에 달했다. 초기 산업화시기와 비교하면 남성 생계부양자만으로 가구원들의 안정적 생활을 보장할 수 있었던 전후 시기는 자본주의의 축복으로 간주될 수 있었다(Anttonen, 2006). 이러한 조건에서 복지국가의 전통적 역할은 상대적으로 동질적인 반숙련 남성 노동자가 노동시장에서 직면하는 사회적 위험에 대해 대응, 즉 탈상품화decommodification로 족했다는 것이다. 여성은 가족이 필요한 서비스를 무급으로 제공한다면 복지국가의 역할은 실업, 질병 등으로 남성이 생계부양자 역할을 수행하지 못할 때 실업급여, 상병급여 등 소득보장을 통해 남성 노동자와 그 가족의 생계를 보장해 주는 상대적으로 동질적인 역할로 제한될 것이다.

그러나 만약 이러한 전제가 더 이상 성립하지 않는다면 어떻게 될까? 산업화된 서구 복지국가에서 제조업의 축소는 안정적 남성 일자리의 감소를 수반하면서 전통적 성별분업의 유용성은 점차 사라져갔다. 안정적 생활을 위해 가족(특히 중간계급 가족)은 남성만이 아닌 또 다른 생계부양자가 필요했고, 또 다른 생계부양자는 대부분 여성이었다. 그러나 윤홍식은

고, 여성은 가족 내에서 가사와 돌봄을 수행할 수 있었던 계층은 중산층가구로 제한되어 있었고, 대부분의 하층 가구에서는 남녀 모두 생계를 위해 노동시장에 참여하는 것이 불가피했다는 것이다(틸리 · 스콧, 2008). 물론 타당한 지적이다. 한국의 역사를 보아도 중상층을 제외한 대부분의 가구에서 여성은 돌봄과 가사의 주 담당자이자 가구 부양의 주체 중 한 사람이었다. 그러나 성별분업에 근거한 남성생계부양자 모델은 실제로 남성이 생계부양을, 여성이 돌봄과 가사를 담당하는지 여부를 떠나 공사영역이 분리되어 있어, 여성의 1차적 임무가 돌봄과 가사라는 이데올로기를 의미하는 것이다.

여성의 노동시장 참여는 남성의 노동시장 참여와는 근본적으로 상이한 전제를 충족시켜야만 한다고 주장한다. 여성이 생계부양역할을 담당하기 위해서는 여성이 담당해왔던 가족 돌봄 책임을 사회 또는 시장이 분담하는 탈가족화defamilialization가 필요하다(Yoon & Chung, 2009). 상당수의 여성들이 가족 내 돌봄 책임으로 인해 상품화되지 못했기 때문이다. 새롭게 제기되는 사회정책의 역할 중 하나는 가족정책의 핵심 과제로 상정되는 가족 내 돌봄 책임을 사회화시킴으로써 여성의 노동시장 참여를 가능하게 만드는 것이다.

하지만 복지국가가 가족정책을 통해, 여성의 돌봄 책임을 탈가족화 시켰다고 해서 여성이 생계부양역할을 담당할 수 있는 것은 아니다.[7] 탈가족화만으로는 충분하지 않으며, 또 다른 복지국가의 역할이 필요하다. 일하려고 하는 사람들에게 일할 수 있는 일자리가 만들어져야 노동력의 상품화가 가능하기 때문이다. 이렇게 보면 여성이 노동시장에 참여하지 못하는 근본 원인은 여성에게 부과되는 돌봄 책임이 아니라 적절한 일자리가 없기 때문일 수도 있다. 실제로 2009년도 결혼 및 출산력 조사에 따르면 비취업 무자녀 여성의 58.8%가 적절한 일자리가 없어 취업하지 못하고 있는 것으로 조사되었다(이삼식 · 최효진 · 서문희 · 박세경 · 윤홍식 · 진미정, 2010). 또한 보육시설을 이용하는 미취학 자녀의 모 중 전업주부의 비율이 절반이 넘는다는 사실도 이러한 가능성을 뒷받침하고 있다(윤홍식, 2010).

복지국가의 새로운 역할은 여기서 그치지 않는다. 왜냐하면 운 좋게 노

---

7. 사실 여성만이 아니다. 새롭게 노동시장에 진입하려는 청년들도 여성과 같이 적절한 일자리가 없다는 동일한 문제에 직면하고 있다.

동시장에 참여한다고 해도 상품화가 탈상품화 권리를 보장해주지는 않기 때문이다. 비정규직의 절대다수, 자영업자의 대부분이 탈상품화 권리로부터 배제되어 있기 때문이다. 서구사회에서 전후 복지국가의 황금기 동안 노동시장에 참여한다는 것은 대부분 탈상품화 권리를 갖는다는 것을 의미했다. 그러나 유연화 된 노동시장에서 노동시장에 참여한다는 것이 탈상품화를 보장해주지는 않는다. 왜냐하면 이제 상품화된 노동력은 성과 계층적으로 더 이상 동질적이지 않기 때문이다. 탈상품화가 보장되지 않는 노동력은 에스핑-안데르센(Esping-Andersen, 1990)의 지적처럼 작은 외부적 충격에도 노동력을 상실하게 되고, 종국에는 노동을 통한 독립적 삶이 불가능해진다. 이 뿐만이 아니다. 급격히 변화하는 산업 환경 속에서 노동자가 살아남기 위해서는 끊임없는 자기계발이 필요하고, 사회적 재생산을 담보하기 위해서는 소득이 유지되면서 가족을 돌봐야한다. 즉 탈상품화를 보장받지 못한다는 것은 개인, 가족, 사회에 반드시 필요한 이 모든 것이 불가능해진다는 것을 의미한다. 특히 상품화에서 탈상품화로의 이행에서 배제된 집단의 절대다수가 가족 내 돌봄 노동을 담당하는 여성이라는 점은 이제 탈상품화가 남성노동자들의 기여에 기반을 둔 산업사회의 권리로 규정되기보다는 노동시장의 지위에 관계없이, 성별에 관계없이 개별 구성원의 다양한 필요에 근거한 권리로 재규정될 필요가 있다는 것을 의미한다.

탈상품화가 보편적 권리로 보장된다고 해도 문제는 여전히 남는다. 가족을 돌보는 책임이 여전히 여성의 일로 간주되는 한 탈상품화 권리에 근거해 가족을 돌보는(가족화) 사람은 여성으로 제한되기 때문이다. 그리고 여성만이 가족을 돌보기 위해 육아휴직과 같은 가족화 정책을 이용한다면 여성은 가족 내에서는 부차적 생계자로, 노동시장에서는 돌봄 책임이 있는 열등한 노동자로 남을 것이다. 가족화 정책이 여성만을 대상으로 한다면 가족화 정책은 불평등을 완화하기보다는 불평등을 확대하는 수단이 될 것이다. 이러한 이유로 복지국가의 새로운 역할은 가족화 정책이 성에 따라, 노동시장 지위에 따라 상이한 목적으로 사용되는 것을 막고, 성과 노동시장 지위와 관계없이 가족화를 제도화하는 것이 되어야 한다.

정리하면 후기산업사회에서 복지국가의 다양한 역할은 가구의 추가적인 생계부양자의 필요에 따라 가족 내 돌봄 책임을 탈가족화 시키고, 돌봄 책임이 완화된 시민에게 일자리를 제공하며, 고용된 노동자가 탈상품화로부터 배제되지 않도록 하고, 필요에 따라 가족 내에서 돌봄을 위해서 일을 일시적으로 중단할 수 있는 권리를 보장하는 것이다. 다시 말해 후기산업사회에서 복지국가의 역할은 단순히 상품화된 노동력을 탈상품화 시키는 것으로 제한되지 않고, 성과 노동시장 지위와 관계없이 모든 시민들이 탈가족화-상품화-탈상품화-가족화로의 원활한 이행을 보장하는 것이다. 그리고 돌봄과 관련된 정책을 가족정책의 핵심영역으로 규정했을 때, 가족정책은 가족(주로 여성)에게 강제되었던 돌봄 책임을 탈가족화 시키고, 탈상품화된 노동력을 가족화 시키는 역할을 수행함으로써 후기산업사회에서 복지국가가 수행하고자 하는 이행과정(탈가족화-상품화-탈상품화-가족화-탈가족화)의 핵심 역할을 담당하게 되는 것이다.

배제와 새로운 요구, 가족정책

앞서 언급한 것과 같이 후기산업사회에서 제기되는 복지국가의 역할은 시민의 탈상품화를 넘어 개별 시민들이 성과 노동시장 지위와 관계없이 탈가족화-상품화-탈상품화-가족화-탈가족화로의 원활한 이행을 보장하는 것이다. 이러한 문제의식에 근거한다면 후기산업사회의 복지국가의 역할은 전통적 사회정책(탈상품화)과 함께 새롭게 중요성이 인식되고 있는 사회정책 영역인 가족정책(탈가족화와 가족화)의 결합을 통해 완성된다고 할 수 있다. 다음은 한국에서 전통적 사회정책과 가족정책의 결합을 통해 이루어지는 탈가족화-상품화-탈상품화-가족화-탈가족화로의 이행과정이 어떻게 이루어지고 있는지를 검토했다. 특히 분석은 성과 노동시장 지위에 따라 각각의 이행과정에서 나타나는 배제현상에 주목했다.

상품화로의 이행

탈상품화의 목적은 일시적 노동력 상실이 영구적 노동력 상실로 이어져 인간 노동력의 재상품화가 불가능해지는 것을 막는 것이다. 연금제도를 예외로 하면 탈상품화 정책은 영구적인 노동 중단을 위한 것이 아닌 일시적 노동 중단에 대한 대응이다. 이렇게 보면 시민의 노동력을 상품화시키는 것은 사회정책의 가장 중요한 과제이자 출발점이다. 사실 복지국가의 재편과 복지국가에 대한 새로운 요구로서 가족정책의 강조도 복지국가의 토대가 되었던 남성 노동력의 안정적 상품화가 해체되고 있기 때문이다.

〈표 6-1〉은 한국에서 상품화로의 이행이 성과 노동시장 지위에 따라 어

떻게 배제되고 있는지를 보여주고 있다. 여성의 노동시장 참여가 가구의 안정적 생활의 필수적 전제임에도 여성 고용률은 OECD 평균(2008년 57.8%)보다 낮은 47.8%에 머물고 있다(OECD, 2010). 남성의 고용률이 OECD 평균(75.7%)에 근접해 있는 것과는 대조적이다. 정규직과 비정규직의 비율은 고용률로는 나타나지 않는 상품화의 질을 이야기해준다. 2010년 현재 비정규직 비율은 전체 임금노동자의 절반에 가까운 49.8%에 이르고 있다. 전체 임금노동자의 절반 가까이가 질 나쁜 상품화로의 이행을 경험하고 있는 것이다. 실제로 비정규직 노동자의 월평균 임금은 정규직의 절반에도 미치지 못하는 46.2%에 불과하다. 이로 인해 많은 사람들이 열심히 일하지만 빈곤에서 벗어나지 못하는 모순적 상황에 직면해 있다(류만희, 2010).[8]

또한 비정규직 비율은 성, 혼인여부, 학력에 따라 큰 차이를 보인다. 먼저 성별에 따른 차이를 보면 남성 임금노동자의 비정규직 비율은 36.5%에 그치는데 반해 여성 임금노동자의 비정규직 비율은 63.5%에 달하고 있다. 결혼은 여성의 높은 비정규직 비율을 설명하는 중요 요인이다. 비혼 여성의 비정규직 비율은 53.3%인데 반해 기혼여성의 비정규직 비율은 68.0%에 이르고 있다. 남성 노동자도 혼인여부에 따라 차이를 보이지만 여성과는 반대로 비혼 남성의 비정규직 비율이 기혼남성보다 높다.[9] 계층

---

8. 서울시로 분석대상이 제한되어 있어 전국 평균에 비해 근로빈곤층이 과소 추정되었을 가능성이 높지만, 류만희(2010)에 따르면 서울시의 경우 취업가구의 9.3%가 근로빈곤층인 것으로 분석되었다.

9. 여성의 경우 기혼여성의 비정규직 비율이 비혼 여성보다 높은 이유는 상당수 여성이 혼인과 출산을 전후해 일을 그만 두지만, 일정기간 자녀를 키운 뒤 다시 노동시장에 복귀하는 경향이 있기 때문이다(이삼식 외, 2010). 이 때 발생하는 경력단절은 기혼여성이 좋은 일자리로 복귀할 가능성을 낮추게 된다. 남성의 경우 기혼남성이 비혼 남성보다 정규직 비율이 높은 것은 한국 사회에서 좋은 일자리는 결혼의 전제가 되기 때문이다. 상대적으로 좋은 일자리를 갖고 있는 경우 결혼하기가 용이하고, 이러한 이유로 기혼 남성이 좋은 일자리를 갖고 있을 가능성이 비혼 남성에 비해 상대적으로 높다고 할 수 있다

표 6-1 상품화로의 이행과 배제

성별에 따른 경제활동참가율과 고용률(%) ①		경제활동참가율	고용률
	남성	73.0	70.1
	여성	49.4	47.8

성과 혼인상태에 따른 정규직 · 비정규직 비율(%) ②		정규직	50.2	비정규직	49.8
남성	기혼	64.3	60.3	35.7	39.7
	미혼	48.5		51.5	
여성	기혼	32.0	36.5	68.0	63.5
	미혼	46.7		53.3	

임금노동자 월 평균 임금 및 격차 ③		
임금수준(원)	2,660,000	1,230,000
임금격차(정규직=100)	100	46.2

학력별 비정규직 규모(%) ④	정규직	비정규직
중학교 졸업 이하	17.4	82.6
고등학교 졸업	40.8	59.2
전문대학 졸업	61.4	38.6
대학교 졸업 이상	73.6	26.4

① 통계청, ②③ 김유선(2010), ④ 전병유(2009)

에 따른 차이를 볼 수 있는 학력별 비정규직 규모는 일반적 예상과 같이 학력이 낮을수록 비정규직 비율이 높은 것으로 나타났다. 하지만 주목할 점은 대졸 이상의 고학력 집단에서도 비정규직 종사자의 비율이 4명 중 1명이라는 사실이다. 높은 인적자본이 안정적 고용을 보장해주지 않는 것이다. 정리하면 성, 혼인여부, 학력에 따라 상품화로의 이행에서 배제되는 것은 물론 상품화되었다고 해도 성, 혼인여부, 학력 등에 따라 상품화의 질이 상이하게 나타나고 있다.

탈상품화로의 이행: 일을 중단할 권리

전통적 복지국가의 핵심 역할인 탈상품화는 폴라니Polany에서 시작되어 오페(Offe, 1972, Knijn & Ostner, 2002에서 재인용)에 의해 처음으로 개념화되었다. 오페는 노동과 자본 간의 힘의 불균형이 탈상품화를 필요로 하게 되었다고 적고 있다. 이러한 논의의 연장선에서 에스핑-안데르센(Esping-Andersen, 1990)은 탈상품화를 시민이 자신의 노동력을 팔지 않아도 적절한 수준의 생활을 보장받는 정도라고 정의했다. 페미니스트들로부터 가족 내에서 수행되는 무급 돌봄 노동을 반영하지 못했다는 비판을 받고 있지만(Orloff, 1993; Lewis, 1993; Sainsbury, 1996) 에스핑-안데르센의 탈상품화 개념은 복지국가의 전통적 역할인 소득보장을 가장 적절히 설명하는 개념이다(Yoon & Chung, 2009).

그렇다면 복지국가가 수행하는 사회정책의 전통적 역할로 간주되는 탈상품화는 한국에서 어떤 모습을 띠고 있을까? 〈표 6-2〉는 한국사회에서 사회정책이 복지국가의 전통적 역할이라고 간주되는 시민의 탈상품화를 어떻게 보장하고 있는지를 보여주고 있다. 한국의 대표적인 탈상품화 정책인 국민연금과 고용보험의 실가입자는 고용형태에 따라 상이하게 나타나고 있다.[10] 정규직 노동자의 경우 78.4%가 국민연금에 가입한 반면 비

---

10. 한국의 건강보험은 상병급여를 제도화하고 있지 않아 질병으로 인한 소득상실에 대한 소득보장 역할을 담당하지 않고 있다. 또한 임금노동자의 건강보험 가입 비율이 〈표 6-2〉에서와 같이 67.0%로 나타나고 있지만, 지역가입, 의료급여 등을 통해 실제 건강보험 적용은 전체 국민을 대상으로 이루어지고 있다.

표 6-2 탈상품화로의 이행과 배제: 고용형태에 따른 사회보험 적용률(%)

			국민연금⊙	건강보험	고용보험⊙
임금노동자			65.0	67.0	63.3
	정규직		78.4	79.5	75.7
		남성	-	-	73.0
		여성	-	-	58.1
	비정규직		38.1	42.1	41.0
		남성	-	-	46.6
		여성	-	-	39.3

⊙ 국민연금, 건강보험, 고용보험의 임금노동자, 정규직, 비정규직의 적용률은 통계청(2010)에서 발췌한 것임.
⊙ 고용보험의 성별통계는 장지연·은수미(2010)의 〈표 IV-8〉에서 발췌한 것으로 2009년도 기준임.

정규직 노동자의 국민연금 가입률은 38.1%에 그치고 있다. 고용보험도 국민연금과 유사하게 정규직과 비정규직의 가입비율 차이가 크게 나타나고 있다. 정규직의 75.7%가 고용보험에 가입한 반면 비정규직의 가입비율은 41.0%에 그치고 있다. 더욱이 이러한 차이는 성별에 따라 동일 고용형태 내에서도 나타나고 있다. 같은 정규직이라고 하더라도 여성의 고용보험 적용률은 58.1%에 그치는 반면 남성의 가입률은 73.0%에 이르고 있다.[11] 결국 한국에서 탈상품화 사회정책은 상대적으로 남성과 정규직 노동자들에게 우호적으로 설계되어 있는 반면, 여성과 비정규직은 그 대상에서 배제되고 있음을 보여주고 있다.

성과 고용형태에 따라 배제가 나타나는 근본적인 이유 중 하나는 한국의 탈상품화 제도가 서구 복지국가들의 경험에 근거해(정규직과 안정적 고용에 기반을 둔) 완전고용을 상정하고 제도화되었기 때문이다. 예를 들

---

11. 두 자료의 차이는 하나는 2010년도 자료를 다른 하나는 2009년도 자료를 사용했기 때문이다. 이에 대한 설명은 표 하단에 명시되어 있다.

어, 고용보험의 경우 가입대상을 전 사업장으로 확대하면 손쉽게 사각지대를 줄일 수 있다고 판단했던 것으로 보인다. 그러나 신자유주의 이념을 등에 업고 1990년대 중반부터 시작되고, 1997년 경제위기를 계기로 전면화 된 비정규직 확대, 고용관계의 외부화 같은 나쁜 상품화는 사회보험에 안정적 기여금을 지속적으로 납부할 수 없는 비정규직 일자리를 확대했다. 완전고용에 근거해 정규직 노동자가 지속적으로 증가했다면 사각지대는 자연스럽게 해소되겠지만, 비정규직이 줄어들지 않는다면 기여에 기반을 둔 전통적 탈상품화 방식으로는 사각지대를 감소시킬 수 없다. 실제로 통계청(2010) 자료에 따르면 2009년 8월 대비 2010년 8월 현재 국민연금 가입자 비율은 비정규직은 물론 정규직에서도 감소한 것으로 나타났고, 고용보험의 경우 정규직은 증가했지만 비정규직은 감소했다. 더욱이 한국의 국민연금과 고용보험의 소득대체 수준은 노동자 자신과 피부양자들의 안정적 생활을 보장하기에는 턱없이 낮은 수준이다. 탈상품화에서 배제되고 있는 것과 함께 탈상품화의 질이 낮다는 것이다. 더욱이 이 글에서는 제시되어 있지 않지만 비임금근로자(자영업자)를 포함하면 전체 취업자 중 사회보험으로부터 배제된 비율은 더 높아진다.

가족화로의 이행

탈상품화는 단순히 일을 중단할 소극적 권리가 아니다. 탈상품화는 왜 우리가 일을 중단해야 할 필요가 있는지 묻고 있다. 윤홍식은 에스핑-안데르센(Esping-Andersen, 1990)의 탈상품화 개념은 단순히 일을 중단할 소극적 권리가 아닌, 시민들이 절실히 필요로 하는 무엇을 하기 위해 일을 중단하는 적극적 권리로 해석될 필요가 있고 주장한다(강희경, 2007). 우리는 단순히 일을 중단하기 위해 탈상품화 권리가 필요한 것이 아니라 가족을 돌보기 위해, 교육훈련을 받기 위해, 여가를 위해 탈상품화를 필요로 하는 것이다. 그러므로 탈상품화는 탈상품화를 통해 무엇을 할 것인가의 문제이며, 사회정책은 단순히 탈상품화를 보장하는 것을 넘어 탈상품화를 통해 시민들이 하고자 하는 일을 가능하게 하는 정책이 되어야 한다(윤홍식·송다영·김인숙, 2010). 에스핑-안데르센(Esping-Andersen, 1990)은 이러한 목적을 가진 사회정책을 '진정한 탈상품화 정책'이라고 했다.

이러한 관점에서 보면 가족화로의 이행은 가족을 돌보기 위해 또는 교육·훈련을 받기 위해 일을 일시적으로 중단하는 것이라고 이해할 수 있다. 가족정책의 중요한 과제 중 하나인 '가족화로의 이행'은 앞서 언급한 것과 같이 새롭게 제기되는 복지국가의 역할이라고 할 수 있다. 돌봄이 면제되었다고 간주되는 남성 노동자를 준거로 복지국가의 역할을 제한한다면, 복지국가는 굳이 '가족화로의 이행'을 제도화 할 필요가 없다. 왜냐하면 성별분업에 따라 여성이 가족 내에서 돌봄을 수행하기 때문에 생계부양자인 남성이 가족을 돌보기 위해 일을 중단할 필요가 없다. 그러나 에스핑-안데르센(Esping-Andersen, 2009)의 지적처럼 여성의 노동시장 참여가 가구의 안정적 생활을 위해 필수적 전제가 되었다면, '가족화'는 사회정책이 제도화해야 할 새로운 정책영역이 된다.

그렇다면 복지국가의 새로운 역할인 '가족화로의 이행'에 대해 한국 가족정책은 어떻게 대응하고 있을까? 가족간호휴가가 제도화되지 않는 상황에서 가족화로의 이행을 보장하기 위해 제도화된 대표적인 정책은 산전후휴가와 육아휴직제도이다. 〈표 6-3〉은 2009년 현재 한국에서 산전후휴가 이용자 수와 육아휴직 이용자 수를 나타내고 있다. 그러나 이 수치는 두 제도의 이용자 수만 알려주고 이용자 비율은 제시하지 않고 있다. 한국의 산전후휴가와 육아휴직 이용자 비율은 자격이 있는 대상으로 한정했을 때 각각 86.3%, 9.0% 수준인 것으로 추정된다(홍승아, 2011). 산전후휴가는 상대적으로 이용자 비율이 높지만 육아휴직은 산전후휴가 이용비율의 1/10에 불과하다. 스웨덴의 육아휴직 이용률이 무려 80.8%에 이르고, 영국의 경우에도 31.2%에 이른다는 점을 고려하면 한국의 이용률은 매우 낮다. 그러나 이마저도 자격이 있는 노동자로 대상을 한정했을 때의 수치이다. 2010년 출생아 수가 445,000명이고, 20세부터 44세 기혼여성의 취업률은 40.3% 정도(이삼식 외, 2010)라는 점을 고려하면 취업한 출산 여성 중 산전후휴가와 육아휴직 이용 비율은 제시된 수치보다 더 낮게 나타날 것이다.

더욱이 육아휴직 이용자 중 남성은 1.4%에 불과하다는 것은 취업 여부와 관계없이 돌봄 책임이 여전히 여성에게 부과되고 있는 현실을 반영한다.[12] 여성이 생계부양역할을 담당하고 있음에도 불구하고, 여성만이 돌봄의 책임이 있는 노동자로 간주된다는 것은 사적영역에서는 물론 공적영역에서 성에 따른 차별과 불평등이 지속될 수 있다는 것을 의미한다. '가족화로의 이행'을 위한 정책이 성별분업과 여성의 이중부담을 강화한다는 비판을 받을 만하다. 정리하면 한국에서 '가족화로의 이행'은 성별로는 여

---

12. 사실 1.4%의 남성도 자녀를 돌보기 위해 육아휴직을 이용했는지 아니면 이직과 승진 준비 또는 공부를 위해 육아휴직을 이용했는지는 알 수 없다. 대표성 있는 조사는 아니지만 한국사회에서 육아휴직 이용 남성의 상당수가 이직과 승진을 위해 육아휴직을 이용한다는 것은 공공연한 비밀이다.

(단위: 명)

	산전후 휴가	육아휴직		
	이용자 수	계	여성	남성
2009년	70,560	35,400	34,898	502
		100%	98.6%	1.4%

자료: 고용노동부(2010)

성으로 제한되고, 계층적으로는 고용보험의 가입자인 상대적으로 좋은 일자리에 있는 사람들로 제한되고 있다.

탈가족화[13]로의 이행: 돌봄 책임의 분담

에스핑-안데르센(Esping-Andersen, 1999)은 탈가족화를 가족·결혼관계로부터 여성의 경제적인 독립과 돌봄의 사회화라는 두 가지 관점에서 접근했다. 이러한 에스핑-안데르센의 정의는 탈가족화 개념과 관련해 다양한 논란을 야기하고 있다. 탈가족화는 탈상품화가 가족 내 돌봄 노동을 반영하지 못하고 있다는 페미니스트들의 비판에 대한 대응으로부터 출발했다. 그렇다면 탈가족화는 탈상품화와 양립하는 개념으로 탈상품화가 유급노동의 중단을 의미한다면, 탈가족화는 무급노동, 즉 돌봄 노동의 중단을 의미해야 한다. 그런데 탈가족화 개념에 여성의 경제적 독립이라는 과제를 끼워 넣게 되면, 논리적 모호함을 야기한다. 예를 들어, 여성에게 수당을 지급하게 되면 가족이나 결혼관계로부터 경제적 의존이 감

---

13. 이 글에서 탈가족화는 가족의 직접적 돌봄 책임이 완화되는 것으로 한정했다.

소할 수 있어 여성의 독립성이 증가한다고 할 수 있다. 그러나 수당만큼 일을 중단하거나, 줄여도 된다는 점에서 수당은 탈상품화의 기능을 수행한다. 이러한 모호함으로 인해 이 글에서는 탈가족화를 가족 내 돌봄 책임을 사회화시키는 개념으로 제한했다.

그렇다면 한국의 가족정책은 탈가족화에 대해 어떻게 대응하고 있을까? 〈표 6-4〉는 아동 돌봄과 관련된 탈가족화 수준을 보여주고 있다. 연령별 통계가 없어 0-2세, 3-6세 아동을 분류할 수 없는 한계가 있지만, 취학 전 아동의 보육시설 이용비율은 36.4% 정도이다.[14] 100% 보육이 바람직하지도 가능하지도 않다. 그러나 대부분의 부·모에게 육아휴직과 같은 가족화로의 이행도 보장되지 않는 상황에서 보육시설을 이용하는 미취학아동이 36.4%라는 것은 한국사회에서 아동 돌봄과 관련된 탈가족화로의 이행 수준이 매우 낮다는 것을 의미한다. 누군가는 가정에 남아 아동을 돌봐야하고, 그 누군가의 대부분은 여성일 가능성이 매우 높다. 또한 이러한 돌봄 책임으로 인해 그 누군가는 노동시장에 참여하지 못한다. 실제로 2009년 현재 미취학 자녀가 있는 여성의 52.1%가 일을 하고 싶은데도 불구하고 자녀가 어리거나 일-가족생활 양립이 어렵기 때문에 노동시장에 참여하지 못하는 것으로 조사되었다(이삼식 외, 2010).

그러나 더 중요한 문제는 설령 탈가족화로 이행이 가능하더라도 돌봄의 질이 담보된다고 할 수 없다. 에스핑-안데르센(Esping-Andersen, 1999)의 지적처럼 탈가족화는 시장(민간)과(또는) 국가 둘 다를 통해 가

---

14. 대표성을 갖지 않지만 인천광역시의 경우를 보면 5세 아동의 경우 91.5%가 보육시설(유치원 포함)을 이용하고 있는 것으로 나타났고, 0세 아동의 경우는 26.4%가 보육시설을 이용하고 있는 것으로 조사되었다(인천시 가정복지국, 2011). 이를 준용하면 전체적으로도 연령이 높을수록 보육률이 높고, 연령이 낮을수록 보육률이 낮을 것으로 추정할 수 있다.

표 6-4 탈가족화로의 이행과 배제(2009)

	계	국공립	법인	민간			
				계	민간	가정보육	기타
보육아동수(명)	1,175,049	129,656	112,338	912,606	675,714	236,892	20,449
보육 아동 수 대비비율(%)	100	11.0	9.6	77.7	57.5	20.2	1.7
전체 아동 수 대비비율(%)	36.4	4.0	3.5	28.3	20.9	7.3	0.6

※ 2009년 기준으로 0세부터 6세까지 아동 수는 3,229,577명이다(보건복지부, 2010). 기타는 부모협동 보육시설(1,655명)과 직장보육시설(18,794명)을 포함한 것이다.

능한데, 시장을 통해 탈가족화가 이루어지는 경우 높은 비용과 낮은 질로 인해 적절한 돌봄을 제공하는데 문제가 있다.[15] 한국의 경우, 질이 담보되는 국공립보육시설을 이용하는 비율은 11.0%에 불과한데 반해 가정보육시설을 포함한 민간시설을 이용하는 비율은 무려 77.7%에 달하고 있다. 한국에서 '탈가족화 이행'의 질 문제가 매우 심각할 수 있다는 것이다.

노인 돌봄의 탈가족화와 관련해서는 아동 돌봄과 달리 구체적인 수치를 제시하지 못했다. 다만 2008년부터 시행된 장기요양보험에서 서비스 지원을 받는 비율로 노인 돌봄의 탈가족화 이행의 실태를 추정해 볼 수 있을 것이다. 2010년 현재 65세 이상 인구는 6,308,531명인데, 〈표 6-5〉에서 보는 것과 같이 장기요양보험으로부터 서비스를 제공받는 비율은 7.4%에 불과하다. 2008년 현재 65세 이상 노인의 18.4%가 일상생활에

---

15. 한국의 경우 민간 보육시설은 명목상 비영리 기관이기 때문에 영리행위는 엄격하게 규제되고 있다. 그러나 민간 보육시설의 경우 소유주가 있고, 권리금과 같은 방식으로 사고팔 수가 있으며, 개별 보육시설이 법정보육비용 이외의 비용을 특별활동비(특별 강의비용 포함)를 통해 수납하고 있다는 점을 고려한다면 엄밀한 의미에서 비영리기관이라고 할 수 없다. 특히 서울 강남의 경우 다른 자치단체와 달리 법정 보육비용 이외의 비용에 대한 상한선을 정하지 않고 있어, 실질적으로 보육료가 자율화되었다고 보아도 무방하며, 민간보육시설은 특별활동비 등을 통해 영리행위를 하고 있다고 보는 것이 타당할 것이라는 주장이 제기되고 있다.

표 6-5 탈가족화로의 이행과 배제: 노인장기요양보험

(단위: 명)

계	1등급	2등급	3등급	등급 외
465,777	46,994	73,833	195,167	149,785

자료: 노인장기요양보험(2011)

서 누군가의 도움이 필요하다는 점을 고려한다면(이윤경 · 정경희 · 염지혜 · 오영희 · 유혜영, 2010), 돌봄이 필요한 절대 다수의 노인이 탈가족화 서비스로부터 배제되어 있는 것이다. 이는 노인 돌봄의 책임이 여전히 가족, 실제로는 여성에게 지워지고 있다는 것을 의미한다. 더욱이 거의 모든 노인 돌봄 서비스가 민간에 의해 운영된다는 점은 노인 돌봄의 탈가족화의 질에 대한 의문을 제기한다. 정리하면 한국 가족정책은 다수의 시민을 탈가족화로의 이행으로부터 배제하고 있으며, 설령 '탈가족화 이행'이 이루어진다고 해도 '탈가족화 이행'의 질을 담보할 수 없다.

사회정책의 새로운 역할을 둘러싼 쟁점

이 글은 변화된 사회경제적 조건 아래에서 상품화-탈상품화-가족화-탈가족화-상품화 이행의 보편성이 보장되지 못하고 계층과 젠더에 따라 상이한 모습을 띠고 있다는 것을 제시했다. 이러한 결과는 복지국가의 역할이 소득보장에서 가족정책의 주 영역인 돌봄 과제로 확대되어야 할 필요성을 뒷받침한다. 그러나 복지국가가 제시된 이행과정을 다양한 사회경제적 지위를 가진 시민들에게 보편적으로 보장하기 위해서는 몇 가지 전제가 충족되어야 한다. 하나는 일할 권리를 보편적으로 보장하는 것이고,

다른 하나는 적절한 재원이 확보되어야 한다. 마지막으로는 복지국가의 새로운 역할인 가족정책을 현실화할 수 있는 주체가 누구인지 답을 제시해야 한다. 다음은 이 세 가지 과제와 관련된 쟁점들을 검토했다.

고용에 기반을 둔 사회정책의 유용성

급격한 변화가 일어나고 있지만 변화하지 않는 한 가지가 있다. 여전히 '노동'은 자본주의사회에서 안정적 삶을 보장하는 가장 유력한 수단이라는 사실이다. 과거 사회정책이 그랬던 것처럼 현재와 미래의 사회정책 또한 '노동'에 기반을 둘 것이다. 실제로 우리가 알고 있는 보편주의 복지국가들의 기반 역시 안정적 고용이었다(힐슨, 2010). 복지국가가 탈상품화 정책을 제도화한 중요한 목적 중 하나도 적절한 소득보장을 통해 노동력을 안정적으로 공급하려는 자본주의의 필요에 근거한 것이다. 앞서 분석한 복지국가의 새로운 역할로써 '원활한 이행'도 그 출발점은 역시 '노동'이다. 우리가 사회정책의 새로운 역할을 모색하는 것도 본질적으로는 한국사회에서 안정적 일자리를 찾기가 점점 더 어려워지기 때문이다. 실제로 좋은 일자리라고 간주되는 500인 이상 사업체의 고용비중은 지난 1993년 17.2%에서 2005년 8.7%로 급감했다(정이환, 2008: 175).

더 심각한 문제는 소위 후기산업사회가 산업사회와 같이 준비된 대규모 '노동력'을 필요로 하는지에 대한 의문이 제기되고 있다. 바우만(2010: 202)은 현재 기업들은 노동력을 대규모로 고용하지 않고도 이익과 생산물을 증가시키는 방법을 알고 있다고 한다. 대안적 사회보장제도 중 하나로 제기되는 '기본소득'[16]도 인간 노동력을 상품화시킬 좋은 일자리가 부족해진 후기산업사회의 모순을 반영한 것이라고 할 수 있다. 그러나 노동은 단지 경제적 이유 때문에 필요한 것이 아니다. 노동은 인간이 사회와 소통하는 기본적 통로이자, 존재 이유이기 때문에 사회변화와 관계없이 원하는 누구나에게 적절한 일을 보장하는 것은 여전히 복지국가의 중요한 과제이다.

생각을 바꾸면 대안이 보일 수도 있다. 우리가 생각하는 일반적 고용형태는 성별분업에 근거해 남성이 생계를 부양하고, 여성이 가사와 돌봄을 전담하던 산업화시대의 산물이다. 남녀 모두가 노동시장에 참여해야 되는 상황에서 전형적 고용으로 간주되는 (주 40시간 내외) 노동은 재검토될 필요가 있다. 남녀 모두가 노동시장에 참여하는 현실에서 주 5일(40시간) 노동을 계속 고수해야 하는지 의문이다. 남녀 모두가 상품화될 경우 가족의 총 노동시간은 40시간에서 80시간으로 2배나 증가한다. 과거에 비해 가족은 장시간 노동에 시달리면서도 질 높은 가사와 돌봄을 수행해야 한다는 모순에 직면하게 된다.[17] 제이콥스와 거슨(Jacobs & Gerson, 2004)은 이러한 현실을 경험적 자료를 통해 논거하고 있다.

더욱이 한국 노동자들의 연간 노동시간은 2008년 현재 2,256시간으로 OECD 30개국 중 가장 길다(OECD, 2010). OECD 평균보다 무려 492시간이나 길며, 네덜란드 노동자들의 월간 노동시간으로 계산하면 무려 4개월 이상을 더 일하는 셈이다. 노동이 복지국가의 중요한 출발점이

---

16. 기본소득에 대한 논의는 액커만 · 알스톳 · 반 빠레이스 외(2010)를 참고하라.
17. 물론 가사를 외주화하고, 양육을 탈가족화시킴으로써 부 · 모가 직접 담당해야 할 가사와 양육의 절대 시간은 감소했을지 모른다. 그러나 가사와 양육을 해본 사람이라면 누구나 인지하고 있듯이 외주화와 보육시설 이용을 통해 해소되지 않는 부분이 존재하고, 이는 온전히 부 · 모, 특히 여성의 몫으로 남게 된다. 더욱이 한국의 치열한 대학입시 경쟁 아래에서 강요된 모성은 과거보다 한층 강화된 형태로 나타나고 있다. 다시 말해 돌봄의 강도는 과거와 비교할 수 없을 정도로 강화되었다.

되어야한다는 사실에 동의한다면 복지국가는 산업화시대를 기준으로 제도화된 노동시간을 과감히 조정하고, 시장이 만들지 못하는 일자리를 나누고, 적극적으로 일자리를 만들 필요가 있다. 실제로 스웨덴의 경우를 보면 1965년부터 1993년까지 새롭게 만들어진 일자리의 대부분이 사회서비스(돌봄, 교육, 건강 등)와 관련해 지방정부가 의도적으로 만든 공적 일자리였다(Rosen, 1995). 복지국가는 이러한 의도적 개입을 통해 질이 담보된 상품화를 보장함으로써 상품화-탈상품화-가족화-탈가족화-상품화로의 이행을 성과 계층에 관계없이 모든 시민들에게 보편적으로 보장할 수 있을 것이다.

재원을 둘러싼 도전과 대안

복지국가의 역할이 상품화된 노동력의 탈상품화에 머물지 않고 가족화, 탈가족화 등과 같은 가족영역으로 확대된다는 것은 더 많은 공적재원이 요구된다는 점에서 논쟁적이다. 생각은 달랐지만 처음에는 우파가 나중에는 좌파가 합류하면서 좌우 모두는 복지국가 위기를 초래한 공범으로 정부재정이 감당할 수 없는 시민들의 복지에 대한 요구라고 지적했다(Castle, 2004: 2). 물론 캐슬은 경험적 논의를 통해 이를 반박하고 있지만 재정위기는 복지국가의 현실적 위협이 되고 있다.

현실적으로 복지재정을 급격히 확대할 수 없는 상황에서 서구 복지국가들의 대응은 전통적 복지국가의 역할을 조정하고(소득보장정책, 탈상품화와 관련된 위험), 가족정책(탈가족화, 가족화)과 관련된 지출을 확대하고 있다(Taylor-Gooby, 2004). 그러나 이러한 전환은 서구 복지국가들에서 계급·계층·세대 간의 갈등을 초래하고 있다. 최근 프랑스, 이탈리아 등에서 벌어지는 일련의 시위 양상들은 이러한 갈등이 표면화된 것으로 보인다. 물론 복지재정이 국가재정의 건전성을 위협했다는 경험적 근거는 취약하다. 18세기부터 2000년대까지 경험적 자료를 분석한 연구에 따르면 복지재정확대와 재정건전성은 유의미한 상관관계에 있지 않는 것으로 나타났다(Lindert, 2004). 그러나 복지재정의 확대가 국가재정의 건전성에 위협을 가하지 않더라도, 국가재정의 악화는 복지국가의 사회정책을 축소하거나 해체할 수 있다. 물론 한국에서의 양상은 서구보다 더 심각하다. 복지국가의 역할에 대한 보편적 동의가 부재한 가운데 복지국가의 전통적 역할에 대한 요구와 새로운 요구(가족정책)가 동시에 확대되고 있기 때문이다.

누가 재원을 분담해야 할까? 특히 상당수의 재원을 고소득층에게 부담시켜야 할지 여부는 한국사회에서 재정을 둘러싼 핵심 쟁점으로 등장하고 있다. 그러나 고소득층에게 세금을 걷어 가난한 사람들에게 나누어주는 것은 대안이 될 수 없다. 부자와 중상층이 상대적으로 많은 세금을 내야 하지만 이것만으로 탈가족화-상품화-탈상품화-가족화-탈가족화의 이행과정을 담보할 수는 없다. 중·상층에게 세금을 걷어 가난한 사람들에게 나누어주는 방식을 가장 잘 실천하고 있는 국가는 대표적인 잔여주의 복지국가인 미국이다. 티트머스(Titmuss, 2006)의 지적처럼 재분배의 역설이 나타나고 있다.[18] 이는 한국사회에 중요한 함의를 준다. 함의는 복지국가의 전통적 과제와 새로운 과제인 가족정책의 대상으로 모든 시민들

---

18. 복지를 저소득층에게 집중하면 할수록 불평등과 빈곤이 확대되는 현상을 가리킨다.

을 포괄한다는 것은 재원의 주체가 곧 급여의 담지자가 되어야 한다는 것을 의미한다. 모든 시민이 이행과정으로부터 배제될 수 있다면, 이를 완화하기 위한 재원 또한 보편적으로 마련되어야 한다. 바로 이러한 조세체계가 보편주의 복지국가들의 전형적 조세체계이다.

그렇다면 대안을 어디서 찾아야할까? 장기적으로 소득세, 소비세, 사회보장세를 중심으로 담세를 보편적으로 확대하고, 이에 기반을 두고 사회정책의 대상을 보편적으로 확대하는 것이다. 그러나 국가를 신뢰하지 않는 한국사회에서 복지확대를 위해, 설령 그것이 시민들의 새로운 요구인 가족정책과 관련된다고 해도 국민들이 선뜻 증세에 동의할 것이라고 생각할 수는 없다. 이러한 발상은 높은 세금이 국가에 대한 경험적 신뢰에 기반을 두고 만들어진 역사적 산물이라는 점을 간과하는 것이다. 더욱이 한국사회에서 대다수의 국민들은 대기업과 부자가 불공정하게 세금을 내고 있다고 믿고 있다.[19] 또한 여론조사에 따르면 시민들은 복지확대를 지지하지만 증세에는 동의하지 않는 모순적 모습을 보여주고 있다. 그렇다면 증세와 복지국가의 확대를 동시에 추진하기보다는 먼저 복지를 확대하고, 복지 확대로 구축된 신뢰를 바탕으로 재원확대를 도모할 수 있을 것이다. 핵심은 복지국가의 역할이 소득보장에서 가족정책의 영역으로 확대된 것과 같이, 이를 위한 재원 또한 과세기반의 확대를 통해 뒷받침되어야 한다.

---

19. 금융감독원 2008년 외부감사보고서에 따르면 상위 10대 대기업의 실질 법인세율은 24만 개 중소기업을 포함한 법인세율 19.4%에 미치지 못했고, 특히 삼성전자의 경우 각종 조세감면으로 유효세율은 6.5%에 불과했다(프레시안, 2009. 7. 7).

새로운 사회정책을 위한 연대와 주체

흔히들 보편주의 복지국가는 진보와 보수가 함께 만들어낸 역사의 산물이라고 이야기한다. 보편주의 복지국가의 확대과정을 보면 진보와 보수는 당시의 사회경제적 맥락 아래에서 사회정책에 대한 지지와 반대를 반복하면서 보편주의 복지국가를 향한 합의를 만들어냈다. 스웨덴의 경우를 보더라도 사민당이 집권한 1930년대 이전에 이미 보수정당에 의해 보편주의 복지국가의 주요한 사회정책의 틀이 만들어졌다(Baldwin, 1989, 2003, 힐슨, 2010에서 재인용). 이러한 역사적 사실은 우리에게 복지의 확대 발전이 보수와 진보의 양 날개로 난다는 것을 말해주고 있다.

그러나 이러한 사실은 우리에게 왜 보편주의 복지국가가 보수와 진보의 양 날개로 날았는지를 이야기해주지는 않는다. 복지국가는 단순히 사회정책의 논리적 정합성에 따라 결정된 것이 아니다. 복지국가는 노동이 자신들의 이해를 관철하기 위한 조직화된 힘과 다른 계층계급과의 연대가 없었다면 불가능한 일이었다. 실제로 독일에서 보수적인 비스마르크 정권이 사회보험을 제도화한 것은 19세기 후반에 대두된 강력한 노동운동의 출현과 밀접한 관련을 갖는다(리터, 2005). 그리고 마침내 라살레F. Lassale가 중심이 된 노동자들의 정치조직인 전 독일노동자연맹Allgemeiner Deutscher Arbeiterverein이 비스마르크의 정치적 대화의 대상이 될 정도로 성장하게 된다(리터, 2005: 25). 스웨덴 복지국가 역시 노동자들의 조직화된 힘과 노력으로 만들어진 역사적 타협의 산물이다(미야모토 타로, 2003). 자본과 지배 권력은 '시혜'가 아닌 '권리'로서 보편주의 복지에 대한 합의를 논리적 정당성과 가치에 기반을 두고 지지하지 않는다. 자본이 보편주의 복지에 합의하는 이유는 바로 조직화된 아래로부터의 힘이 있기 때문이다.

그렇다면 상품화-탈상품화-가족화-탈가족화-상품화의 '이행과정'에서 새롭게 요구되는 가족정책을 수행하고, 다양한 계층과 계급의 이해를 복지국가에서 제도화한다는 것은 이를 지지해줄 주체와 주체들 간의 연대가 있어야 한다는 것을 의미한다. 그렇기 때문에 후기산업사회에서 요구되는 복지국가의 역할은 단순히 인구사회학적 변화에 대응해야 한다는 당위적 인식과 주장을 넘어 누가 그 역할을 담당할지에 대한 주체의 문제로 확대되어야 한다.

그러나 한국사회가 직면한 현실은 그렇게 녹녹하지 않다. 복지국가의 전통적 주체이고 현재의 주체이기도 한 조직노동이 있지만 다른 계층과 계급에 대한 대표성은 고사하고 노동자 계급의 이질화로 노동자계급에 대한 대표성조차 의문시되고 있다. 더욱이 상품화-탈상품화-가족화-탈가족화-상품화의 순환과정에서 배제된 집단, 여성, 비정규직, 영세자영업자 등은 수적으로 다수일지는 몰라도 사회적·정치적으로 소수자이자 조직화되지 않은 대중이며, 노동자계급보다 더 이질적이다. 게다가 복지국가의 확대가 가장 절실한 이들은 복지국가의 확대를 가능하게 하는 정치적 행위에 대해 무관심하다(Bonoli, 2007). 결국 한국사회가 후기산업사회에서 복지국가에게 요구되는 가족정책을 제도화하기 위해서는 뒤르켕(김종엽, 1998)의 언명처럼 서로 다른 이해를 가진 성 간, 계층계급들 간의 유기적 연대에 대한 구체적 전망을 내와야한다. 그리고 그 중심은 남성 생계부양자를 준거로 제도화된 복지국가에서 배제되고 있는, 전통적으로 가족정책의 과제를 떠안아야 했던 여성이다.

정리와 결론

사회정책의 일관된 질문은 "왜 사회적 위험이 존재하는가"가 아니라 "무엇이 시민의 자유롭고 인간다운 삶의 기회를 위협하는가"에 대한 것이다. 이러한 인식에 근거해 이 글은 한국사회에서 시민들이 직면하는 사회적 위험은 '탈상품화로의 이행'과정에서만 발생하는 것이 아니라 상품화-탈상품화, 탈상품화-가족화, 가족화-탈가족화, 탈가족화-상품화라는 각각의 이행단계 모두에서 다양하게 발생하고 있다고 주장했다. 더욱이 각각의 이행단계에서 발생하는 사회적 위험이 성과 계층에 따라 상이하게 나타나고 있다는 것은 복지국가가 개입해야 할 위험이 확대되었다는 것과 함께 그 대상이 동질적이기보다는 다양한 특성을 내재한 이질적인 개인과 집단이라는 점을 이야기해주고 있다.

한국사회의 이러한 현실은 서구 복지국가가 직면한 현실과는 상이하다. 서구사회는 산업화시대의 주요 사회적 위험인 소득상실에 대한 위험을 일정수준에서 통제하고, 후기산업사회의 새로운 사회적 위험에 대한 대응으로 사회정책의 방향을 전환하고 있다. 그러나 한국사회는 산업화시대의 복지국가의 역할과 후기산업사회의 복지국가에 대한 새로운 요구, 가족정책에 대한 요구가 동시에 나타나고 있는 '비동시적인 것의 동시성'에 직면해 있다(Yoon, 2010). 그러므로 한국사회에서 복지국가의 새로운 역할에 대한 전망을 내오는 것은 서구 중심적 사고에서 벗어나 산업사회와 후기산업사회의 위험이 공존하며, 이러한 중층적 위험이 계층과 성에 따라 차별적으로 나타나는 한국사회의 실존적 다양성에 기반을 둔 것이 되어야 한다.

현실이 이와 같다면 복지국가는 기여에 기반을 둔 전통적 사회보장 방식에서 벗어나 변화된 사회경제적 조건을 반영해야 한다. 장기근속이 보장되지 않고, 취업과 실직이 반복되고, 돌봄의 책임을 면제받은 노동자가 아닌 돌봄의 책임이 있는 노동자가 증가하고 있는 상황에서 안정적으로 기여금을 납부할 수 있는 사람은 소수에 불과하다. 모든 시민들이 각각의 이행과정으로부터 배제되지 않고, 원활한 이행을 이루기 위해서는 보편성과 다양성의 원칙이 상호보완적으로 결합될 필요가 있다. 상품화, 탈상품화, 가족화, 탈가족화의 권리에 대한 보장은 성과 계층에 관계없이 보편성을 견지하지만 정책수단은 다양성에 기반을 두어야 한다.

이미 많은 이해집단을 양산한 전통적 보장방식인 기여방식에 근거한 제도의 축소가 어렵다면 이원적 모델을 검토할 수 있다(메랭, 2000). 모든 시민들에게 기여에 관계없이 각각의 이행을 보편적으로 보장하지만 기본적 질이 담보된다는 전제 아래 이행의 질은 기여와 욕구에 따라 차별적으로 보장하는 것이다. 예를 들어, 성과 계층에 관계없이 누구나에게 가족을 돌보기 위한 (육아휴직과 같은) 가족화 권리를 보장하지만, 가족화 권리의 전제인 탈상품화 수준은 기여와 욕구에 따라 상이할 수 있다는 것이다. 보편성을 견지하지만 다양성 또한 놓치지 않는 것이다. 물론 이러한 접근은 논란이 되겠지만 시민들 간의 차이를 인정하는 것이고, 차이를 인정함으로써 모종의 위계가 만들어질 수 있다는 위험을 받아들이는 것이다. 그러나 복지국가는 차이를 인정하지 않고 다양성을 받아들일 수는 없으며, 모든 사람들의 필요가 같다는 원칙도 받아들일 수 없다. 결국 후기산업사회에서 복지국가의 새로운 역할을 모색한다는 것은 보편성과 다양성 간의 끊임없는 긴장관계 아래에서 균형점을 찾아가는 것이다. 균형점이 어딘지에 대한 합의는 없으며, 고정된 균형점도 없다. 다만 균형점은 복지국가에 대한 새로운 요구를 현실화하기 위한 주체들의 아래로부터의 연대와 힘에 달려 있다는 점은 분명하다.

마지막으로 우리가 지금 한국사회에서 복지국가가 가족정책이라는 새로운 역할을 모색해야 하는 근거는 "경제는 세계화되고 있지만 정치는 여전히 국가적인 차원에서 이루어진다."(Judt, 2010: 198)는 믿음을 가지고 있기 때문이다. 그리고 그 실현 가능성은 2008년 세계적 금융위기가 지난 수십 년간을 지배했던 신자유주의 이념과 체제를 대신할 대안적 체계의 모색으로 확산될지, 아니면 기존 체제의 미세 조정으로 그칠지에 따라 상이할 것이다. 다시 말해 자기 조정적 시장의 실패에 대해 국가의 역할이 대안으로 다시 등장할 수 있을지 여부에 달려있다. 만약 2008년 금융위기가 자기 조정적 시장의 실패에 대한 대안으로 국가역할의 확대를 요구한다면 복지국가의 새로운 역할로서 가족정책은 탈가족화-상품화-탈상품화-가족화-탈가족화의 원활한 이행에 복무할 수 있을 것이다. 그러나 기존 체제의 미세 조정에 그치고 만다면, 가족정책이라는 시민들의 새로운 요구는 시장 기제를 통해 해소됨으로써 각각의 이행단계에서 성과 계층에 따른 배제는 더욱 확대될 것이다.

서론

1991년 기초 및 광역지방의회가 구성되고 1995년 지방자치단체장 선 거가 실시되어 본격적인 지방자치시대가 열린 이후, 2011년 민선 5기 지방 정부가 구성되어 현재에 이르고 있다.

돌이켜 보면 지방자치제의 시행과 함께 지방정부의 복지행정활동이 강 화될 것으로 기대하였다. 그동안 경제발전을 도모하기 위해 구축·유지 된 국가행정체제는 '경성적 중앙집권적 시스템'이었다. 지방자치의 개막은 바로 정치, 경제, 사회, 문화 등 제 영역에서 지역주민들의 참여와 자율이 보장되는 '연성적 지방분권적 시스템'으로 국가행정체제의 변화를 의미한 다. 결국 이러한 변화는 복지부문에서도 주민복지에 대한 지방정부의 자 율권이 신장되고 책임이 증대하며 주민욕구(지역복지환경)에 기반을 둔

* 이재완 _ 공주대학교 사회복지학과 교수

복지서비스가 확대될 것으로 기대되었다.

그러나 지방자치제도가 내부의 동력에 의해 제대로 자리를 잡기도 전에 찾아온 IMF 경제위기는 국가위기상황의 고통을 지방정부 및 지역주민들이 감내해야 하는 상황을 가져왔다. 동시에 IMF경제위기 이후 이전과는 다른 형태로 중앙정부와 지방정부의 관계정립과 복지책임성에 대한 요구가 강화되었다. 이러한 변화로 인해 지방정부의 역할과 기능의 확대가 요청되었으며 지방화 전략을 통한 지방자치역량의 확대를 도모하였다. 지방분권과 참여논의 확산은 탈중앙집권화Decentralization, 시장과 시민사회의 중요성의 강조로 나타났다.

한편 이명박 정부 출범 이후 감세정책으로 인해 지방재정의 재원감소가 초래되었다. 각종 세원(법인세, 소득세, 양도세, 종부세 등)의 세율 인하로 국세가 줄어들어 자동적으로 지방재정에 대한 이전재원이 줄어드는 결과를 가져왔다. 현재 사회복지분야 사업이 대폭 지방으로 이양되어 있는 상황에서 지방재원이 타격을 받게 되면 지방정부의 복지 관련 지출은 줄어들 수밖에 없는 것이다.

이명박 정부는 지난 10년 동안 우리나라 조세부담률의 급증으로 인해 조세부담률이 지나치게 높아졌다고 주장하고 있다. 그러나 우리나라의 조세부담수준은 국제적인 기준과 비교했을 때 낮은 편이다.[1] 결국 낮은 조세부담률로 인해 적은 재원을 주로 성장위주로 집행하다 보니 복지수준은 OECD 국가 중 최하위에 머무르고 있는 실정이다.[2] 따라서 복지지

---

1. 우리나라의 조세부담률은 GDP 대비 20.4%(2009년)로 이는 OECD국가 평균 26.9%(2005년)에 못 미치는 수준이고 회원국 30개국 중 29위에 해당한다(정세은, 2008).
2. 우리나라의 사회복지지출은 GDP 대비 7.8%(2008년)이며 2002년 기준으로 미국은 14.4%, 영국은 22.1%, 핀란드는 27.6%, 일본은 18.4%에 이르고 있다.

출의 국제적 기준에 따른다면 오히려 현재보다 복지지출을 늘려야 한다. 결국 현재의 조세부담률과 복지수준을 고려할 때 감세와 작은 정부 정책은 바람직하지 않다. 이 글에서는 지방자치 실시 이후 지방정부의 복지수준과 공공복지전달체계의 구조와 기능의 변화를 살펴보고자 한다.

지방자치와 사회복지

지방자치와 사회복지논의

지방자치와 사회복지에 대한 논의는 크게 2가지 흐름이 있다. 첫 번째 논의는 지방자치 실시 초기에 대두된 논의로 지방자치가 사회복지에 어떠한 영향을 미칠 것인가에 대한 것이다. 지방자치가 지역주민들의 복지증진에 긍정적 영향을 줄 것인가 아니면 부정적 영향을 미칠 것인가에 대한 논의이다(이재완, 1998).

지방자치가 사회복지에 긍정적인 영향을 미칠 것이라는 주장은 첫째, 지방자치제는 지역주민의 실제적 욕구에 기반을 둔 복지정책을 펼 가능성이 과거보다 훨씬 높게 열려져 있고 둘째, 민선자치단체장이나 지방의회의 의지에 따라 독자적인 사회복지계획의 수립이 가능하다는 것이다. 즉, 지역사회의 특성 및 지역주민의 요구에 신축적이고 즉각적으로 대응할 수 있을 뿐만 아니라 과거의 획일적인 복지정책이 점차 다양화 될 것으로 보는 입장이다. 반면에 지방자치가 사회복지에 부정적인 영향을 미칠 것이라는 주장은 지방자치제 아래의 중앙정부는 지방정부에 대해 실질적으로 권한은 없고 책임만 증대시켜 지방정부의 복지활동은 제한적일 수밖에 없다는 것이다. 사회복지재정이 취약한 상태에서 중앙정부가 지방분권화라는 이름 아래 지방자치단체에 사회복지업무를 강제로 떠맡김으로써 재정력이 취약한 대다수 지자체의 경우 지역주민 복지욕구를 충분히 충족시키지 못하고 있음을 지적하였다.

두 번째 연구의 흐름은 지방자치 실시 이후 현재까지 논의되는 연구로 지방정부의 사회복지정책 결정요인 또는 복지지출수준에 대한 사항이다. 이러한 연구는 지방정부의 사회복지재정지출을 결정하는 요인을 설명하고자 하는 시도로써 관련 연구가 비교적 활발히 진행되고 있다. 이러한 주제와 관련하여 사회복지정책(복지비) 결정요인에 관한 연구들은 크게 두 갈래의 학문적 흐름에서 발전하여 왔다(안강식, 1995). 하나는 주로 미국을 중심으로 한 정책론적 시각으로 주로 실증적 · 계량적 연구 방법에 의한 복지정책을 일반정책 사례로서 연구한 경우이고, 다른 하나는 유럽을 중심으로 한 사회정책론적 시각으로 이론적 기반을 토대로 역사적 · 경험적 분석 방법을 통한 복지정책의 발생과 기원의 변화를 다룬 연구이다. 복지정책의 확대를 두고 어떤 관점에서 접근하느냐에 따라 다양한 방법과 결과가 제시되고 있지만, 그동안 논의의 핵심은 정치와 경제 중 어느 것을 중시하느냐로 축약할 수 있다. 사회복지재정지출에 관한 대표적인 이론으로 경제적 제약이론Economic Constraint, 정치적 선택이론Political Choice, 그리고 점증주의 이론Incrementalism Perspective이 있다.

먼저 경제적 제약이론은 지방정부가 수행하는 복지정책은 지방정부의 경제적 이익에 제약을 받는다는 것으로 개발정책을 선호하는 지방정부는 경제성장에 저해되는 복지정책을 최대한 기피한다는 것이다(Peterson,

1981). 즉, 지방정부는 경제성장에 최우선을 두어 경제발전 정책에 치중하는 반면 재분배 정책인 복지부문을 상대적으로 등한시하는 경향을 보인다는 것이다. 이것은 지방정부 재정지출에 있어서 경제적 요인의 중요성을 강조한 것이다. 윌렌스키(Wilensky, 1975)는 경제성장과 그에 따른 인구학적, 관료적 결과를 복지국가 발생의 일반적이고 근원적인 원인으로 지적하면서 복지국가를 이룩하려면 사회복지비 지출이 있어야 하는데 만일 자원이 부족할 경우 그 비용은 얻어질 수 없다고 하였다. 따라서 산업화에 의한 소득의 증가를 통해 복지비용의 조달이 가능하다는 경제적 요인의 중요성을 강조하고 있다.

둘째, 정치적 선택이론은 예산의 지출규모와 수준에 대한 정치참여나 정당 간 경쟁, 다수당의 규모, 당파성 등 정치적 변수의 중요성을 강조하는 것이다. 즉, 정치참여와 후보 간 경쟁률이 높을수록 지방정부의 정책결정자가 지역주민의 의사에 민감하게 반응하여 사회복지분야의 지출을 증대시킬 것으로 가정한다(남궁근, 1994). 이러한 이유로 선거라는 제도를 통하여 지역주민들의 복지욕구가 정치적 과정에서 효과적으로 반영될 수 있다고 본다. 지역주민의 정치적 압력과 정치적 활동의 정도가 지방정부의 복지정책결정에 영향을 주는 주요한 요인이 되는 것이다.

셋째, 점증주의 이론은 정책결정자들의 인지능력의 한계와 제한된 정보로 말미암아 전년도 예산을 기초로 한정된 몇 개의 요소만을 고려하여 개략적으로 예산을 결정하는 것이다. 복지예산결정의 주요변수는 전년도 예산으로, 이를 근거로 부분적인 수정이나 점증적인 변화에 의하여 결정된다(Wildavsky, 1985). 이러한 점증주의는 현재의 사업이나 정책, 세출 등을 기초로 하여 새로운 사업이나 정책 또는 현행사업의 증감 등을 행한다.

지방정부의 복지지출을 규정하는 요인에 대한 국내 선행연구는 이상과 같은 이론적 관점에서 주로 재정학자와 행정학자들에 의해서 실증연구가 이루어져 왔으며, 최근에는 사회복지학자들에 의해 연구가 이루어졌다. 국내의 연구결과를 종합해 보면 경제적인 요인이 지방정부의 복지지출에 영향을 미친 것으로 파악하고 있는 연구는 1인당 지방세 부담액이나 재산세 납부액, 소득수준, 재정자립도 등의 차이가 지방정부의 복지지출 수준을 결정한다는 것이다(이승종, 2000; 김성종, 2002; 강혜규, 2004). 이러한 입장은 지방정부의 재정력이 높으면 가용재원이 늘어나 복지지출을 확대하는 한편 재정력이 취약하면 경제성장에 저해가 되는 복지정책을 최대한 기피한다는 것이다. 따라서 재정능력이 높은 지방정부는 사회복지비 지출수준을 증가시키지만, 재정능력이 낮은 지방정부는 상대적으로 사회복지비 수준이 낮은 것이다.

정치적 요인을 중요하게 파악하고 있는 연구를 보면, 지방정부는 정치적 지지의 극대화를 위해 복지정책을 적극적으로 추구하게 된다는 것이다(이승종, 2000). 기초지방선거에서 나타난 선거경쟁과 지방정부의 재정지출 사이의 관계를 분석한 연구에서 자치단체장의 선거경쟁이 경제개발비에는 유의미한 영향을 미치지 못하지만 사회개발비에는 유의미한 영향을 미치는 것으로 파악하고 있다(지병문 · 김용철, 2003; 정헌영, 2007). 정치적 경쟁이 심할수록 정치적 안정과 지지를 확보하기 위해 선거인들 중 많은 수를 차지하고 있는 저소득층에게 유리한 정책을 채택하고 선거에서 승리하기 위해 복지정책을 확대추진하는 것이다.

한편 우리나라의 지방정부 복지비 결정에 주요한 요인으로 국고보조금을 통한 중앙정부의 의사와 지방정부의 점증주의적 관행과 경제적 제약관

점에서 설명하는 연구(이재완, 김교성, 2007)와 지방정부 간 복지정책 경쟁이 복지정책의 확대를 이끌어 낸다는 연구(장동호, 2007) 그리고 사회적 측면에서 사회구조의 변화와 새로운 행정수요(복지수요의 증가)의 발생 등으로 복지지출의 증가를 확인하는 연구(손희준, 1999; 김수완, 1998; 정진현, 2003; 강혜규, 2004) 등이 있다.

이상의 지방정부의 사회복지정책(복지비) 결정요인에 대한 다양한 결과는 각 연구들 간의 이론적 관점 및 변수에 있어서의 차이, 변수의 측정에서의 차이, 분석방법에 있어서의 차이 등을 고려할 때 많은 시사점을 주고 있다.

지역분권전략과 지역사회복지

지방자치제 아래에서 지방정부의 사회복지 성격과 방향에 있어서 국가복지의 기본 틀과 지역복지환경을 반영한 지역복지를 어떻게 상호 융합시킬 것인가가 중요한 문제이다. 현재 우리나라의 복지수준을 고려할 때 지방정부의 사회복지 기본방향은 지역복지최저선의 확립이라 할 수 있다. 즉, 사회복지서비스는 지역 수준에 적합한 서비스를 공급해야 하는 성질과 최저한의 서비스를 제공해야 하는 성질을 가지고 있다. 즉, 국민의 내셔널 미니멈national minimum으로서 사회서비스는 건강하고 문화적인 최저한의 생활을 영위하고 기본적 인권을 보장하는 것이어야 하고, 지역복지서비스는 지역실정에 부합하도록 기능해야 한다. 이것은 내셔널 미니멈으로서 복지와 시빌 미니멈civil minimum으로서 복지, 리저널 미니멈regional minimum으로서 복지의 기조 아래 지역복지가 이루어져야 함을 의미한다. 이에 따라 복지서비스의 질과 양의 변화에 대응하는 제도적 보장이 필요하다. 국민 개개인에 대한 문화적인 최저한의 보장이 지역사회, 지방, 국가로 확대되고 지방정치에의 참여 및 국정에의 참여가 적극적으로 고양될 때 진정한 복지국가의 형성을 도모할 수 있다(이재완, 1998). 이러한 의미에서 전국적인 공평한 사회적 생활의 보장은 현대적인 복지국가의 기초가 된다. 이와 함께 복지의 충실을 기하기 위해 중앙정부가 아닌 기초지방자치단체의 역할이 증대되어야 한다. 결국 지역주민과 시민 그리고 국민에 대한 최저한의 문화적인 삶의 수준의 보장이 지방화시대 사회복지정책의 가치정향인 것이다.

주지하다시피, 지난 참여 정부의 탈중앙화(지방화)전략은 구체적으로 국가균형발전과 분권화 전략으로 나타났다. 국가균형발전은 공간적 중심 집중을 완화시킴으로써 지방의 활성화를 도모하겠다는 것이다. 또한 분권화 전략은 중앙에 집중된 자원관리의 총괄 기능을 지방으로 이양함으로써 자치역량을 키우고 그에 근거한 지방의 내생적인 지역발전을 지원하고자 하는 것이다(백종만, 2004).

이러한 지방분권과 참여 논의 확산은 탈중앙집권화decentralization, 시장과 시민사회의 중요성의 강조로 나타났다. 즉, 국가, 시장, 시민사회의 역할의 구조변화를 의미한다. 지방분권의 필요성에 대한 정부의 시각은 21세기 지식정보사회의 변화된 정치환경으로 인해 국가운영 패러다임의 전환이 요구된다는 것이다. 소위 로컬 거버넌스local governance 개념에 입각한 중앙과 지방, 공공과 민간의 역할분담과 재구조화를 도모하고자 한다. 즉, 국가의 기능과 역할을 최소화하면서 시장과 시민사회 등 사회의 다양한 주체들 간의 네트워크를 통한 파트너십 형성을 통해 지역발전을 모색해

나가는 체계(자율성, 상호의존성, 네트워크, 파트너십 등이 기본요소)를 상정한다. 따라서 지방정부의 입장에서 볼 때 로컬 거버넌스는 중앙정부로부터 권한의 위임과 동시에 지역사회의 다양한 주체들과의 권한의 공유를 도모하는 두 가지 임무를 담당해야 한다.

사실 지방분권화 논리는 이것을 바라보는 입장에 따라 차이가 존재한다. 즉, 서구의 복지국가 재구조화 과정에서 지방분권화에 대한 다양한 시각과 유형들이 나타났다. 먼저 복지국가 옹호론자들은 사회발전과 함께 분화된 수요자의 요구에 복지국가가 적응해 나가는 과정으로 본다. 반면에 신자유주의자들은 비용통제, 선택의 자유, 개인책임, 재정적 경쟁의 관점에서 분권화를 주장한다. 복지국가 재구조화의 유형은 신자유주의, 신조합주의, 신국가주의로 나타났다. 1980년대 영국의 지방분권화 논리는 신자유주의적 시장화 전략으로 나타났다. 즉, 1970-80년대 등장한 대처리즘과 신우파사상의 기조 아래 이루어졌던 복지지출의 축소와 민영화, 분권화(지방정부책임으로 이전)라는 것이다. 제숍은 이러한 과정을 케인스주의적 복지국가로부터 슘페터주의적 근로복지국가로의 변화로 설명하고 있다(Cochrane, 1993). 이것은 현대자본주의 경제체제가 대량생산·대량소비 방식에서 다품종소량생산의 유연적 생산체제로 전환하는 것을 의미하며 이러한 생산방식의 변화에 따른 서구 복지국가의 재구조화가 1980년대에 전개되었다.

1980년대 국가의 재구조화는 수평적인 측면과 수직적인 측면에서 전개되었다(초의수, 2003). 국가의 수평적 재구조화의 흐름은 시장과 정부의 관계 재설정과 국가와 시민사회 간의 재구조화로 나타났다. 이러한 변화는 1980년대 신보수주의 물결과 더불어 국가의 지나친 규제로부터 시장의 자율성 회복, 신자유주의적 시장질서 강조 등과 연결된다. 즉, 시장중심의 질서, 기업가적 정부, 민영화의 문제이다. 국가와 시민사회 간의 재구조화는 국가주도적 성장에서 시민사회중심의 자율적 발전 심화로의 전환이다. 지나친 국가의 간섭과 개입으로부터 시민사회의 자율성과 신사회운동의 등장, 참여민주주의에 대한 시민의 욕구 등은 국가의 일방적 독주에 대한 다양한 민주주의의 심화로 나타났다. 한편 수직적 재구조화는 국가와 지방의 역할조정으로써 분권화의 과정으로 전개된다. 세계적 수준의 경쟁이 격화되는 가운데 국가가 국지적 수준의 문제까지 관여하고 처리한다는 것은 비효율적인 것이다. 즉, 시민생활 가까운 곳에서 진행되고 결정, 추진되어야 할 지역의 문제들이 시민생활영역과 멀리 있는 국가의 범위에서 다시 논의된다는 것 자체가 낭비적이라는 것이다. 이러한 이유로 프랑스, 이탈리아에서는 1980년대에, 영국과 독일, 일본 등에서는 1990년대에 분권에 대한 논의가 촉진되고 분권관련법이 추진되었다. 이러한 흐름 속에서 우리나라의 지방분권 논의는 지난 참여 정부에 들어와서 본격적으로 거론되고 정책화되었다.

사실, 진정한 의미의 지방분권화는 중앙집권화에서 나타나는 획일주의의 발생과 경직적인 대응에 대한 폐해를 극복하는 방향으로 진행되어야 한다. 우리나라의 경우, 지역 간 재정력 차이에 따른 복지사업추진 역량의 차이가 큰 것이 사실이다. 이러한 상황을 고려치 않은 분권화는 자칫 국가복지의 문제를 지방정부 수준으로 확산시키는 것에 다름 아니다.

사회복지 측면에서 지방분권화의 의미는 서비스에 대한 지역주민의 접근 용이, 행정직원의 태도 등의 변화, 주민욕구에 기반을 둔 복지정책 수립, 복지공급의 다양화(비정부기관)를 통한 이용의 최대화 등으로 파악된다. 이러한 사회복지에서의 분권화의 긍정적 의미를 살리기 위해서는 분권화를 단지 중앙에서 지방으로 또는 중앙에 집중된 권한과 자원을 지방에 하향 분산시키는 것으로만 파악해서는 안 된다(이재완 · 김교성, 2007). 현대사회에서 점증하는 행정서비스 영역의 확대는 분권화 요청과 동시에 집권화를 강조한다. 즉, 지역사회 차원에서 발생하는 문제에 대해 지역 자체적으로 해결할 수 없는 것과 전체 사회에서 해결해야 하는 것이 있을 수 있다. 사회복지영역에서 사회복지서비스 등과 같은 것은 지방분권화를 통해 접근하고, 사회보험제도나 전국적인 기준과 규정에 의해 해결되어야 할 사회문제는 중앙집권화를 통해 다루어진다. 따라서 분권화와 집권화는 분리된 개념이 아니며 중앙정부와 지방정부 간의 상호의존성을 어떻게 강화시켜 나갈 것인가가 분권화 전략의 핵심이 되어야 한다.

지방정부 사회복지수준의 명암

지방정부의 사회복지수준의 변화

지방정부의 사회복지예산은 2007년도 현재, 지방자치제도 실시년도와 비교할 때 3배 가까이 증가하였다. 즉, 1995년의 지방자치단체 평균 사회복지예산비율은 일반회계대비 7.68%이고, 2007년 현재 19.35%에 이르고 있다.

1995년부터 2005년까지의 광역시 · 도의 사회복지지출 추이를 살펴보면 〈그림 7-1〉과 같다(이재완 · 김교성, 2007). 광역시와 광역도의 사회

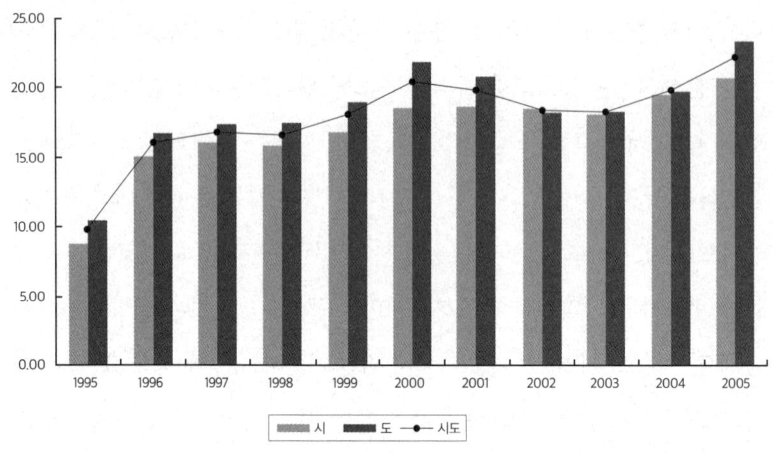

복지지출 추이를 보면 2002년을 제외하고 광역도가 상대적으로 높게 나타나고 있다.

한편 광역지방자치단체의 연도별 사회경제지표의 변화 추이를 살펴보면 〈표 7-1〉과 같다(이재완·김교성, 2007). 우선 경제개발비 비율은 1995년 50.20%에 이르던 것이 해마다 조금씩 감소하여 2005년에는 33.35% 수준까지 감소하였다.

총 인구대비 공적 부조 수급자 비율은 1995년(5.20) 이후 점차 감소하는 모습을 보인다. 그러나 이러한 수급자 비율은 이전의 생활보호제도가 국민기초생활보장제도로 변화된 이후인 2000년에 3.74%로 크게 급증하였으며, 2001년 이후 3.56~3.80% 수준으로 유지되고 있다. 그러나 이러한 수치는 우리나라 상대적 빈곤율의 수준이 2000년 이후 점차 증가하고 있다는 현실을 감안할 때, 실제 빈곤가구의 수준을 반영한 것으로 보기 어렵고, 정부의 공적 부조제도의 대상 선정 과정에 문제가 있음을 암시해

표 7-1 광역지방자치단체의 사회복지 및 경제수준 지표 변화(1995-2005)

(단위: %)

구 분		1995	1996	1997	1998	1999	2000	2001	2002	2003	2004	2005	합계
경제개발비비율	시	36.30	31.85	34.23	32.41	33.94	29.78	26.09	25.64	27.12	27.00	27.19	29.99
	도	59.40	48.55	49.66	51.71	45.62	41.26	54.88	42.92	45.43	40.07	38.14	47.06
	시도	50.20	41.87	43.49	43.26	40.51	36.24	42.28	35.36	37.42	34.35	33.35	39.76
수급자비율	시	2.73	2.29	2.29	1.74	1.72	2.70	2.60	2.40	2.49	2.65	2.91	2.41
	도	6.84	5.89	5.37	4.36	4.30	4.55	4.30	4.18	4.22	4.30	4.48	4.80
	시도	5.20	4.45	4.14	3.21	3.17	3.74	3.56	3.40	3.46	3.58	3.80	3.78
실업률	시	3.51	2.91	2.81	3.75	7.81	5.44	4.72	3.80	4.15	4.27	4.30	4.37
	도	1.47	1.20	1.22	1.65	4.81	3.21	2.96	2.40	2.51	2.61	2.56	2.42
	시도	2.29	1.88	1.86	2.57	6.12	4.18	3.73	3.01	3.23	3.33	3.32	3.25
노인인구비율	시	4.45	4.68	4.86	4.90	5.11	5.38	5.68	5.98	6.32	6.67	7.07	5.59
	도	8.23	8.57	8.84	9.21	9.56	10.00	10.41	10.92	11.44	11.92	12.40	10.13
	시도	6.72	7.02	7.25	7.32	7.61	7.98	9.34	8.76	9.20	9.62	10.06	8.19
재정자립도	시	79.20	83.10	79.18	72.17	70.91	74.74	70.91	75.31	76.34	76.35	73.93	75.46
	도	40.70	42.58	42.50	38.12	39.02	37.98	35.76	36.51	37.44	40.65	39.30	39.14
	시도	56.10	58.79	57.17	53.02	52.97	54.06	51.14	53.48	54.46	56.27	54.45	54.68

주는 것이다.

광역 지방자치단체의 실업률은 1998년까지 완전고용의 수준으로 안정되어 있었으나, IMF 경제위기 이후 크게 증가하여 1999년 6.12%, 2000년에는 4.18%로 높아졌다. 그러나 2001년 이후 3.0% 대로 떨어져 다시 안정된 수준을 유지하고 있다. 노인인구비율은 인구의 저출산ㆍ고령화 현상이 반영되어 매년 크게 증가하고 있다. 즉, 1995년에 6.72%에 불과하던 노인인구비율은 2005년에 10.6%로 증가하였으며, 이러한 현상은 시보다는 도에서 상대적으로 높게 나타나 농어촌 지역의 심각한 고령화 현상을 보여주고 있다. 마지막으로 시도별 재정자립도는 전체기간 평균 54.68%의 평균값에서 증감을 반복하고 있다. 그러나 도의 재정자립도 수준(39.14)은 시의 그것(75.46)에 비해 약 50% 수준에 불과한 것으로 나타나 재정력의 취약성을 알 수 있다.

이상에서 살펴본 지방정부의 사회복지 및 경제수준의 연도별 추이를 통해 경제개발비 지출 감소 그리고 사회복지비 지출 증가를 확인할 수 있으며 재정자립도는 큰 변화가 없어 지방정부의 재정력 확보가 매우 중요함을 할 수 있다. 이러한 결과를 통해 지방재정자립도 등으로 대표되는 지역복지환경 및 여건에 따라 지방정부의 사회복지 지출수준의 차이가 나타나는 것이다.

한편 기초지방정부에서도 〈표 7-2〉에서 보는 바와 같이 복지수준의 차이가 나타나고 있다. 75개 시정부 중에서 사회복지예산이 가장 높은 지자체는 전북 전주시(26.83%)이며 가장 낮은 지역은 충남 계룡시(10.21%)로 나타났다. 또한 자치단체가 자주적으로 재량권을 가지고 사용할 수 있는 재원으로 예산집행에 대한 재량권과 자율성을 의미하는 재정자주도를 보면, 시정부 중 최고 높은 지역(경기 과천시 91.4%)과 가장 낮은 지역(전남 목포시 58.5%)의 차이가 매우 크다. 이것은 지방정부 간 사회복지불평등이 현실화되고 있음을 증명하는 것이다.

한편, 지방정부 간 사회복지관련 인프라에서도 차이가 나타나고 있다. 특히 사회복지시설 수에서 경기 안성은 인구 10만 명당 약 20.7개소가 설치되어 있는 반면에 경북 구미는 1.28개소이다. 이러한 사회복지예산 및 복지인프라의 지역 간 불균형을 고려한다면 중앙과 지방정부 간의 관계 정립뿐만 아니라 지방정부 간 복지공급의 형평성을 고려해야 한다.

감세정책 아래의 지방이양사업으로 지방복지재정의 위기

이명박 정부 출범 이후 지방재정 구조 개선을 위해 지방소비세와 지방

표 7-2 시정부 사회복지예산 및 관련 지표 비교(2007)

주요지표		평균값	최대값(1위시)		최소값	
			시	값	시	값
일반회계 중 복지예산 (사회보장)비중		17.11	전북 전주	26.83	충남 계룡	10.21
재정자주도		70.8	경기 과천	91.4	전남 목포	58.5
사회복지 시설	인구 십만 명당 사회복지시설 수	6.86	경기 안성	20.77	경북 구미	1.28
	유아 천명당 보육시설 수	14.36	경기 동두천	21.7	경남 거제	7.34
	노인 천명당 여가복지시설 수(08년)	9.89	전북 김제	20.81	경기 광명	2.71
보건문화 등 기타 시설	인구 천명당 의료기관병상 수	10.47	전남 나주	28.37	경기 과천	0.19
	인구 십만 명당 문화기반시설 수	4.51	경북 문경	14.71	경기 성남	0.94
	인구 천명당 도시공원조성(천㎡)	35.5	경기 과천	305.32	경기 안성	6.07

비고: 재정자주도= [자체수입(지방세+세외수입)+자주재원(지방교부세+재정보전금+조정교부금)]×100/일반회계세입총액
자료: 통계청 국가통계포털(KOSIS/e-지방지표)분석(2007년, 2008년 기준)

소득세를 신설하고 분권교부세를 향후 5년간 연장 실시하기로 하였다. 2010년부터 국세인 부가가치세의 5%(약 2.3조 원)를 지방세로 전환하여 지방소비세를 신설하였고, 2013년부터는 부가가치세의 5%를 지방소비세로 추가 이양한다는 것이다. 따라서 총 2.3조 원 중 교부세 자연감소분 0.44조 원, 교육교부금 자연감소분 0.46조 원을 공제한 금액인 1.4조 원의 재원이 국가에서 지방으로 순 이전될 것으로 전망된다. 지방소득세는 소득할 주민세를 지방소득세로 이름만 변경한 것이고 2013년까지 합리적인 보완 방안을 강구하는 것으로 발표되었다.

한편 분권교부세의 연장시행은 사회복지사업의 수요급증 등 지방재정 부담이 가중되고 있는 점을 고려할 때 근본적인 해결방안으로 볼 수 없다.[3] 분권교부세가 내국세 증가율과 연동되기 때문에 현재의 감세정책기

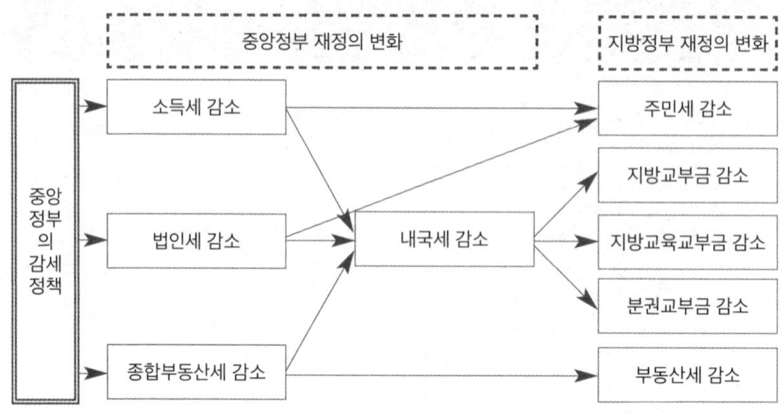

조를 유지한다면 지방정부의 재정부담은 더욱 가중될 것으로 예측된다. 국회예산정책처가 2009년 10월에 발표한 "감세의 지방재정 영향 분석"에 의하면(김경수, 2009) 감세정책으로 2008-2012년 간 지방제정세입이 총 30조 1741억 원 순감소할 것이라고 추정하고 있다.[4]

〈그림 7-2〉에서 보는 바와 같이 중앙정부의 감세정책은 지방정부의 각종 이전재원의 감소를 초래하게 되는 것이다. 실제로 2010년 보건복지가족부 소관 예산을 살펴보면, 보건의료를 제외한 사회복지사업 232개 중 10% 이상 예산증액된 사업이 124개 사업, 현상유지 사업 64개, 감액된 사

---

3. 분권교부세는 국고보조사무의 지방이양에 대한 준비가 부족한 상황에서 도입된 제도로 제도의 이전재원의 부족, 지역자원 징발, 지방의 의견수렴 미흡, 사업과 예산의 분리, 재원산정방식의 문제 등의 복합적인 문제를 안고 있다. 따라서 5년간 한시적으로 연장하는 것으로 그동안 나타난 문제를 해결할 수 없다. 즉, 분권교부세 5년 연장안은 분권교부세가 안고 있는 문제점을 그대로 안고 가는 것으로 보통교부세로 통합될 경우 예상되는 최악의 상황을 피한 결정이라고 할 수 있다(백종만, 2004).
4. 항목별로는 주민세가 6조 2784억 원, 지방교부세 13조 6032억 원, 부동산교부세 10조 2925억 원이 감소되었다.

표 7-3 사회보장비 중 지방비 부담비율(사회복지예산 대비) (단위: 억 원, %)

구 분	분권교부세 도입 전			분권교부세 도입 후			도입 전 증가율	도입 후 증가율
	2002	2003	2004	2005	2006	2007		
○ 사회복지예산	86,481	94,264	106,678	128,858	153,220	172,825	11.1	17.4
■ 국고보조사업 (A=B+C)	70,378	74,459	87,513	95,051	115,884	135,485	11.5	15.7
국고보조금(B)	49,488	51,554	61,027	64,977	78,690	92,495	11.0	14.9
지방비(C)	20,890	22,905	26,486	30,074	37,194	42,990	12.6	17.5
부담비율(C/A)	29.7	30.8	30.3	31.6	32.1	31.7	30.2	31.8
■ 지방이양사업 (D=E+F)	9,247	10,434	12,951	16,820	19,201	22,482	18.3	20.2
분권교부세(E)	4,215	4,912	6,107	5,531	6,955	7,734	20.4	8.2
지방비(F)	5,032	5,522	6,844	11,289	12,246	14,748	16.6	29.2
부담비율(F/D)	54.4	52.9	52.8	67.1	63.8	65.6	53.4	65.5

업이 무려 45개에 이르는 것으로 파악되었다. 이러한 중앙정부의 사회복지사업의 예산삭감으로 인해 지방정부의 사회복지예산도 현상유지 또는 삭감되는 결과가 나타나고 있다.[5]

이러한 지방재정의 악화 및 부담은 〈표 7-3〉에서 보는 바와 같이 분권교부세 도입 이전과 이후를 비교할 때 분명한 차이를 보이고 있다(심혜정, 2009).

국고보조사업에 대한 지방비 부담비율은 분권교부세 도입 이전인 2002-2004년 평균 30.2%에서 도입 이후인 2005-2007년 평균 31.8%로 1.6% 상승에 그쳤다. 반면 사회복지분야 지방이양사업에 대한 지방비 부담비율은 같은 기간 동안 53.4%에서 65.5%로 12.1% 상승하였다. 이처

---

5. 충남도의 경우, 2010년 장애인관련 복지예산이 분권교부세는 전년도 대비 약 15억 원 정도 줄었고, 국고보조금 예산은 11억 8천만 원 정도 증가하였으나 결과적으로 중앙정부의 전체 장애인복지 지원예산이 감소하였다.

럼 사회복지분야 지방이양사업에 대한 지방비 부담이 급증한 것은 분권교부세 규모를 미래 재정수요에 대한 정확한 예측 없이 단순히 2004년도 지방이양사업의 국고보조금 합계액에 맞추어 결정한 데 그 주된 원인이 있다. 사회복지분야 지방이양사업은 수요급증으로 2004-2007년간 연평균 예산증가율이 20.2%에 달한 반면 재원인 분권교부세의 연평균 증가율은 8.2%에 그쳐 그 차이를 지방비로 충당해야 함에 따라 지방비 부담이 가중된 것이다.

공공복지전달체계의 변화

공공복지전달체계개편 정책의 변화와 인력확충

공공복지행정의 기본축인 공공부문의 전달체계는 지방자치단체인 시·도, 시·군·구, 읍·면·동의 지방행정기관으로 구성·운영되어 왔다. 이는 특별행정기관으로 지방전달체계를 구축한 고용노동부(지방노동사무소 - 고용지원센터), 교육과학기술부(지방교육청), 지방직속기관으로 전문전달체계를 구축한 보건부분(시·군·구 보건소)과 달리 공공부조와 사회복지서비스의 집행은 별도의 기관이 아닌 지방자치단체에 위임되어 온 것이다. 이러한 공공복지전달체계의 구조는 생활보호제도가 제정된 1960년대 이래 현재까지 그 구조적 환경의 변화 없이 일부 변화의 시도가 있었다.

사회복지전달체계의 구성요소는 조직, 인력, 서비스 등의 조합에 의해 다양한 전달체계를 모색할 수 있다. 그동안 공공복지전달체계의 변화를 조직과 인력의 확충을 중심으로 살펴보면 〈표 7-4〉와 같다.

1980년대 초부터 현재까지 30여 년 동안 우리나라 사회복지전달체계의 변화는 2차례의 시범사업(보건복지사무소, 사회복지사무소 시범사업 실시)을 통하여 주민생활서비스 전달체계로 자리 잡았다. 이에 대한 이론적·실천적 연구와 제도화 노력이 있었음에도 불구하고 공공전달체계의 구조 개선을 위한 시도들은 좌절되거나 실험으로 끝났다. 여기에는 정부의 정책적 의지부족과 준비미흡 그리고 관련 이해집단 간의 갈등 그리고 지역복지환경변화에 대한 선제적 대응력의 부족에 기인한다. 또한 사회복지전문요원제도가 시행되어 1987년에 49명을 최초 선발 배치하여 2010년 현재 11,851명에 이르고 있다. 이러한 사회복지전담인력의 증가는 그동안 사회복지욕구와 사회문제의 폭증[6] 그리고 이의 해결을 위한 예산과 사업의 확대 등에 따라 당연히 사회복지전문인력의 확충을 필요로 하였다. 그럼에도 불구하고 정부의 공공복지전달체계 개선논의에서 단순히 전달체계의 구조와 기능에 초점을 맞추어 논의된 측면이 강하다. 전문인력 그 자체가 전달체계의 단위이며 결국 인력의 양과 질이 서비스의 품질을 결정하는 것이기에 지속적인 인력확충이 요구된다.[7]

그동안 공공복지행정의 현황과 변천 과정의 특징을 정리한다면 다음과

---

6. 기초수급자, 의료급여, 차상위, 기초노령, 한부모가족, 장애인, 영유아 등의 업무를 1명의 사회복지직이 담당하다 보니, 개별가구 세부상담 및 가구특성에 따른 서비스 연계 등을 하지 못하고 있으며 내방상담 등 찾아가는 상담은 거의 할 수 없는 실정이다. 이러한 폭증하는 업무로 인해 시간외 근무를 하지 않을 경우, 일을 추진하기조차 어려운 실정이며 동에서는 복지수급자를 1인당 평균 280가구를 관리하고 있어 현장에서 직접 사례발굴 및 찾아가는 서비스 제공을 할 수 없는 상황이다(대전지역의 사례).
7. 최근(2011. 7)에 정부는 사회복지담당공무원 확충을 주요 골자로 하는 복지전달체계 개선대책을 발표하였는데 여기에서 사회복지담당공무원 7,000명을 2014년까지 단계적으로 확충하는 것을 발표하였다.

같다. 첫째, 복지-보건-고용-교육 등 사회복지관련 영역 간, 사회보장체계의 내부구조로서 사회보험-공공부조 및 사회복지서비스 부문 간의 통합 혹은 조정의 시도 없이, 각 전달체계의 기본적인 구조는 지난 1960~1970년대 이후 변화가 나타나지 않았다. 둘째, 공공부조와 사회복지서비스 업무는 대부분 기관위임사무로 지자체가 담당하여 옴으로써 진정한 권한이양은 이루어지지 않고 중앙정부의 적극적 개입이 유지되는 구조에서, 중앙정부가 기획하고 지자체는 이를 받아 집행하는 상의하달식의 일방적 관계가 지속되었다. 셋째, 정책 집행을 전문화하고 서비스 품질을 높이기 위한 정책적 접근과 기반 마련은 매우 취약하여, '사회복지전문요원제도'의 도입을 통한 전문인력의 선발과 일선 사회복지업무의 전담 배치 시도가 유일했다고 할 수 있다. 넷째, 2006년 주민생활지원서비스 개편 이전까지, 시 · 군 · 구 사회복지과 - 읍 · 면 · 동 복지담당은 보건복지부 소관 업무를 비롯하여, 여성가족부, 건설교통부(현재 국토해양부) 주거복지, 교육부(현재 교육과학기술부) 교육복지 등 주민 복지와 관련된 광범위한 영역의 업무를 소화하는 구조였다. 다섯째, 외국의 일반적인 지자체 사회복지업무 수행구조와는 달리, 일선창구의 경우 사회복지전공자만 사회복지업무에 배치하여, 사회복지직은 모든 사회복지업무를 담당하였다. 즉 전문직무에 대한 집중이 불가능한 구조가 형성되어 있다.

전달체계 개편 유형의 분절적 진화

그동안 공공복지전달체계 개편방안으로 논의되었던 유형은 시범사업으로 실시된 보건복지사무소와 사회복지사무소, 그리고 현재 설치 · 운영

표 7-4 사회복지전달체계 개선을 위한 정책 추진과 전문인력 확충(1981-2011)

공공복지전달체계 개선의 주요 정책		전문인력 확충			
연도	주요 내용	연도	충원 (명)	정원 (명)	내용
1981	○ 제5차 경제사회발전 5개년 계획(82-86) - 사회복지서비스 전달체계 개선, 시범복지사무소 설치운영제시 ○ 한국개발연구원「빈곤의 실태와 영세민 대책」보고서에 사회복지사무소 설치 제안				
1985	○ 제6차 경제사회발전 5개년 계획 사회복지사무소 설치제안				
1986	○ 보건사회부「국민복지증진대책」발표 - 사회복지사무소 설치논의가 있었으나 경제계획원 반대로 실현되지 못하고 대안으로 사회복지전문요원제도 도입				
1987	○ 사회복지전문요원제도 도입	1987	49	49	○ 대도시(서울, 부산, 대구, 인천, 광주, 대전) 저소득 층 밀집지역 일선 동사무소에 사회복지사 자격증을 소지한 자 중 제한공개채용심사를 거쳐 사회복지전문요원으로 배치 결정
1988	○ 한국개발연구원「사회복지전달체계의 개선과 전문인력 활용 방안」보고서에 사회복지사무소 설치 제안	1988	27	76	○ 서울시 사회복지전문요원 별정 7급 27명 임용
1992	○ 보건사회부 사회복지사무소 추진반 구성 ○ 한국보건사회연구원「사회복지사무소 모형개발」연구보고서 발간 ○ 사회복지사업법 개정으로 사회 복지사무소 설치근거 마련 (제15 조 복지사무전담기구: 시·군·구에 복지사무전담기구 따로 설치할 수 있고 사무 범위, 조직 등 필요 사항은 지방자치단체의 조례로 정함)	1989	20	96	○ 배치 확대
		1990	228	324	○ 6대 도시지역 사회복지전문요원 별정 7급 228명 임용
		1991	1,676	2,000	○ 배치 확대
		1992	481	2,481	○ 배치 확대 ○ 사회복지사업법 개정, 사회복지전담공무원 배치 및 사회복지사무전담기구 설치근거 마련

공공복지전달체계 개선의 주요 정책		전문인력 확충			
연도	주요 내용	연도	충원 (명)	정원 (명)	내용
1993	○ 정부의 작은 정부 이념에 따라 사회복지사무소 설치 재검토				
1994	○ 사회복지정책심의위원회 「사회복지정책과제와 발전방향」: 주요 발전과제로 공공복지전달체계의 확립, 보건복지사무소 설치 · 운영 제안	1994	519	3,000	○ 배치 확대, 사회복지전담 공무원 별정 8급 519명 임용
1995	○ 시범보건복지사무소 설치 · 운영(1995.7 - 1999.12, 5개 지역 설치) ○ 사회보장기본법 제정으로 사회보장전달체계 규정				
1998	○ 제1차 사회보장발전 5개년 계획: 지방 사회복지전달체계 개편(보건복지사무소 설치확대안 제시)	1999	1,200	4,200	○ 배치확대 ○ 기존 2,885명 별정직에서 사회복지직으로 전직(988명 별정 7급 → 8급 강등)
		2000	600	4,800	○ 기초생활보장제도, 장애인 복지제도 확대
2001	○ 지역사회복지협의체 시범사업 실시(2001. 10 - 2002.11, 전국 15개 시 · 군 · 구 실시)	2001	700	5,500	○ 배치 확대
2002	○ 대통령 인수위원회 사회복지사무소 설치를 대통령 정책과제로 보고	2002	2,590	8,090	○ 전담공무원 1인당 기초수급자 100가구 관리 ○ 부녀아동상담원(890명)복지직 전환 인력 포함
2003	○ 보건복지부 대통령 업무보고 시 사회복지사무소 설치 필요성 보고 ○ 보건복지부 「사회복지전달체계 개선방안 및 추진계획」 수립 ○ 사회복지사무소 시범사업 기본 계획(안) 발표				
2004	○ 시범사업 기본계획 확정 ○ 시범사업에 대한 지역설명회 개최 ○ 사회복지사무소 시범사업 실시(2004. 7 - 2006. 6, 전국 9개 지역 실시: 시 · 군 · 구 직속기관으로 설치)	2004	15	8,105	○ 배치 확대

공공복지전달체계 개선의 주요 정책		전문인력 확충			
연도	주요 내용	연도	충원 (명)	정원 (명)	내용
2005	○ 대구 4세 남아 사망사건 (04.12.18)으로 위기가정 발견 시스템 구축 및 긴급지원체계 개선(긴급복지지원법 제정, 빈부격차·차별시정위원회 주관 작업팀 구성) ○ 지역사회복지협의체 시·군·구 단위에 전국적으로 구성 (2005.7.31) ○ 국무총리실 주관으로 저출산·사회안정망 개혁방안 논의: 희망한국 21 - 고령화 미래사회위원회에서 주민생활서비스 통합체계방안 발표(2005.10)	2005	1,815	9,920	○ 복지기획, 서비스 연계, 긴급지원, 자활
2006	○ 사회복지사무소 시범사업 종료(2006.7.1) ○ 주민생활지원서비스 전달체계 실시(행정자치부, 주민서비스혁신추진단, 2006.7.1)	2007	595	10,515	○ 지자체 자체 증원
2008	○ 희망복지 전달체계 개편(희망복지지원단 설치, 시·군·구 129콜센터 설치, 공공사례관리 강화, 사회복지통합관리망 구축방안 제시)	2008	191	10,706	○ 지자체 자체 증원
2010	○ 사회복지통합관리망 구축 (2010.1)	2009	1,564	12,270	○ 지자체 자체 증원, 타부처 이동 요금 감면·바우처 확대
2011	○ 사회복지담당공무원 확충을 주요 골자로 하는 「복지전달체계 개선대책」 발표(2011.7): 시·군·구 희망나눔지원단 설치·운영 하여 복지종합상담 및 통합사례 관리 강화	2010. 6		11,851	○ 근로능력판정, 장애인연금, 보육확대 ○ 2005년 대비 증가된 1,931명은 지자체 자체 증원 인력
		2011. 7			○ 사회복지담당공무원 2014년까지 7,000명 확충 계획발표

자료: 보건복지부(2006, 2011)에서 재정리

되고 있는 주민생활서비스 전달체계가 있다. 그 구체적인 내용은 다음과
같다.

보건복지사무소 시범사업

지방자치제 실시와 함께 1995년 7월부터 1999년 12월까지 보건복지
사무소 시범사업이 실시되었다. 시범 보건복지사무소는 보건 · 복지수요
의 증가 및 다양화와 지방자치제의 실시 등 경제 · 사회적 여건 변화에 따
른 요청으로 복지행정의 전문화 · 효율화, 보건소의 기능 재편, 보건 · 복
지서비스의 통합 제공, 지역복지 기능 강화 등을 목적으로 설치 · 운영되
었다(〈그림 7-3〉참조).

소위 보건과 복지의 통합적 서비스를 목적으로 기존 보건소에 복지사
업 부서를 신설하고 읍 · 면 · 동에서 근무하던 사회복지전문요원을 배치
하여 전국 5개 지역[8]에서 시범사업을 실시하였다. 이를 통해 복지사무의
집중화를 통해 업무효율이 향상되었고 복지행정의 전문성이 제고되는 등
긍정적인 결과가 나타났다.

그러나 보건과 복지연계사업을 추진할 수 있는 충분한 재정과 인력의
지원이 미비하고 시범사업을 위한 정교한 지침의 부재 등 준비소홀 등으
로 시범사업의 목적을 달성하는 데 실패하였다. 특히 서비스 이용자의 접
근성 문제가 크게 지적되어 시범사업의 성과를 전국적으로 확산하지 못하
고 실험으로 종료되었다. 이러한 상황에서 2000년 국민기초생활보장제
도 도입을 계기로 공공복지전달체계상의 조직문제(행정기구)보다 전담인

---

8. 대도시로서 서울 관악구, 대구 달서구, 중소도시로서 경기 안산시, 농촌지역으로서 강원 홍천
   군, 전북 완주군이 있다.

그림 7-3 시범 보건복지사무소 조직도(대도시형: 관악구)

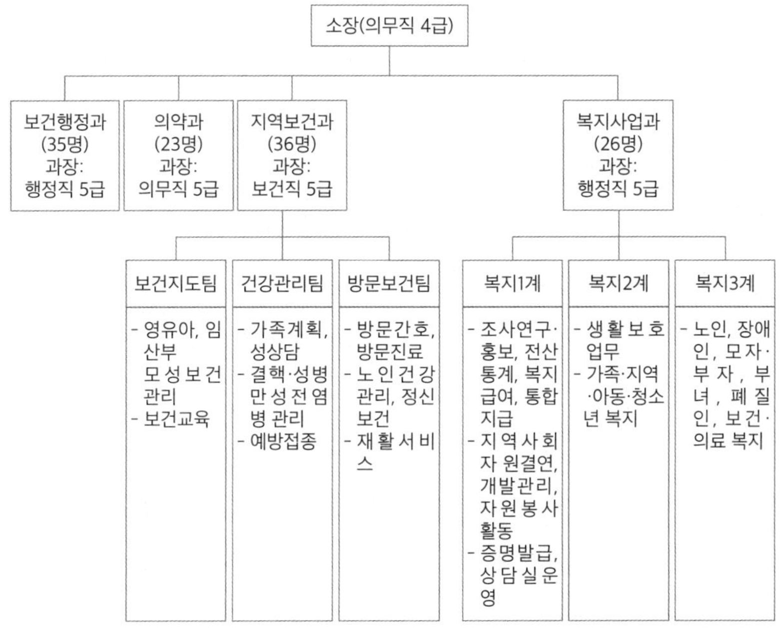

력 확충이 강조되어 당시 대폭적인 인력확충이 이루어졌다(국민기초생활보장법 제도시행 이전 3,000명 정원에서 2002년에 7,200명으로 확충됨).

사회복지사무소 시범사업 실시와 주민생활서비스 전달체계의 설치

지난 2003년 참여 정부의 12대 국정과제의 하나인 참여복지와 삶의 질 향상의 세부과제로 사회복지사무소 설치 등 사회복지전달체계 개편이 포함되었으며, 이에 근거하여 사회복지사무소 시범사업(2004. 7-2006. 6)이 9개 지역[9]에서 실시되었다(〈그림 7-4 참조〉). 2004년 7월 1일자로 사회

---

9. 대도시 모형으로 서울시 서초구, 부산시 부산진구와 사하구, 광주시 남구 4개 지역. 중소도시

복지사무소 시범사업이 2년의 모의 운영을 거쳐서 전면적으로 확대할 계획으로 출발하였다.[10] 그러나 사회복지사무소 시범사업은 시범사업 1차년도가 채 지나기도 전에 새로운 전달체계로의 개편 논의가 시작되면서 시범사업지역에서 정책의 신뢰성에 대한 의문이 발생하기도 하였다. 2004년 말 대구에서 장애아동 사망사건이 발생한 것을 계기로 일선 전달체계 문제가 언론의 질타를 받았고, 전달체계에 대한 전면적인 재검토가 이루어졌다(보건복지부, 2006).[11]

사실 사회복지사무소 시범사업의 결과 긍정적인 성과가 나타났다. 첫째, 부서 간의 적절한 업무분장과 다양한 의사소통 기제를 통해서 업무분화에 따른 협력이 어느 정도 가능하였다. 둘째, 기능별, 대상자별로 업무팀은 해당하는 특정 복지업무(예를 들어 상담, 조사, 관리, 서비스 연계 중하나만 담당한다든가 장애인, 노인, 여성, 자활, 기초생활보장 등)에 집중함으로써 각 업무에 대한 전문성이 향상되었다. 셋째, 서비스의 통합성이 높아졌는데 사례관리에 관한 업무지침을 마련하고 지역사회복지협의체를 구성하여 사례관리의 실천기반을 조성함으로써 사회복지사무소를 중심으로 통합적인 서비스가 제공될 수 있는 기반이 마련되었다. 넷째, 시범사회복지사무소에 독립된 공간의 상담실 설치로 심리적 접근성이 향상되

모형으로 강원도 춘천시, 충남 공주시, 경북 안동시 3개 지역, 농어촌 모형으로 충북 옥천군, 경북 울주군 2개 지역.

10. 사회복지사무소의 설치 목적은 전문화와 효율화를 위한 복지전담 업무시스템을 마련하고 담당인력의 배치와 업무분담 및 연계 등 일하는 방식을 개선하여, 시·군·구의 복지기획 기능을 강화하고, 복지수요에 대한 대응성을 향상시켜, 복지정책의 책임성과 주민의 복지 접근성 및 만족도를 높이고자 하였다. 이를 위해 동사무소의 1인 전담시스템이 갖는 제한점을 극복하기 위해서 인력의 집중을 통한 분업화와 전문화 체계로의 개선을 시도한 것이다.

11. 전달체계 전반에 관한 검토결과를 바탕으로 빈부격차차별시정위원회가 희망한국 21에서 전달체계 개편 안을 제시하고 사회복지전담공무원 1,800명을 증원할 것을 결정하였다. 2005년 3월 고령화미래사회위원회는 보건과 복지를 넘어서서 주민들의 일상생활과 밀접하게 관련되는 제반 서비스들을 통합적으로 제공하는 것을 목표로 주민생활지원서비스체계 개편 방안 용역을 발주하고 논의하였다.

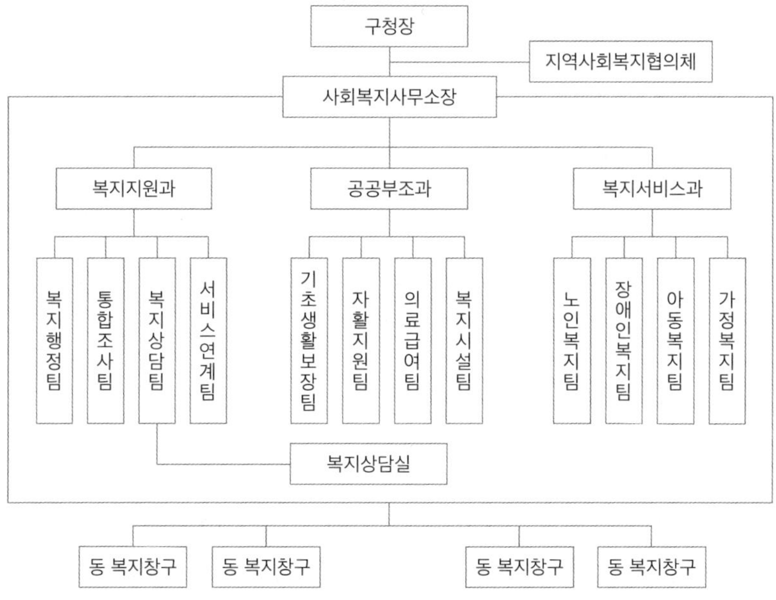

었으며 지리적 접근성을 해소하기 위한 노력(권역별 복지기동대 설치, 복지상담전화 활동, 방문도우미 활동, 동별 담당제 도입, 찾아가는 복지도우미 사업, 이동민원실 운영, 오지마을 순회차량 운영 등)이 나타났다.

사회복지전담기구의 설치로 평가받았던 사회복지사무소는 시범사업의 기간을 내용적으로 채우지 못하고 주민생활지원서비스 전달체계로의 전환이 이루어졌다.[12]

사회복지사무소 시범사업 실시기간 중 대구 4세 남아 아사사건으로 사회복지전달체계 개선을 위한 논의가 제기되었다. 이후 대통령자문 빈부

---

12. 2006. 7. 1부터 2007. 7. 1까지 1년여에 걸쳐 232개 시·군·구에서 전격적으로 실시되었다.

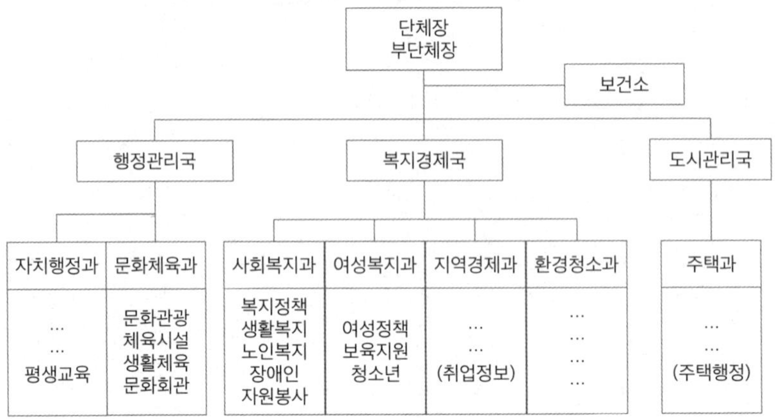

격차 · 차별시정위원회가 주도하여 행정자치부, 보건복지부, 기획예산처가 함께 개선방안을 강구하였다. 행정자치부(2006)의 지침에 따르면, 주민생활지원 서비스는 취약계층에게 제공되는 복지서비스 이외에 주민생활의 질 향상을 위해 제공되는 서비스를 모두 포괄한다. 구체적으로 보면 주민생활지원 서비스는 복지 · 보건 · 고용 · 주거 · 평생교육 · 생활체육 · 문화 · 관광 등 8대 영역의 서비스를 포괄하는 개념이다.

따라서 〈그림 7-5〉의 기존 지방정부 복지전달체계에서 〈그림 7-6〉의 주민생활지원서비스 전달체계로의 개편이 이루어졌다. 이에 따라 서비스 자원 및 수요자의 체계적 관리를 위해 통합정보시스템을 구축하였으며 민관협력 네트워크 구축(민관협의체), 중앙부처 서비스 조정으로 64건의 사무에 대해 통폐합과 지방이양 등의 조정이 이루어졌다. 또한 이를 위해 업무효율화 및 실질적 연계를 위한 On-line 체계를 구축하고, 읍 · 면 · 동 사무소에 상담공간을 마련하며, 슈퍼비전 및 사례회의 등 민주적 의사소

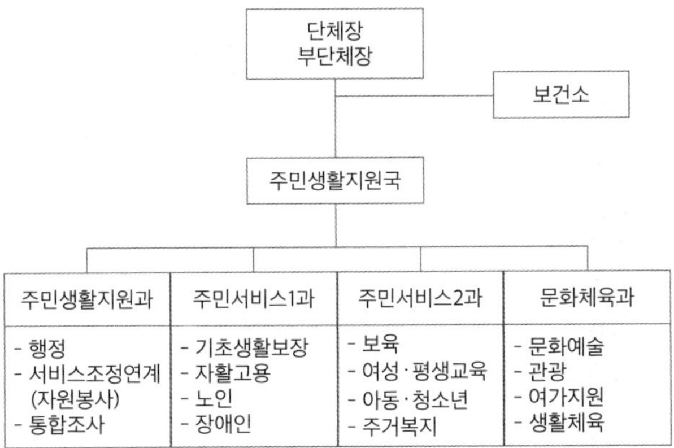

통 체계를 구축하고 민간부문과의 원활한 협력체계를 갖추는 작업을 병행하였다. 이처럼 8대 영역에 대하여 시·군·구의 기획 및 연계, 통합기능을 살리고 읍·면·동의 현장방문기능 및 one-stop 기능을 강화한 전달체계 개편이라 할 수 있다.[13]

결론적으로 주민생활서비스 전달체계의 조직개편은 지방행정체계를 개편하여 일반행정체계 내에 주민서비스 관련 부서를 통합하여 시·군·구에 주민생활지원 전담부서를 설치한 것이다. 또한 읍·면·동에 주민생활지원팀 설치와 사회복지직 및 행정직의 배치 조정 등으로 요약된다. 이러한 조직과 기능의 개편은 시범사업으로 실시된 사회복지사무소의 경험을 활용한 것이다. 즉, 사회복지사무소의 조직체계인 기획팀, 통합조사팀, 서비스 연계팀을 통한 기능별 업무의 전문화구조가 그대로 반영되었다.

---

13. 그러나 당시 적정인력의 확보가 되지 않아 읍·면·동 차원의 현장방문을 위한 사례 발굴, 사후관리의 어려움, 읍·면·동의 주민생활지원팀 내 사회복지직과 기타직들과의 협업이 원활히 이루어지지 않는 등의 문제점이 발생하였다.

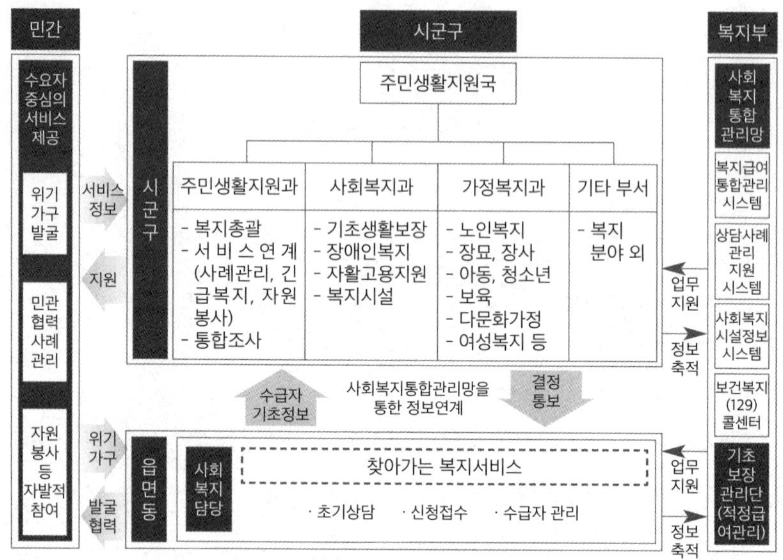

사회복지통합관리망

이명박 정부 출범 이후 시 · 군 · 구 복지전달체계 개선 대책은 수요자에게 꼭 필요한 서비스를 찾아서 제공하는 전달체계 구축의 목표로 추진되었다(〈그림 7-7〉 참조). 기존의 전달체계 개편은 조직 및 인력의 정비를 우선적으로 하고 이를 가능하게 하는 시스템 구축을 시도하였으나 이번에는 관리시스템인 사회복지통합관리망을 우선 구축하고 이를 합리적으로 운영하기 위한 조직 개편을 추진하였다.[14] 공공전달체계 개편의 핵심은

---

14. 사회복지통합관리망 구축, 사회복지시설정보시스템 연계, 보건복지콜센터와 시 · 군 · 구 간 상담 및 서비스 연계, 그리고 상담 및 사례관리지원시스템을 구축

사회복지업무의 통합적 관리를 위하여 첫째, 시·군·구 통합조사팀이 통합조사관리팀으로 확대 개편되어 조사 및 일련의 변경중지 관리업무를 총괄하고 둘째, 서비스 연계팀을 중심으로 사례관리를 추진하여 복합적 문제를 가진 수급대상자에게 맞춤적인 통합서비스를 지속적으로 제공하는 것이다(안혜영, 2010).

이의 추진은 기존의 조직과 인력활용의 효율성을 도모하고 부정수급방지 등 급여관리 강화, 그리고 서비스 대상자의 신속한 발굴에 초점을 두고 있다. 이러한 사회복지통합관리망 개통과 전달체계 개편의 긍정적 측면은 다음과 같다. 첫째, 복지수급자의 욕구와 자격요건에 맞는 맞춤형 서비스를 실시하고 민간과의 연계를 통한 통합사례관리의 추진기반을 확충한 것이다. 이를 통해 서비스 중복을 제거할 수 있는 장점이 있다. 둘째, 지자체에서 복지업무가 간소화되고 효율성이 제고된다. 복지정책별로 다양한 자산조사 기준의 표준화 및 자동화, 공적 행정자료의 최대 활용 등으로 업무처리의 편의성과 정확성을 높였다는 것이다. 셋째, 복지재정의 효율적 전달을 도모할 수 있는 시스템 구축이다. 개인 및 가구별 가구구성, 소득 및 재산, 급여 및 서비스 이력 통합관리로 부정적 급여 및 중복수급 확인 및 조정 등이 가능하게 된 점이다.

〈그림 7-8〉에서 보는 바와 같이 사회복지통합관리망을 구축하면서 궁극적으로 추구했던 정책방향은 지자체 복지행정을 지금까지의 자산조사, 대상자 선정 중심에서 서비스, 지속적인 관리 활성화로 전환하고자 한 것이다. 그러나 이러한 변화는 극히 미미한 것으로 보인다(강혜규, 2011). 사회복지전담인력의 확충 없이 통합조사관리팀의 기존 인력의 재배치 조정은 읍·면·동의 사회복지직 인력의 내방민원 상담뿐만 아니라 찾아가

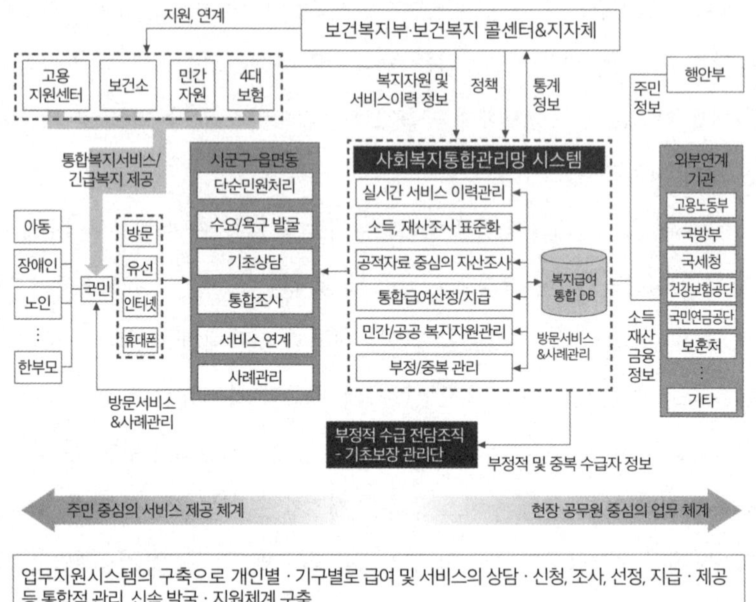

는 서비스를 불가능하게 하였다. 인력확충이나 조직체계의 조정 없이 업무지원시스템을 정비하여 기존 조직역량을 최대화 하고자 하는 것이다.

예를 들어 복지시설관리, 자활지원업무를 하나의 팀에서 수행하는 경우, 지역특성이나 업무량 등을 고려하여 탄력적으로 운영할 필요가 있다. 저출산 · 고령화 등 사회복지서비스 업무의 증가로 인한 행정관리는 각종 업무지원시스템으로 가능하나 직접적인 대인서비스의 경우 이를 위한 충분한 전문인력의 확충이 필요하다. 특히 서비스 이용자에 대한 사례관리나 서비스 연계는 인력의 전문성이 서비스의 질을 결정하기 때문이다.

이러한 상황에서 정부는 지난 2011년 7월에 사회복지담당공무원을

2014년까지 7,000명으로 확충하는 계획을 발표하였다. 그동안 복지예산의 증가와 복지수요(대상자 수의 증가)의 폭증에도 불구하고 복지담당 공무원 확충이 제대로 이루어지지 않았다. 이로 인해 정부의 복지전달체계 개선의 핵심인 복지사각지대 해소와 복지체감도 증진 그리고 통합적 사례관리 실시가 제대로 이루어지지 못한 것이다. 즉, 그동안 정부가 맞춤형 서비스 제공을 정책목표로 내걸고도 성공하지 못했던 것은 대인사회서비스의 특성을 가진 사회복지서비스 급여를 실시함에 있어 개인별 서비스계획을 수립할 수 있는 공공부문의 인력공급이 절대적으로 부족했던 것이 가장 중요한 이유이다.

따라서 사회복지담당공무원 증원계획 및 추진은 그동안 문제점으로 지적되어온 공공과 민간 간의 서비스 연계 및 통합사례관리를 실질적으로 실현할 수 있는 계기가 될 것으로 판단된다. 아울러 이러한 공공복지인력의 확충과 함께 현재 민관복지협력체계로 작동하고 있는 지역사회복지협의체가 제 기능을 발휘할 수 있도록 인력과 예산 등에 대한 지원방안이 함께 모색되어야 할 것이다.

지금까지 살펴본 공공복지전달체계의 변화를 요약하면 다음과 같다. 일반행정체계 내의 복지행정서비스 조직 → 보건복지서비스 조직(보건복지사무소) → 전문인력 확충논의(기초생활보장제도 추진 관련) → 전담기구설치(사회복지사무소) → 일반행정체계 내 전담조직 확충(주민생활서비스 전달체계) → 관리적 효율성 추구(사회복지통합관리망 구축) → 전문인력 확충 추진(통합사례관리 강화)이다. 그동안 공공복지전달체계 변화는 장기적인 안목이 결여된 채 현안 이슈중심의 단기적 처방에 연연하였다. 그러다 보니 중앙정부 중심의 전달체계 구축노력이 비민주성, 비합리성, 비일관성인 특징을 가지고 있었다. 결과적으로 그동안 전달체계의 변화는 지역복지환경 변화에 능동적·선제적으로 대응하는 구조 마련보다는 이의 변화에 추수하는 수준의 진화를 거듭하면서 현재에 이르고 있다.

결론

지방자치 이후 지난 30여 년 동안 지역복지현장은 분출하는 사회복지 욕구와 문제, 그리고 다듬어지지 않은 정책의 시행 등으로 제도 간의 충돌과 혼란이 있었던 것도 사실이다. 지방자치 아래에서 행·재정상의 중앙집권적 시스템 유지로 인해 지방정부의 권한과 자율성이 제약받고 있다. 지방자치단체 간 복지불균형의 심화는 국민들에게 지역 간 차별을 가져다주는 것이다. 따라서 지역주민들이 하나의 국민으로서 지역 간에 공평한 삶을 유지할 수 있도록 중앙과 지방정부 간의 역할과 책임을 재정립해야 하는 시점에 직면하고 있다.

앞서 살펴보았듯이 무엇보다 지방정부의 복지정책을 강화하기 위해서는 복지예산의 확충이 필요하다. 이를 위해서는 현재의 중앙과 지방정부 간의 행·재정상의 여건을 고려할 때 사무와 재정의 합리적인 조정이 요구된다. 현재처럼 중앙정부의 복지사업 및 예산에 종속되어 있는 지방정부의 현실을 고려하면, 중앙정부의 복지재정 확보가 필요하다. 특히 중앙정부의 대규모 감세정책은 지방재정에 손실을 가져오기 때문에 이의 개선이 필요하다.

또한 지방정부의 복지정책 결정요인으로 그동안의 관련 연구들을 보면 정치적, 경제적, 사회적, 재정적 요인 등이 다양하게 제기되었다. 그러나 무엇보다 중요한 것은 지역주민의 주체적인 지방복지행정의 참여를 통해 주민자치에 활로를 모색하고 복지거버넌스welfale governance를 실현해야 한다.

한편 지역주민의 복지욕구 증대와 지역복지문제의 해결을 위해 지역복지전달체계에 대한 끊임없는 정책적 관심이 필요하다. 그동안 공공복지전달체계 개선을 위한 다양한 시도들이 있었지만 지역사회의 변화에 능동적으로 대처하지 못한 측면이 있다. 그동안의 공공복지전달체계의 변화는 분절적 진화의 모습이었다. 공공복지전달체계가 보다 전문화되고 책임 있는 시스템을 갖춘 안정적 구조를 갖도록 하는 것이 중요하다.

이를 위해 좀 더 큰 틀에서 중장기적인 전망을 갖고 전달체계를 개선해야 한다. 즉, 사회복지서비스의 확대와 관련 공공 및 민간기관과의 연계, 조정을 위한 시스템 구축, 특히 중앙부처 중 복지 관련 부서의 통합 문제 등을 포괄적으로 검토해야 한다. 지역에서 복지, 노동, 문화, 여성 등 관련 기관 간 상호 협력을 촉진하기 위해서는 중앙정부의 복지 관련 부처의 통합이 필요하다. 특히 사회보험관리기구와 사회복지서비스 기관 간의 기능적 연계 및 통합방안에 대한 논의가 요구된다. 향후 지방자치의 성숙과 지역복지의 발전을 위해 실질적인 주민자치의 구현과 지역사회를 전 방위적으로 포괄하는 통합적인 지역복지 시스템의 구축이 필요하다.

8장
한국사회서비스 제도화의
현황과 전망

서론

최근 몇 년 간 한국에서 사회서비스는 대단히 빠른 속도로 확대되었다. 이러한 확대는 참여 정부 기간에 본격적으로 나타났지만 그 경향은 이미 1990년대부터 시작되고 있었다. 예컨대, 지출규모만 보더라도 1990년부터 2004년까지 공공사회지출의 연평균 증가율은 16.9%이지만 같은 기간 시설보호와 재가복지의 연평균 증가율은 24.9%에 달한다(고경환 · 장영식 · 김교성 · 최성용, 2007에서 계산).[1] 물론 공공사회지출은 사회서비스보다 규모가 훨씬 크기 때문에 증가율이 낮을 수 있으나 시설보호와 재가복지의 증가율이 대단히 높은 것은 분명하다. 이러한 확대는 시설이나 인

＊남찬섭 _ 동아대학교 사회복지학과 교수

1. 사회지출의 하위항목으로 사회서비스는 시설보호와 재가복지 외에 근로복지, 보건의료, 주거복지, 교육복지를 포함하지만 여기서는 전통적으로 사회서비스라 여겨지는 시설보호와 재가복지의 지출만 보았다. 또한 본문의 증가율 추이에서 최종연도를 2004년으로 설정한 것은 2005년부터 사회서비스 재정의 지방이양이 단행되어 중앙정부의 지출에 변동이 생겼기 때문이다.

력 면에서도 관찰된다. 사회복지시설 중 사회복지관은 1990년에 88개소였으나 2009년에는 419개소로 3.7배 이상 증가했고, 사회복지생활시설은 1990년 687개소에서 2009년 3,770개소로 4.4배 이상 증가했다. 또한, 사회복지사 자격증 교부자의 1985년 이후 누적인원은 1990년에 7,804명이었으나 2009년에는 337,652명까지 증가했고, 사회복지전담공무원도 1990년 324명에서 2009년에는 10,334명으로 증가했다(보건복지부, 각년도).

사회서비스가 이처럼 급속하게 확대된 배경에는 말할 것도 없이 사회서비스의 필요성이 증가했다는 사실이 자리하고 있다. 사회서비스의 필요성 증가는 자본주의의 고도화라는 일반적인 사실 외에도 1990년대 말부터 문제화하기 시작한 저출산·고령화 추세가 중요한 요인으로 작용하였다(대통령자문 정책기획위원회, 2008a). 이런 점에서 한국에서의 사회서비스의 급속한 확대는 다른 여러 나라에서 그러한 것처럼 객관적 필요에 대한 사회적 대응의 결과라 할 수 있을 것이다. 하지만, 객관적 필요에 대한 사회적 대응이 객관적 필요에 대한 그야말로 과학적 평가에 근거해서만 이루어지는 것은 아니다. 사회적 대응은 그러한 사회적 대응의 필요성이 인식되기 이전부터 이미 형성되어온 제도적 구조를 전제로 이루어지며 그러한 구조 속에서 이미 형성된 이해관계의 상호작용을 매개로 이루어진다. 한국에서의 사회서비스 확대 역시 그 이전부터 형성되어온 사회서비스의 제도적 구조와 그 구조 속에서 형성된 다양한 행위자들의 이해관계라는 제약 속에서 이루어졌고 이는 앞으로도 그러할 것이다. 기존의 제도적 구조와 이해관계라는 조건은 사회서비스 확대를 위한 정부의 행위에 객관적 제약으로 작용하며 그 한계 내에서 취해진 행위는 기존의 조건을 일정하게 변화시키고 그렇게 변화된 것으로서의 조건은 또 다시 그 다음 행위에 객관적 제약으로 작용할 것이다.

사실 그간 한국에서는 사회서비스를 하나의 제도로 바라보는 시각이 부족하였던 것이 사실이다. 이는 사회서비스가 너무나 오랫동안 사회적으로 후순위로 간주되어 왔다는 데 1차적인 원인이 있다. 사회복지는 한국역사에서 거의 언제나 후순위에 놓여 있었고 그렇게 후순위인 사회복지 내에서도 사회서비스는 후순위에 놓여 왔다. 이로 인해 사회서비스는 사회의 다른 부문과는 별 관계가 없고 사회복지종사자들에게 맡겨놓으면 '저절로' 이루어지는 것으로 치부되어온 것이 사실이다. 그리하여 사회서비스는 정치적으로 중요시되지 않았으며 그러다보니 사회서비스를 하나의 제도로 바라보는 시각이 부족하였다. 그리고 이처럼 사회서비스를 제도로 바라보는 시각이 부족했던 관계로 사회서비스의 확대를 정당화하는 시도도 사회서비스 그 자체의 필요성을 강조하기보다는 사회서비스가 사회의 다른 부문에 기여할 수 있는 속성을 가지고 있다는 점을 강조하는 논리로 전개된다. 그리하여 특히 참여 정부 기간에 사회서비스 확대는 그것을 통해 사회적 일자리 창출이 가능하다는 점이 강조되었고 그에 따라 일자리 창출이 중요한 정당화 근거로 작용하였다(기획예산처 사회서비스 향상기획단, 2006; 노대명, 2006).

물론 사회서비스는 진공 속에 존재하는 것이 아니며 사회의 다른 부문과 상호작용하면서 존재한다. 이런 점에서 일자리 창출은 사회서비스에 있어서도 중요한 한 가지 목표가 될 수 있다. 하지만 사회서비스의 입장에서 볼 때 일자리 창출은 사회서비스의 부수적인 목적이지 본래적 목적은 아니다. 어떤 제도가 그 제도를 둘러싼 사회와 상호작용한다고 할 때 그 상호작용은 그 제도가 그것의 본래 목적을 적절히 달성함을 전제로 이루어져야 하는 것이지 그 제도의 부수적 목적을 통해 이루어져야 하는 것은 아니다. 사회서비스를 통해 일자리를 창출하는 것도 중요하지만 사회서비스가 그 본래의 목적을 달성하지 못한다면 일자리 창출도 궁극적으로는 효용을 잃을 것이다. 사회서비스가 가진 본래적 목적은 사회적 관계에서 발생하는 사회적 욕구를 충족하려는 것이라 할 수 있으며 이 목적은 사회서비스가 가지고 있는 제도적 구조에 의해 그 달성여부가 결정된다. 특히 사회서비스가 과거와 비교할 수 없을 정도로 확대된 오늘날 사회서비스의 제도적 구조에 관한 논의는 사회서비스의 효과성을 위해서 그리고 추가적인 공급량의 확대를 위해서도 매우 긴요한 과제가 되었다.

이런 점에서 이 글에서는 사회서비스의 제도적 구조를 구성하는 요소들을 중심으로 한국 사회서비스의 현황에 대해 살펴보고자 한다.

사회서비스의 제도적 구조

용어의 문제

본격적인 논의를 전개하기 전에 사회서비스라는 용어에 대해 먼저 언급할 필요가 있다. 현재 한국에서는 사회서비스와 관련하여 다소 독특한 용법이 나타나고 있다. 즉, 사회서비스라는 용어와 사회복지서비스라는 용어가 혼용되고 있으면서 나아가 두 용어를 대비시키는 경향이 나타나고 있는 것이다.

사회복지와 관련된 용어는 나라에 따라 그 의미가 상당히 다른 경우가 많으며 이는 사회서비스의 경우에도 예외가 아니다. 하지만 그럼에도 불구하고 일반적으로 사회서비스는 넓은 의미로 사용될 경우 사회복지서비스뿐만 아니라 소득보장이나 교육, 고용, 주거까지 포함하는 용어라 할 수 있으며 좁은 의미로 사용될 경우에는 사회복지서비스와 거의 동일한 의미를 갖는 용어이다(석재은 · 김수정 · 여유진 · 남찬섭, 2006). 그런데, 현재 한국에서는 이러한 일반론적인 의미 외에 사회서비스와 사회복지서비스를 분리시키려는 혹은 더 나아가 두 가지를 서로 대립시키려는 경향이 점점 나타나고 있다. 두 용어를 분리 내지 대립시키려는 경향에서 사회서비스는 저출산 · 고령화 경향에 대비하여 새롭게 확대된 서비스, 수요자 중심적 서비스, 보편주의적 서비스를 대변하는 것처럼 규정하며, 반면에 사회복지서비스는 과거부터 행해오던 전통적인 서비스, 공급자 중심적인 서비스, 선별주의적 서비스를 대변하는 것처럼 규정하는 경향이 있다. 또한 현재 한국에서 사회서비스는 서비스 내용으로는 돌봄서비스와 연관되고 서비스 제공방식으로는 바우처와 연관되는 경향을 보이고 있다.

이러한 경향은 한국이 사회서비스를 본격적으로 발전시킨 타이밍의 독특성(신자유주의적인 기조에 의한 복지국가 재편이 일어나던 시기에 사회서비스의 본격적 발전이 시도된 점 등)과 사회서비스 확대와 관련된 부처 간의 입장 차이 등에 의해 나타난 것이다. 이 글에서는 사회서비스를 좁은 의미로 사용하며 따라서 사회복지서비스와 본질적으로 차이가 없는 것이라고 보고 특별히 사회복지서비스라는 용어를 써야 할 경우를 제외하고는 사회서비스라는 용어를 사용한다.

사회서비스의 제도적 구조

사회서비스는 기본적으로 대인관계를 매개로 하여 제공되는 서비스이기 때문에 대단히 문화적인 속성을 갖는다. 이러한 사회서비스의 성격은 바알레(Bahle, 2003)에 의해 잘 정리된 바 있는데, 그에 의하면 사회서비스는 다음 4가지의 특징을 가진 것이다. 첫째, 사회서비스는 재화의 생산이 아니라 인간personal을 대상으로 한 서비스이며 둘째, 사회서비스는 신체적 혹은 지적 욕구가 아니라 사회적 욕구social needs의 충족을 목표로 하는 서비스이고 셋째, 사람 간의 직접적인 사회적 상호작용을 매개로 수행되는 서비스이며 넷째, 단순한 사적私的, private 관계를 넘어서는 사회적 의미so-cial significance를 갖는 서비스이며 이런 점에서 사회서비스에서의 서비스 행위는 그 사회의 가치와 규범에 의해 지배되는 사회적 맥락 속에 배태되어em-bedded 있다. 따라서 이와 같은 특징을 고려할 때 사회서비스는 "사회적 가치와 규범에 의해 형성된 일정한 사회적 맥락 속에서 사회적 욕구의 충족을 위해 직접적인 대인관계를 매개로 하여 제공되는 대인서비스"라 할 수 있다.

이처럼 사회서비스는 사회적 가치와 규범에 의해 형성된 일정한 사회적 맥락 속에 존재하기 때문에 그것이 작동되기 위해서는 사회적 승인과정이 필요하다. 즉, 사회서비스가 사회적으로 규제되고 통제되는 일정한 방식을 구축할 필요가 있는 것이다. 이 방식의 구축은 곧 사회서비스가 제도화institutionalization된다는 것을 의미한다. 바알레는 렙시우스(Lepsius, 1990, Bahle, 2003에서 재인용)의 논의를 빌어 일반적인 의미에서 제도화란 4가지 문제의 해결에 관련된 것이라고 말한다. 첫째의 문제는 역할의 할당 문

표 8-1 사회서비스를 둘러싼 제도적 맥락의 구성요소와 내용

제도적 맥락의 구성요소	내용
역할의 할당	누가 공급자가 되며 누가 수혜자가 될 것인가? 그리고 이들 각자는 어떤 역할을 부여받게 할 것이며 이들 간의 관계는 어떻게 규정할 것인가?
자원의 할당	자원을 얼마나 어떻게 할당할 것인가?
통제 및 관리운영체계	법적·행정적 규제체계를 어떻게 구축할 것인가?
정당성 확보	위 3가지 요소에서 특정 방식의 선택을 하게 되는 근거는 무엇인가?

자료: Bahle(2003)에서 수정

제인데 이것은 어떤 행위자를 제도 내에 포괄하며 그 행위자에게 어떤 역할을 부과할 것이며 그들 간의 관계는 어떻게 설정할 것인가의 문제이다. 둘째는 자원의 할당 문제인데 이것은 특정 제도에 자원을 얼마나 어떻게 할당할 것인가의 문제이다. 셋째는 통제 및 관리운영체계의 문제인데 이것은 제도의 법적·행정적 규제체계를 어떻게 구축할 것인가의 문제이다. 넷째는 정당성 확보의 문제인데 이것은 제도화와 관련된 위의 3가지 문제를 해결하는 모든 과정을 어떻게 정당화할 것인가의 문제이다.

결국 일반적인 의미에서 제도화란 역할의 할당, 자원의 할당, 통제 및 관리운영체계의 구축, 정당성 확보라는 4가지 요소를 중심으로 이루어지며, 이들 4가지 요소를 중심으로 한 사회적 선택이 어떻게 이루어지는가 하는 것이 제도적 구조를 형성하는 것이다. 사회서비스의 제도화도 이러한 4가지 요소를 중심으로 이루어지는 것에는 예외가 아니다.[2]

---

2. 바알레는 사회서비스의 제도화와 관련해서는 본문에서 말한 4가지 외에 특정 사안이 사회문제로 규정되어야 한다는 조건을 사회서비스 제도화의 전제조건이라고 하여 사실상 5가지를 이야기했지만(Bahle, 2003), 여기서는 이 조건에 대해서는 논의하지 않는다.

역할의 할당

사회서비스에서 역할의 할당이란 곧 누가 공급자가 되며 누가 수혜자가 될 것인가 그리고 이들 각자는 어떤 역할을 부여받게 할 것이며 이들 간의 관계는 어떻게 규정할 것인가의 문제에 답을 구하는 것이라 할 수 있다. 어떤 나라이든지 사회서비스의 공급자가 되기 위해서 필요한 자격요건을 정하게 되며 마찬가지로 사회서비스의 수혜자가 되기 위해서 필요한 수급요건도 정하게 된다. 하지만 역할의 할당 문제와 관련하여 더욱 중요한 것은 공급자와 수혜자 간의 관계를 어떻게 정할 것인가 하는 문제이다. 공급자와 수혜자(수요자) 간의 관계를 정하는 문제는 곧 사회서비스 전달체계를 정하는 문제이다(Bahle, 2003).

그런데 이 문제와 관련해서는 서비스 공급을 서비스 생산과 서비스 조정의 두 가지로 구분한 사베스E. S. Savas의 논의가 유용한 것으로 보인다. 그에 따르면, 서비스 생산production이란 욕구충족에 필요한 서비스를 직접 산출하고 서비스 업무를 직접 수행하는 것을 의미하며, 이에 비해 서비스 조정provision or commission이란 수요자와 생산자를 연결하는 것, 즉 수요자에게 생산자를 배정하거나 생산자에게 수요자를 배정하는 것을 의미한다(사베스, 1994).[3] 이렇게 보면 우리가 흔히 말하는 사회서비스의 직접공급은 사회서비스의 생산이고 따라서 사회서비스의 직접공급을 담당하는 민간비영리기관들은 사회서비스의 생산자가 된다. 그리고 사회서비스의 생산자인 민간기관들과 지역주민들이 사회서비스를 매개로 연결(어떤 형

---

3. 사베스(1994)는 원래 수요자와 생산자의 연결에 관련된 것을 제공(provision)이라고 하였다. 그런데 제공이라는 용어는 우리말에서 공급과 혼란될 우려가 있고 또 사베스 자신이 제공을 커미션(commission)이라고 부르기도 하였으므로 여기서는 이를 서비스 조정이라고 하기로 한다.

태의 연결이든)되도록 하는 것은 서비스의 조정에 해당한다.

이러한 사베스의 논의를 준거로 하면 전통적으로 전달체계라고 지칭해 온 것의 의미를 좀 더 구체적으로 파악할 수 있다. 전통적으로 사회서비스 전달체계는 흔히 길버트와 테렐(2007)의 논의를 따라 공급자와 수요자 간의 관계 및 공급자 간의 관계라는 두 가지 관계를 의미하는 것으로 규정되어 왔다. 여기서 후자의 공급자 간의 관계는 공공부문 공급자 간의 관계와 민간부문 공급자 간의 관계, 그리고 공공부문 공급자와 민간부문 공급자 간의 관계를 모두 지칭한다. 그런데 이들 관계는, 물론 국가에 따라 다양한 모습을 보이지만, 1차적으로는 공공부문, 특히 정부가 그 관계와 관련하여 어떤 방침을 채택하고 실행하는가에 크게 영향을 받는다. 그리고 그러한 관계에 관련된 정부의 방침은 곧 사회서비스 내에서 행위하는 공급자들을 어떻게 통제하고 규제할 것인가에 관한 방침을 말한다. 이런 점에서 길버트와 테렐(2007)이 말하는 전달체계 중 공급자 간의 관계는 곧 사회서비스의 통제 및 관리운영체계를 의미한다고 볼 수 있다.

하지만 사회서비스는 궁극적으로 수요자에게 전달될 것을 전제로 한다는 점에서 그리고 공급자 간의 관계체계의 구축도 결국은 수요자를 표적으로 한 것이라는 점에서 서비스 전달체계에서 가장 중요한 것은 공급자와 수요자 간의 관계체계를 어떻게 구축할 것인가의 문제이다. 그런데 이와 관련하여 위에서 언급한 전통적인 전달체계 개념규정에서는 공급자를 생산자와 조정자로 구분하지 않고 둘 모두를 포함하고 있다. 이는 생산자와 수요자 간의 관계체계를 구축하는 조정역할은 서비스의 직접공급을 담당하는 생산자에게 부여될 수도 있고 별도의 조정자에게 부여될 수도 있기 때문이다.[4] 조정역할을 누구에게 부여하든 중요한 것은 조정역할이 명확하게 설정되어 있어야 생산자와 수요자 간의 관계가 제도화될 수 있다는 점이다. 학계에서 그간 사회서비스 전달체계에 관한 논의가 많이 이루어져 왔지만 그것은 실제로는 사회서비스 통제 및 관리운영체계에 관한 논의로 주로 이루어져 왔고 생산자와 수요자 간의 관계체계 구축에 관련된 조정역할에 대해서는 논의가 다소 부족하였다.

그러면 서비스 조정, 즉 서비스 생산자와 서비스 수요자 간의 연결은 무엇을 기준으로 이루어지는가? 그것은 무엇보다도 서비스 수요자가 가진 욕구를 기준으로 이루어져야 한다고 할 수 있다(Dean, 2010). 욕구는 다소 그 개념이 모호한 점이 없지 않지만 대체로 사회서비스가 예정하고 있는 돌봄서비스 등의 혜택을 받을 객관적·주관적 필요를 의미한다고 할 수 있다. 사회서비스에서 서비스 조정이 욕구를 기준으로 이루어지기 위해서는 우선 욕구를 평가하고 판단하는 체계가 제도화되어 있어야 하고 이를 위해서는 욕구를 평가할 주체가 누구인지 그 주체가 무엇을 기준으로 욕구를 평가할 것인지가 정해져서 제도화되어 있어야 하며, 그 다음으로 이렇게 평가된 욕구와 그것을 충족시킬 서비스를 연결시키는 체계가 제도화되어 있어야 한다.

이러한 것들을 욕구평가체계라고 할 때 이 욕구평가체계의 제도화는 법적 권위와 조직적 능력이라는 두 가지 요소에 의해 가능하다고 볼 수 있다(Jewell, 2007). 특정 행위자에게 욕구평가의 권한을 부여하고 그것을 바탕으로 욕구와 서비스를 연결시킬 권한을 부여하기 위해서는 그 행위자에

---

4. 조정역할이 생산자에게 부여된다면 그것은 길버트와 테렐(2007)이 말하는 조정(coordination)전략에 해당할 것이며 그것이 별도의 조정자에게 부여된다면 그것은 그들이 말하는 전문화된 접근구조 전략에 해당할 것이다.

게 어떤 형태로든 권위가 부여되어야 한다. 민간기관이 그러한 욕구평가 역할을 하는 경우에 그 권위는 해당 민간기관이 가진 도덕적·철학적 우월성에 대한 사회구성원들의 승인과 신념에 의해 가능할 수 있다. 예컨대, 19세기 후반 영국의 자선조직협회는 그와 관련된 인사들이 가진 도덕적·철학적 우월성과 개혁적 명분에 의해 그러한 권위를 승인받을 수 있었다. 하지만 오늘날 사회가 다양화하고 국가의 역할이 커진 상황에서는 민간 기관의 우월성에 대한 범사회적인 자발적 승인을 기대하기는 어려우며 그 보다는 법률에 의해 제도적으로 권위를 보장하는 것이 보다 적절하다. 즉, 사회서비스 욕구를 평가할 때 그리고 평가된 욕구와 그 욕구를 충족시킬 서비스를 연결시킬 때 그와 관련된 권한과 책임이 법률에 의해 특정 주체 에게 부여되어 있어야 하는 것이다. 이런 점에서 서비스 조정체계는 욕구 평가와 욕구와 서비스의 연결에 관련된 권한과 책임체계라 할 수 있다.

하지만 법적으로 권한과 책임이 부여되어 있더라도 그것을 부여받은 행 위자가 그 권한과 책임을 실제로 집행할 재정적·행정적 능력을 갖추고 있 지 못하다면 그것은 실효성을 보장받지 못한다. 예컨대, 서비스와 욕구를 연결하여 특정 생산자로 하여금 특정 서비스를 특정 수요자에게 제공토 록 한다고 할 때, 그 생산자에게는 서비스의 직접공급에 따른 비용이 발생 하게 될 뿐만 아니라 서비스 직접공급과정에서 각종 문제에 부딪힐 수도 있게 되는데 이 비용을 지원할 수 없거나 그 문제들을 해결해줄 수 없다면 서비스와 욕구의 연결은 실효성을 발휘하지 못하게 된다. 이런 점에서 서 비스 조정체계는 조정 자체의 실효성을 보장해줄 수 있는 능력의 확보를 의미한다고 할 수 있다.

지금까지의 논의를 종합하면 사회서비스 제도화에서 역할의 할당은 서비스 조정체계의 구축을 가장 중요한 요소로 하는 것이며, 이 조정체계의 구축은 욕구평가와 욕구와 서비스의 연결에 관련된 법적 권위와 조직적 능력의 확보를 의미한다고 할 수 있고 또 이 조정체계의 구축이 전통적으로 말하는 서비스 전달체계에서 가장 중요한 요소라고 할 수 있다. 어떤 면에서 사회서비스의 공급자가 누가 될 것인지와 수혜자가 누가 될 것인지는 조정체계의 구축이 적절히 이루어진다면 그에 따라 부수적으로 결정될 수 있는 문제라고 할 수 있다.

자원의 할당

자원의 할당은 사회서비스에 얼마만큼의 자원을 할당할 것인가의 문제와 그 자원을 어떻게 할당할 것인가의 문제를 말하는 것으로 사회서비스에 투입되는 재정규모와 재정체계의 문제라 할 수 있다. 재정규모의 문제는 사회서비스와 그 외 다른 정책 간의 상대적 우선순위에 의해 결정되며 또한 사회서비스 내에서는 그에 속하는 여러 서비스 간의 상대적 우선순위에 의해 특정 사회서비스에는 더 많은 재정이 할당될 수 있다. 재정규모의 문제도 중요하지만 재정체계도 대단히 중요하다. 특히 재정체계는 지원자의 권한과 감독을 강화하는 방식으로 이루어질 수도 있고 피지원자의 재량을 강화하는 방식으로 이루어질 수도 있어서 사회서비스의 통제 및 관리운영체계와도 밀접한 관련성을 갖는다. 또한 재정체계는 공급자(특히 생산자)와 수요자 간의 관계에도 중요한 영향을 미칠 수 있다. 특히 노인장기요양서비스를 사회보험방식으로 운영하거나 다른 사회서비스를 바우처 방식으로 운영하는 경우 그것은 생산자와 수요자 간의 관계에 변화를 초래할 수 있다.

통제 및 관리운영체계

통제 및 관리운영체계는 사회서비스와 관련된 법적 · 행정적 규제체계를 어떻게 구축할 것인가의 문제인데 이는 곧 누가 사회서비스 전반의 통제권한을 갖는가를 의미한다. 이 통제권한의 주체에 있어서는 특히 중앙정부와 지방정부 간의 관계가 중요하다. 역사적으로 서구에서도 사회서비스는 지방정부(주로 자치시)에 의해 제공되어 왔으며 중앙정부가 사회서비스의 공급에 본격적으로 관여하기 시작한 것은 2차 세계대전 이후이고 그 경우에도, 나라에 따라 그리고 서비스 분야에 따라 차이는 있지만, 지방정부에 대한 중앙정부의 개입은 현금급여를 위주로 한 제도에 비하면 약한 편이다(Alber, 1995; Bahle, 2003). 최근에 와서 분권화와 시장화가 강조되고 있지만 그것을 지향한 정책의 실제 결과는 나라에 따라 차이가 있다(Bahle, 2003).

정당성 확보

이것은 역할의 할당과 자원의 할당, 그리고 통제 및 관리운영체계와 관련하여 한 사회가 마련한 규칙을 어떻게 정당화할 것인가의 문제이다. 다시 말해서 공급자와 수혜자를 특정 방식으로 정하고 자원을 특정 정도로 할당하고 사회서비스의 통제와 관리운영체계를 특정 방식으로 구축한 근거가 무엇이며 그것이 사회적으로 어떻게 승인되는가의 문제인 것이다. 이 정당성 확보의 문제는 그 사회가 사회서비스에 대해 가진 사회적 가치와 규범으로부터 크게 영향을 받는다.

한국 사회서비스의 제도적 구조

이제 사회서비스의 제도적 구조를 구성하는 위의 4가지 요소에 비추어 한국의 사회서비스는 어떻게 제도화되어 있으며 어떤 제도적 특성을 가지고 있는지에 대해 살펴보기로 한다.

역할의 할당: 조정체계가 결여된 민간중심적인 생산구조

한국에서 사회서비스의 주된 생산자는 민간비영리기관이다(문순영, 2005; 이봉주 · 김용득 · 김문근, 2008; 이현주 외, 2003). 그리하여 사회서비스의 직접공급은 민간비영리기관에 의해 대부분 이루어지고 있다. 하지만 이처럼 민간비영리기관이 사회서비스의 주된 생산자가 된 데에는 예컨대 민간비영리부문의 도덕적 · 철학적 우월성에 대한 사회적 승인이나 신뢰가 있었다거나 그래서 정부가 민간비영리부문을 의도적으로 지원했다거나 한 근거들이 있었던 것은 아니다. 또한 사회서비스의 생산자로서 민간비영리부문의 자격에 대해 정부가 권위 있고 엄격한 기준을 가지고 있는 것도 아니다.

전통적으로 한국 정부는 사회서비스에 대해 지극히 소극적이었고 그리하여 한국 사회서비스에서 민간비영리기관들은 정부의 복지책임 전가의 대상이었다. 이러한 이유와 그 외 여러 가지 이유로 민간비영리기관들은 정부에 대해 재정적인 면에서나 행정적인 면에서 종속적이며 나아가 정부가 책임져야 할 서비스를 대행하여 생산하는 종속적 대행자의 역할을 부여받고 있다(이봉주 · 김용득 · 김문근, 2008). 그리고 서비스 수혜자들은 대체로 선별주의적인 정책에 의해 가난한 한계계층인 경우가 많다. 최근에, 특히 참여 정부 이후에 서비스 수혜자를 좀 더 보편주의적인 방식으로 결정하려는 변화가 나타나고 있다.

역할의 할당과 관련하여 한국 사회서비스가 가장 특징적으로 가지고 있는 점은, 서비스 조정체계가 결여되어 있다는 점이다. 한국에서는 사회서비스의 주된 생산자인 민간기관들이 개별적으로 서비스 이용자들의 이용자격을 심사하고 각 기관의 재량적 판단에 의하여 서비스 제공결정을 하고 있다(이봉주 · 김용득 · 김문근, 2008). 하지만 민간기관들의 이러한 행위는 그들이 서비스의 직접공급자로서 현장에서 직면하는 필요성에 의해 개별적으로 이루어지는 것이지 민간기관의 우월성에 대한 사회적인 승인이나 신뢰에 바탕을 둔 것은 아니다. 한국의 민간기관들은 서구처럼 자선조직협회의 전통을 가진 것도 아니며 인보관 운동의 역사를 가진 것도 아니어서 도덕적 · 철학적 우월성을 승인받아본 경험이 없다. 그렇다고 해서 정부가 민간기관들이 현장에서 직면하는 필요에 의거하여 즉자적 차원에서 그리고 개별기관 차원에서 행하는 조정역할을 법적으로 승인하여 거기에 권위를 부여하는 것도 아니다. 욕구를 어떻게 평가 · 판단하고, 평가된 욕구를 어떻게 서비스와 연결할 것인지, 그리고 그러한 욕구평가와 서비스의 연결을 어떤 주체가 담당하며 그 주체는 어떤 권한과 책임을 가지고 그 일을 할 것인지가 제도화되어 있지 않은 것이다. 그리하여 한국의 사회서비스에서 국가는 개별 서비스 제공기관에 대해 운영비용을 지원할 뿐이며 구체적인 서비스의 전달내용과 과정이 국가적인 틀에 의해 갖추어지지 못한 상태이다(이봉주 · 김용득 · 김문근, 2008). 결국, 한국 사회서비스에서 역할의 할당과 관련된 제도화는, 서비스 조정체계가 결여된 가운데 정부에 대해 종속적 대행자의 지위를 부여받은 민간비영리기관을 중심으로 한 직접공급이 이루어지며 그 대상은 선별주의적 기준에 의해 정해지는 구조를 특징으로 하고 있다.

자원의 할당: 부족하면서도 적절히 분배되지 못하는 통제 우선적인 재정체계

한국에서 사회서비스에 투입되는 자원은 늘 욕구충족에 부족할 뿐만 아니라 서비스 생산자에게 양질의 근로조건을 보장할 수준도 되지 못하는 경우가 많다. 정부는 민간기관 종사자들에게 일률적으로 낮은 수준의 호봉을 기준으로 인건비를 지원하고 있으며 이를 단지 정부의 정책적 물가상승률에 따라 매년 인상시켜 왔을 뿐이다.

더욱 중요한 문제는 정부가 욕구충족에 필요한 적절한 자원량이 어느 정도인지를 추계할 능력을 사실상 갖고 있지 못하다는 점이다. 이것은 서비스 조정체계가 구축되어 있지 않은 데 따른 필연적인 결과이다. 욕구를 기준으로 운용되어야 할 사회서비스에서 욕구를 평가할 체계나 욕구와 서비스를 연결시킬 체계, 그리고 그와 관련된 권한과 책임체계를 구축하지 않고 있기 때문에 한국 정부는 스스로가 투입한 자원이 욕구를 어느 정도 충족시켰는지를 사실상 파악할 수 없으며 나아가 향후 어느 정도의 자원을 투입해야 욕구를 어느 정도나 충족시킬 수 있는지도 추계할 수 없는 처지에 있다. 이로 인해 사회서비스에 투입된 자원이 서비스 생산자들 사이에서도 어느 정도나 효과적이고 공평하게 배분되고 있는지를 파악할 수도 없는 상황이다. 한국 정부는 늘 자원할당에서 효율성을 주장하지만,

그것은 사회서비스에 투입되는 자원총량의 크기를 일정한도 내로 제한한다는 의미에서의 효율성일 뿐 그 자원이 욕구를 얼마나 효과적·효율적으로 충족시키는지 또 그 자원이 서비스 생산자들 사이에 얼마나 공평하게 배분되고 있는가라는 측면에서의 효율성은 아닌 것이다. 그리하여 사회서비스에 할당되는 자원은 늘 부족하면서도 적절히 배분되지 않는 문제점을 안고 있고 이 문제는 사각지대와 중복지원이 늘 공존하는 형태로 나타나고 있다.

또한 한국 사회서비스의 재정체계는 욕구충족을 지원하거나 욕구충족을 위해 서비스를 생산하는 민간기관을 후원하고 민간기관의 역할을 격려하기보다는 민간기관의 재정행태를 통제하는 데에 우선순위를 두는 경향이 있다. 이 역시 근본적으로는 사회서비스 조정체계가 구축되어 있지 않기 때문에 나타나는 결과이다. 한국정부는 조정역할을 한 경험도 없고 조정체계를 구축하고 있지도 않기 때문에 사회서비스에 투입된 재정이 찾아가야 할 적재적소가 어딘지를 파악할 능력이 없다. 따라서 사실상 한국정부는 민간기관의 서비스 생산기능을 내용적으로 지원하고 격려할 능력이 없는 것이다. 또한 사회서비스를 생산하는 민간기관에 대한 재정지원방식도 대단히 관료적이고 경직적이다. 민간기관들은 전년도에 책정된 개별기관별 관리운영비 총액을 해당연도에 분기별로 나누어서 받고 있는데 이와 관련된 정부의 감독은 정부가 지원한 재정이 욕구를 얼마나 표적화하여 충족시켰는가를 기준으로 하기보다는 일반행정에서의 회계규칙을 기준으로 한 것인 경우가 많다. 이 역시 한국정부가 사실상 욕구를 얼마나 표적화하여 충족시켰는지를 평가할 능력이 없기 때문에 나타나는 결과이다. 이런 점에서 한국 사회서비스의 재정체계는 통제 우선적인 재정체계의 특징을 갖는다고 볼 수 있다.

통제 및 관리운영체계: 분절된 행정체계

사회서비스 통제체계로서의 행정체계는 중앙정부와 지방정부 간의 관계를 중심으로 형성되어 왔는데, 이것은 분절성을 특징으로 한다. 이 분절성은 다시 2가지로 나누어 볼 수 있다.

첫째는 사회서비스에서 거의 언제나 지방정부는 중심적인 행위자에서 배제되어 있다는 사실이다. 사회서비스는 그 특성상 지역단위의 공급을 특징으로 하고 이에 따라 사회서비스의 공급에는 지방정부의 역할이 중요하지만 한국의 지방정부는 그 역사나 업무에서나 사회서비스를 중심적인 기능으로 설정해오지 않아 사회서비스 공급에서 중심적인 역할을 수행할 역량이 결여되어 있다. 지방정부가 그런 역할을 하지 못한다면 민간부문이라도 역사적·지적·철학적 전통을 가지고 사회적 승인을 얻을 수 있어야 하는데 그렇지도 못하다.

둘째는 사회서비스 공급에서 중심적인 역할을 담당해야 할 지방정부는 그 조직과 인력을 사회서비스와는 기능적으로 별 관계가 없는 행정안전부에 의해 통제받고 있다는 것이다. 어떤 점에서 한국의 사회서비스가 안고 있었던 최대의 모순은, 그 본질상 지역을 단위로 기획·공급되어야 할 사회서비스에 있어서 이를 담당해야 할 지방정부 자체가 가장 큰 걸림돌이면서 동시에 이러한 지방정부가 사회서비스를 담당하는 보건복지부가 아니라 행정안전부의 통제를 받고 있다는 사실, 다시 말해서 사회서비스의 현대화를 위해서는 지방정부와 행정안전부라는 조직과 인력에 의존하지 않을 수 없지만 이들은 사회서비스의 역량과 마인드를 모두 결여하고 있고 그나마 사회서비스의 내용을 어느 정도 채울 수 있는 보건복지부는 조직과 인력을 통제할 수 없다는 사실에 있다고 할 수 있다.

정당성 확보: 시혜성

한국에서 사회서비스의 정당성을 뒷받침해온 가장 전통적인 근거는 시혜성이다. 한국에서 사회서비스는 정치적으로 의미를 가지지 못했다. 사회서비스가 의미를 가질 경우에는 그것이 시혜적이고 동정적인 것으로 이미지화될 때이다. 정치적으로 중요하지 않고 동정적·시혜적인 것으로 이미지화되어 있기 때문에 사회서비스를 국가가 나서서 제공할 정치적 동기나 모멘트가 형성되지 못하였다. 사회서비스 공급에 종사한 민간부문이 모두 시혜적인 접근을 한 것은 아니지만 그들이 놓여 있는 구조, 즉 사회적 가치와 규범은 시혜적·동정적 접근에 지배되는 구조였다. 국가는 민간부문에 시혜적 이미지를 덧씌우고 민간부문은 시혜적·동정적 이미지로 자신을 정당화해왔다.

앞에서 사회서비스의 주된 공급자가 민간비영리부문이라고 하였는데 이렇게 된 데에는 한국의 사회서비스가 시혜성에 의해 지배되고 있기 때문이다. 유럽의 경우에도 예컨대 독일처럼 민간부문이 사회서비스의 중요한 공급자가 되는 경우가 있지만 한국에서 민간부문이 주된 공급자가 된 것은 독일처럼 보족성의 원칙이 사회적 규범으로 자리를 잡았기 때문이 아니라 시혜성이 사회적 규범으로 자리를 잡고 있었기 때문이다. 따라서 시혜성이 지배하는 한국 사회에서 동정적이고 시혜적인 사회서비스를 제공하는 민간부문의 사회적 지위는 낮을 수밖에 없으며 정치적으로도 중요한 행위자로 간주되지 않는다. 이것이 민간부문에게 정부에 대한 종속적 대행자의 지위를 부여한 원인이다. 또한 이처럼 시혜성에 지배되어 있기 때문에 한국의 민간부문은 사회서비스 이념의 측면에서 대단히 취약한 편이다. 한국의 민간부문은 서구에서 보는 것과 같은 자선조직화운동이나 인보관 운동의 전통을 가지고 있지 않다. 유럽처럼 국가가 사회서비스 공급에 나선다면 공권력의 뒷받침을 받아 권위 있는 권한을 행사할 수 있으며 그렇지 않다면 미국처럼 민간부문이 나름의 역사적 전통을 가지고 그것에 기대어 사회적 승인을 받을 수 있겠으나 한국은 유럽의 경우에도 해당하지 않고 미국의 경우에도 해당하지 않는다.

또한 시혜성은 그 이면에 권위주의를 가지고 있다. 시혜성은 언뜻 보기에는 좋은 점이 있어 보이나 기실은 그 내부에 받는 자보다 주는 자의 상황을 우선시하는 태도를 가지고 있는 것이다. 따라서 받는 자는 감사해야 할 사람이지 자신이 받을 것에 대해 권리를 주장하는 사람은 될 수 없는 것이다. 이런 점에서 시혜성은 수혜자의 권리를 부정하는 태도를 그 본질로 한다. 그리고 시혜성이 지배하는 상황에서는 받는 자의 욕구를 과학적으로 평가하고 그에 기초하여 욕구와 서비스를 연결할 제도적 장치도 그리 필요하지 않다. 주는 자의 동기와 처지가 더 중요하기 때문이다. 또한 주는 자의 재정 상황에 따라 사회서비스에 할당되는 자원의 총량은 제한될 수 있고 또 필요하면 제한되어야 한다.

최근에는 시혜성 외에 권리성과 일자리 창출, 지속가능성이라는 근거가 조금씩 등장하고 있다. 저출산 · 고령화는 사회의 지속가능성에 의문을 제기하게 만들었고 이로부터 사회서비스가 고령사회를 맞아 지속가능성을 높이는 한 대안으로 주목받은 면이 있다. 일자리 창출론 역시 사회서비스를 그 자체로 중요시한 접근이라기보다는 사회의 지속가능성 제고와 실업문제 해소의 대안으로 제시된 면이 강하다. 보다 최근에는 이른바 수요자중심 서비스가 강조되고 바우처가 등장하면서 권리성이 강조되고 있다.

최근 사회서비스의 변화와 그 함의

한국 사회서비스에서 서비스의 공급 확대만이 아니라 제도적 구조의 변화시도가 본격적으로 시작된 기간은 참여 정부 기간이라 할 수 있다. 참여 정부 기간의 이런 시도 가운데 사회서비스의 제도적 구조와 관련하여 가장 중요한 시도는 2005년에 단행된 사회서비스 재정의 지방이양이다. 사회서비스 지방이양은 참여 정부가 추진한 지방균형발전이라는 큰 틀에서 추진된 것으로 이 자체는 올바른 방향이라 할 수 있다. 또한 지방균형발전을 위해 사회서비스 재정의 분권이 추진된 취지도 공감할 수 있다. 이런 점에서 사회서비스 지방이양이 효과를 발휘한다는 것은 사회서비스에 관한 지방정부의 재정자율성이 확보됨과 동시에 지방정부가 독자적인 기획능력을 가지고 사회서비스를 기획하고 제공할 수 있는 능력이 확보됨을 의미하는 것이 될 것이다(대통령자문 정책기획위원회, 2008b 참조). 그리고 이것은 앞에서 살펴본 사회서비스의 제도적 구조를 구성하는 4가지 요소 중 자원의 할당과 통제·관리운영체계의 근본적인 변화를 의미할 것이다.

하지만, 지방균형발전의 취지에 동의하더라도 적어도 사회서비스에 관한 한 지방이양은 그로부터 가정할 수 있는 효과를 거두지 못한 것으로 보인다. 게다가 지방이양 자체가 사회서비스의 제도적 구조에 미친 영향보다는 지방이양으로 인해 나타난 반작용이 사회서비스의 제도적 구조에 미친 영향이 더 큰 것으로 보인다. 다음은 지방이양의 영향에 대해 먼저 살펴보고 그 다음으로 지방이양에 대한 반작용에 대해 살펴본다.

사회서비스 지방이양의 영향

자원할당의 변화

사회서비스 지방이양과 관련하여 많은 연구자들은 지방 간 재정력 격차에 따른 불균형 심화를 문제로 지적하였다(박병현, 2008; 이인재, 2006; 조영훈, 2001). 최근의 한 분석에 따르면 지방정부의 재정자립도와 사회복지지출 간에는 사회서비스 지방이양 이전에도 음의 관계가 있었으나 이것이 지방이양 이후 더욱 커진 것으로 나타났다(국회 예산정책처, 2009).[5] 재정자립도가 낮은 지방자치단체일수록 빈곤한 사람과 노인, 장애인의 비중이 높다는 점에서 이 결과는 지방이양이 사회서비스에 있어서의 균형발전을 결과한 것이 아니라 오히려 반대로 불균형을 초래했음을 보여준다.

또한 지방이양 이후 지방정부의 재정자율성이 확보되었다기보다는 사회서비스 욕구증가에 대한 국가와 지방의 재정책임 분담의 불균형이 심화

---

5. 지방지치단체의 구분 없이 이 관계를 분석한 경우 지방이양 이전인 2004년에는 재정자립도와 사회복지지출 간에 회귀계수가 -0.0508이지만 지방이양 이후인 2007년에는 -0.2276으로 크게 증가한 것으로 나타났다.

(단위: 억 원, %)

		2002	2003	2004	2005	2006	2007	기간별 연평균 증가율		
								'02-'04	'04-'07	'02-'07
총계		86,481	94,264	106,678	128,858	153,220	172,825	11.1	17.4	14.9
국고보조사업	계	70,378	74,459	87,513	95,051	115,884	135,485	11.5	15.7	14.0
	국고보조금(A)	49,488	51,554	61,027	64,977	78,690	92,495	11.0	14.9	13.3
	지방비(B)	20,890	22,905	26,486	30,074	37,194	42,990	12.6	17.5	15.5
지방이양사업	계	9,247	10,434	12,951	16,820	19,201	22,482	18.3	20.2	19.4
	분권교부세(C)	4,215	4,912	6,107	5,531	6,955	7,734	20.4	8.2	12.9
	지방비(D)	5,032	5,522	6,844	11,289	12,246	14,748	16.6	29.2	24.0
중앙정부 부담분(A+C)		53,703	56,466	67,134	70,508	85,645	100,229	11.8	14.3	13.3
지방정부 부담분(B+D)		25,922	28,427	33,330	41,363	49,440	57,738	13.4	20.1	17.4

주 1. 2004년 이전은 국고보조금.
자료: 국회 예산정책처(2009)에서 수정

된 것으로 보인다. 지방이양 이전인 2002년에 지방자치단체 사회복지지출은 8조 6천억 원이었으나 지방이양 이후인 2007년에는 17조 3천억 원으로 증가하였다. 그런데 이 기간 동안 자치단체의 부담이 훨씬 빠르게 증가하였다. 지방이양으로 분권교부세에 편입된 과거의 국고보조금은 2002년부터 2004년까지 연평균 20.4%씩 증가하였고 그에 해당하는 자치단체지출은 16.6%씩 증가하여 국고보조금의 증가속도가 더 빨랐다. 이는 저출산 · 고령화 등으로 사회복지수요가 증가하였기 때문이며 서론에서 본 것처럼 사회서비스 지출이 1990년대부터 이미 빠르게 증가하기 시작한 경향과도 관련이 있다. 하지만 지방이양 이후 분권교부세는 연평균 8.2% 증가했을 뿐이며 지방비는 연평균 무려 29.2%씩 증가했다. 또한 지방이양사업으로 분류되지 않은 사업의 경우에도 국고보조금은 지방이양 이후 연평균 14.9%씩 증가했지만 지방비는 연평균 17.5%씩 증가했다. 또한 분권교부세를 중앙정부 부담분으로 간주하고 자치단체 사회복지지출을 중앙정부 부담분과 자치단체 부담분으로 구분할 경우에도 지방이양 이후 자치단체 부담분이 훨씬 더 빠른 속도로 증가했다. 더욱이 2005년 지방이양 이후 지방이양사업으로 분류된 과거의 국고보조사업에서 국고보조금이 연평균 20.4%씩 증가하고 있었는데 이를 지방이양사업인 분권교부세사업으로 전환한 후 증가율이 8.2%로 하락한 사실은 사회서비스 지방이양이 사회서비스 욕구의 증가로 늘어날 가능성이 있는 중앙정부의 지출을 억제하려 한 경제부처의 의도에 활용당한 것이 아닌가 하는 의심마저 자아내게 한다.

게다가 사회서비스 지방이양으로 경상비적 성격의 중앙정부 보조금(주로 민간기관에 대해 지원되는 관리운영비)이 모두 지방부담분으로 넘어가면서 보건복지부는 지방에 대한 재정적 통제력을 상실하게 되었다. 앞서 본 것처럼 한국 정부는 서비스 조정체계를 구축하지 않은 상태에서 개별 민간기관에 대해 관리운영비를 지원하는 재정체계를 가지고 있으면서 이를 통해 지방정부와 지방의 민간기관들에 대해 통제력을 행사해 왔는데 이 관리운영비가 대부분 지방정부가 집행하는 분권교부세로 넘어가게 되어 보건복지부는 지방에 대한 재정지원을 통한 통제를 행사하는 데 큰 어려움에 봉착하게 되었다.

하지만 그렇다고 해서 이것이 통제우선적인 재정체계를 변화시킨 것은 아니다. 지방이양 이후에도 민간기관에 대해 지방정부가 지원하는 재정지원방식은 지방이양 이전과 거의 동일하기 때문이다. 여전히 관료적이고 경직된 방식의 재정지원이 이루어지고 있는 것이다. 이런 경직된 재정지원방식은 서비스 조정체계가 구축되지 않는 한 바꾸기 어려운 문제이며 이것은 지방이양과는 크게 관련이 없는 것이다. 따라서 지방이양 이후에도 통제 우선적인 재정체계에는 큰 변화가 없다고 할 수 있다. 결국 지방이양은 지방 간 불균형과 중앙과 지방 간 재정분담의 불균형, 그리고 통제우선적인 재정체계를 바꾸는 데에는 별 성과를 거두지 못했고 지방에 대한 보건복지부의 통제력만 약화시키는 결과를 초래하였다.

통제 및 관리운영체계의 변화

사회서비스 행정체계와 관련하여 한국에서는 행정안전부와 보건복지부의 이해관계가 늘 갈등해 왔다. 이것은 사회서비스에 대한 기능적 책임은 보건복지부에 있지만 그 기능을 실제로 실행하는 데 필요한 인력과 예산은 행정안전부의 통제 아래에 있기 때문에 발생하는 것이었다. 보건복지부는 1992년에 개정된 사회복지사업법에 따라 독자적인 사회복지전달체계를 구축하기 위해 몇 차례 시도해왔는데, 1990년대 중후반의 보건복지사무소 시범사업과 참여 정부 시절인 2004년부터 시도된 사회복지사무소 시범사업이 그 대표적인 예이다. 보건복지부의 이런 노력은 사회서비스의 분절된 행정체계를 보건복지부로 일원화하려는 시도였다고 할 수 있다.

이러한 보건복지부의 노력이 1990년대 중반부터 지속적으로 전개되어 오던 상황에서 전격적으로 단행된 지방이양은, 적어도 사회서비스의 통제 및 관리운영체계의 면에서 보면, 기능적으로 사회서비스를 담당하고 있지는 않지만 그에 관련된 조직과 예산, 인력을 통제할 수 있는 행정안전부와 기능상 사회서비스를 담당하고 있는 보건복지부로 분절된 행정체계를 그대로 유지하는 선택이었다. 물론 참여 정부는 지방이양을 단행한 이후 지방의 공공복지전달체계 구축을 위해 주민생활지원체계 구축을 시도하여 이른바 8대 서비스를 공공복지전달체계로 하여금 수행토록 하는 등 나름대로 많은 노력을 기울였는데 이들은 그 이후에 진행된 공공복지전달체계 개편의 방향을 제시하는 데 기여한 면이 있지만 당시에는 큰 성과를 거두지는 못하였다. 주민생활지원체계 구축은 지방정부의 사회서비스 역량을 강화하려는 것이었다는 점에서 지방이양과 방향에서는 조화로운 시도였지만 성과를 내기에는 기간이 너무 짧았고 또한 무엇보다 한국 사회서비스가 가진 행정적 분절구조를 감안할 때 보건복지부로부터 성의 있는 협조를 얻기 어려운 것이었다.

사회서비스 지방이양의 다른 영향들

사회서비스 지방이양은 자원의 할당과 통제 및 관리운영체계에 직접적으로 관련되지만 사회서비스의 제도적 구조 중 역할의 할당이나 정당성 확보와도 관련성이 있다.

먼저 역할의 할당과 관련하여 사회서비스 지방이양은 조정체계가 결여된 민간중심적인 생산구조라는 성격에는 큰 변화를 주지 못하였다. 이는 사회서비스 지방이양 자체가 역할의 할당을 변화시킬 의도를 명시적이고 계획적으로 가진 것이 아니었기 때문이다. 지방이양은 단지 사회서비스는 지방에서 공급되어야 한다는 당위성을 가지고 있었던 정도였고 이에 기초하여 주민생활지원서비스체계의 구축을 시도한 정도였다. 주민생활지원서비스체계 구축은 서비스 조정체계의 구축을 이른바 공공부문 사례관리라는 이름으로 표현하고 있었지만 그것을 생산자와 수혜자의 연결체계라는 식으로 구체적으로 구상하고 있었던 것은 아니었다. 그리고 민간중심적인 생산구조에는 아무런 변화가 없었고 이는 앞으로도 그러할 가능성이 높다.

정당성 확보와 관련하여 지방이양은 사회서비스가 지방을 단위로 기획되고 공급되어야 하는 것이라는 인식을 확산시키는 데에는 일정한 기여를 한 것으로 보인다. 하지만 시혜성이라는 정당성의 근거를 바꿀 수 있을지는 불분명하다. 오히려 시혜성은 지방이양이 아닌 그에 대한 반작용으로 변화될 가능성이 더 높아지고 있다.

지방이양에 대한 반작용의 영향

지금까지 본 것처럼 사회서비스 지방이양은 사회서비스를 둘러싸고 그 전부터 형성되어온 제도적 구조를 변화시키는 데에 큰 기여를 하지 못하였다. 오히려 지방이양 그 자체보다는 지방이양이 가져온 영향에 대한 반작용이 사회서비스의 제도적 구조를 더 크게 변화시키고 있다. 이 후자의 변화는 전체적으로 보아 지방이양의 본래 의도를 살리는 방향으로 전개되고 있다기보다는 그 반대방향으로 전개되는 것으로 보인다. 특히 이 변화는 통제 및 관리운영체계와 관련하여 나타나고 있다.

지방이양에 대한 반작용과 통제 및 관리운영체계의 변화

앞서 본 것처럼 한국정부는 욕구평가와 욕구와 서비스의 연결을 담당할 조정체계를 구축해오지 않은 상태에서 재정지원을 매개로 사회서비스 생산자들을 통제·관리해 왔다. 이런 상황에서 단행된 지방이양은 사회서비스에 대한 기능적 책임을 맡고 있는 보건복지부의 통제력을 크게 감소시키는 결과를 낳았다. 그런데 이것은 참여 정부의 복지확대기조와 연관되어 보건복지부를 딜레마에 처하게 만들었다. 참여 정부는 저출산 · 고령화로 인한 사회서비스 욕구 증가에 대응하여 사회서비스의 확대를 강하게 추진하였다. 하지만 사회서비스 확대에 1차적인 책임을 진 보건복지부는 지방이양으로 지방정부에 대한 통제력을 크게 잃게 되어 사회서비스 확대라는 목표를 추구해야 하지만 그 목표를 추구하는 데 필요한 수단은 상당 정도로 감소된 모순된 상황에 처하게 된 것이다.

이러한 딜레마를 해소하기 위해 보건복지부가 채택한 것 중의 하나가 바우처이다. 물론 바우처는 2003년에 개정된 사회복지사업법에 이미 포함되었기 때문에 그것이 반드시 지방이양으로 보건복지부가 직면한 딜레마의 해결을 의도한 것 때문에만 도입된 것이라고 보기는 어렵다. 또한, 바우처는 참여 정부가 강조한 수요자 중심적 서비스라는 기조에 의해 도입된 측면도 있다. 하지만 그렇다고 하더라도 바우처가 지방이양과 조화로운 기조를 가진 것은 아니다.

바우처는 개념적으로 수요 측 보조금이기는 하지만(Daniels & Trebilcock, 2005) 재정방식은 기본적으로 국고보조방식으로 운영되기 때문에[6] 중앙집중적인 성격을 가지며 따라서 지방에 대한 통제력을 회복하는 데 유리하다. 또한 2003년에 개정된 사회복지사업법에 도입된 중요한 제도로는 바우처제도 외에 서비스신청제도도 있었는데 이 두 제도는 이후 거의 사문화되다시피 한 상태로 방치되어 있었다. 하지만 지방이양 이후 복

---

6. 지방이양 이후인 2008년 2월에 개정된 「보조금의 예산 및 관리에 관한 법률 시행령」에는 가사간병도우미사업, 장애인활동지원, 산모신생아도우미사업, 지역사회서비스투자사업 등이 보조금지급대상사업으로 추가되었는데(동법 시행령 제4조 제2항 및 별표1) 이들은 모두 바우처사업들이다.

지부로부터 주목받은 것은 서비스신청제도가 아니라 바우처제도였다. 사실 지방이양의 기조와 조화로운 것은 서비스신청제도이다. 이 제도는 사회서비스욕구가 있는 자로 하여금 자치단체에 사회서비스 제공을 신청하게 하고 이 신청을 받은 자치단체는 욕구조사를 실시하여 사회서비스 제공여부를 결정하고 만일 사회서비스 제공이 결정되면 신청자를 참여시킨 가운데 개별서비스계획을 수립하여 그에 따라 사회서비스를 제공토록 한 것이었다. 이것은 사회서비스에서의 조정역할을 제도화할 수 있게 하는 법적 근거가 될 수 있을 뿐만 아니라 지방정부의 복지기획능력을 향상시키려는 지방이양의 의도와도 조화로운 제도이다. 하지만 복지부는 서비스신청제도는 사문화된 채로 방치하고 동일하게 사문화되었던 바우처제도만 부활시켰다. 지방이양으로 지방에 대한 통제력을 상실한 복지부로서는 서비스신청제도보다는 바우처제도가 더 매력적이었을 것이다. 이런 점에서 바우처제도의 도입은 지방이양에 대한 복지부의 반작용의 한 결과라 할 수 있다. 게다가 바우처는 수요자 중심서비스에 부합하는 성격을 가지고 있는 데다 참여 정부 당시 예산당국도 바우처방식에 대해서는 비교적 호의적인 태도를 가지고 있었던 관계로 그 이후 급속도로 확대되었다.[7] 복지부는 바우처제도를 도입하면서 수요자 중심서비스를 적극적으로 표방하고 있지만(유주헌, 2008; 이재원, 2007), 실제로 바우처는 재정방식의 면에서 국고보조방식으로 운영되기 때문에 지방정부를 보조금의 단순 전달자로 전락시키고 복지부가 지방의 민간기관과 직접 상호작용하는 기

---

7. 2007년에 복지부의 바우처사업은 4대 바우처라 하여 노인돌보미사업, 장애인활동보조사업, 산모신생아도우미사업, 지역사회서비스혁신사업의 4가지였으나, 현재는 노인돌봄종합서비스, 장애인활동보조, 산모신생아도우미지원, 지역사회서비스투자사업, 가사간병도우미사업, 장애아동재활치료사업, 시청각장애부모자녀 언어발달지원의 7대 바우처로 확대되었다.

존의 방식을 부활시킨 것이라 볼 수 있다.

　지방이양에 대한 반작용의 또 한 가지 예로는 노인장기요양보험의 관리운영기구가 국민건강보험공단(이하 건보공단)으로 정해진 것을 들 수 있다. 노인장기요양보험제도 역시 참여 정부 이전에 도입이 결정되었기 때문에 노인요양보험 자체가 지방이양 결정과 관련이 있지는 않다. 하지만 노인요양보험의 관리운영기구 결정은 지방이양 이후에 이루어졌기 때문에 그것은 지방이양과 관련이 있다. 노인요양보험은 지방이양의 흐름과는 이중적인 관계를 갖는다. 우선 노인요양보험은 재정방식이 사회보험방식이기 때문에 관리운영을 지방정부에 맡기기에는 어려운 점이 있다. 하지만 그럼에도 불구하고 노인요양보험이 제공하는 혜택은 노인돌봄서비스이기 때문에 저출산 · 고령화와 관련된 사회서비스의 입장에서 보면 상당히 중요한 제도이다. 따라서 이미 지방이양이 결정된 상황이라면 그리고 지방이양의 의도가 지방정부의 사회서비스 능력을 향상시키려는 것이고 사회서비스에서 노인돌봄서비스가 중요한 지위를 차지하는 것이라면, 노인요양보험의 관리운영기구로 지방정부와 건보공단을 둘러싸고 진지한 토론이 있음직하지만 그런 일은 없었으며 복지부 역시 지방정부를 관리운영기구의 대안으로 고려하지 않았다.[8] 노인요양보험이 사회보험방식으로 운영된다는 점이 그 관리운영기구를 지방정부로 정하기 어렵다는 주장의 강력한 근거가 되는 것이기는 하지만 지방이양으로 지방에 대한 통제력을 상실한 복지부 입장에서는 그런 근거가 아니더라도 저출산 · 고령화에 대

---

8. 또 반대로 노인요양보험이 이미 사회보험방식으로 도입되기로 결정되었고 그런 상황에서는 그 관리운영기구를 지방정부로 정하기가 어려운 것이라면, 지방이양을 결정할 때 이것이 진지하게 고려되었어야 했지만 참여 정부는 그렇게 하지 않았다.

응하기 위한 사회서비스의 중요한 부분인 노인돌봄서비스의 관리운영을 지방정부에 맡길 이유를 찾기 어려웠을 것이다. 건보공단은 복지부 산하 조직인데다 그 자체가 중앙집중적인 방식으로 운영되는 조직이어서 지방 정부가 관할지역에 소재한 건보공단 지사에 협조를 요청할 수는 있지만 통제할 수 있는 것은 아니다.

지방이양과 상충하는 정책적 선택은 장애인활동보조서비스에서도 나타났다. 장애인활동보조서비스는 자립생활운동으로부터 유래한 것으로 장애인의 입장에서 보면 권리보장서비스라 할 수 있지만 사회서비스의 입장에서 보면 장애인에 대한 재가복지서비스의 중요한 일부라 할 수 있다. 참여 정부는 2007년에 시범사업이라는 명칭을 붙이긴 했지만 전국적으로 활동보조사업을 확대·실시함으로써 그 전까지 자치단체 차원 혹은 자립생활기관 차원에서 자발적·산발적으로 이루어져오던 활동보조서비스를 사실상 이 해부터 본격적으로 출범시켰다. 그런데 이 활동보조사업의 재정방식은 바우처방식이다. 활동보조사업의 확대는 장애계가 강력하게 요구한 것이기도 하지만 이미 지방이양이 결정되어 있었고 또 일부 지자체들은 2007년 이전부터 이미 활동보조사업에 부분적으로나마 관여하고 있었으며 이 사업이 장애인 재가복지서비스로는 새롭게 부각된 중요한 제도라면 이를 국고보조방식인 바우처방식으로 도입한 것은 참으로 납득키 어려운 선택이다. 게다가 이명박 정부 들어와서는 활동보조사업을 개편하여 장애인활동지원법(2011년 10월 시행)을 제정하면서 이 법률에 의한 활동보조사업의 관리운영기구를 국민연금공단으로 결정하였다. 더욱이 이명박 정부는 장애등록·심사업무를 개편한다고 하면서 이 업무의 실제 집행도 국민연금공단에 맡겼다. [9]

　　지방이양은 사회서비스의 통제 및 관리운영체계와 관련해서 보면 사회서비스에 대한 지방정부의 기획력과 통제력을 증대시키고 그것을 통해 지역밀착형 서비스를 가능케 하는 것을 주목적으로 한다고 볼 수 있다. 하지만 지금까지 본 것처럼 지방이양이 결정된 이후 전개된 상황은 지방이양의 기조와 조화롭지 못한 정책적 선택이 확산되는 방향이었다. 중앙집중적인 국고보조방식의 바우처가 도입되고 이후 급속히 확대되었으며, 심각한 고령화에 직면한 지방정부 입장에서 보면 대단히 중요할 수 있는 노인돌봄서비스가 비록 사회보험방식이라는 이유가 있기는 하지만 별다른 진지한 검토가 없는 채로 건보공단이 관리운영하는 것으로 결정되었고, 장애인재가복지서비스의 한 방법으로 새롭게 부각되었고 장애계도 대단히 중요하게 여긴 활동보조사업이 그 제공방식과 관련하여 대안에 대한 어떤 진지한 검토도 없이 바우처 방식으로 결정되었으며 여기서 더 나아가 이명박 정부에서는 그 관리운영기구가 국민연금공단으로 결정되었다. 즉, 지방이양 이후의 상황의 전개는 사회서비스에 대한 지방정부의 통제 및 관리운영 권한을 강화하는 방향이 아니라 그와 정반대로 중앙정부(복지부)의 통제 및 관리운영 권한을 강화하는 방향으로 이루어졌다.

　　이렇게 하여 지방이양 이후 한국의 사회서비스는 지방이양된 부분과 중앙화된 부분의 두 가지로 분절된 구조를 갖게 되었다. 이 분절된 구조는 지방이양 이후에도 여전히 존재하는 행정안전부와 보건복지부라는 분절된 행정체계와 통제우선적인 재정체계에 부가적으로 얹어지고 있는 것으

---

9. 국민연금공단이 장애인활동보조사업과 장애인등록·심사업무를 관리·운영하는 것으로 결정된 데에는 지방이양에 대한 반작용보다는 그와는 별 관계가 없는 전혀 엉뚱한 동기에서 기인한 것으로 보이는데 그것은 바로 사회보험료 징수업무의 건보공단으로의 일원화 결정이다.

로 보인다. 한국의 사회서비스는 기존에도 지방단위로 공급되어야 하는 성격을 가진 사회서비스를 지방정부가 감당하기에 역량이 부족하다는 점 그리고 조직과 인력은 행정안전부의 통제를 받아야 하지만 서비스 내용은 보건복지부가 관장한다는 점에서 분절되어 있었는데 지방이양 이후의 반작용으로 인해 이러한 분절구조 위에 지방이양된 서비스와 중앙집중화된 서비스 간의 분절이라는 새로운 분절이 생겨나게 되었다. 지방정부는 지방이양된 서비스에 대해서는 통제권을 행사할 수 있을지 몰라도 중앙집중화된 서비스에 대해서는 통제권을 행사하기 어려우며, 바우처관리기구나 건보공단, 연금공단도 마찬가지이다. 그리하여 지역 차원에서 보면 통제 및 관리운영체계가 이분화되었고 이 두 부문을 전체적으로 조율할 수 있는 주체는 존재하지 않게 되었다. 게다가 건보공단과 연금공단이 노인돌봄서비스와 장애인재가서비스에 관여하게 됨으로써 한국의 사회서비스는 서구에서 보기 어려운 상황, 즉 사회보험공단이 사회서비스에도 참여하는 상황을 맞이하고 있다.

그리고 이처럼 지방이양된 서비스와 중앙집중화된 서비스라는 분절구조가 하나 더 새롭게 생김으로서 과거에 없던 용법의 변화까지 나타나고 있다. 이 용법의 변화에 대해서는 앞에서 이미 언급한 바이지만 이 변화는 현실을 일정정도 반영하는 것이다. 보건복지부는 지방이양된 서비스에 대해서는 통제력을 많이 상실한 데다 지방이양된 서비스를 기획하고 담당해야 할 지방정부는 아직 역량이 부족하다. 한편 보건복지부는 바우처와 노인장기요양보험, 장애인활동보조사업 등을 통해 지방의 민간기관들과 직접 상호작용함으로써 그리고 이와 관련된 사업지침을 만듦으로써 민간기관들과 지방정부의 행태를 어느 정도 통제하고 있다. 앞에서 언급한 용법의 변화는 이러한 현실을 반영한 것이다. 그리하여 지방이양되었지만 지방정부의 역량 부족으로 여러 모로 아직 부족한 서비스에 대해서는 사회복지서비스라고 지칭하는 경향이 나타나고 있으며 반면에 중앙집중화되어 보건복지부가 직·간접적으로 영향력을 행사할 수 있고 저출산·고령화에 대응하여 새롭게 부각된 서비스에 대해서는 사회서비스라고 지칭하는 경향이 나타나고 있는 것이다. 어떤 면에서 바우처제도를 관리하는 기구[10]와 노인요양보험을 관리하는 건보공단의 지사조직 그리고 장애인활동보조사업 및 장애인등록·심사업무를 담당하게 된 국민연금공단 지사조직은 변형된 사회복지사무소라고도 볼 수 있을 것이다.

지방이양 이후의 변화와 서비스 조정체계

앞에서는 주로 지방이양의 기조와 상충하는 정책적 선택에 대해 살펴보았다. 그러나 지방이양 이후 지방정부의 기획력을 향상시키려는 시도가 없었던 것은 아니다. 앞서 언급한 것처럼 참여 정부는 비록 집권 후반기이긴 했으나 2007년부터 주민생활지원체계 구축을 추진하여 공공복지전달체계 확립을 시도하였으며, 이명박 정부 들어와서는 희망복지전달체계나 민생안정지원체계 구축 등의 시도가 있었다. 참여 정부의 시도는 공공복지전달체계 구축을 위한 시도로서는 그 이후 진행된 노력의 방향을 제시한 것이라는 점에서 나름의 의미가 있는 것이었지만 집권 후반기에 추진되어 큰 성과를 얻지는 못하였다. 이명박 정부 들어 추진된 시도들도 성과가 그리 두드러지지는 않은 상황이다. 이는 근본적으로 조정역할의 제도

---

10. 이 기구는 당초 사회서비스관리원이었다가 2011년 5월 보건복지정보개발원으로 통합되었다.

화 필요성에 대한 인식이 낮았기 때문에 나타난 결과라 생각된다.

지방이양 이후의 변화와 정당성의 근거

지방이양 이후 나타난 변화 중 또 하나 중요하게 고려해야 할 것은 사회서비스를 정당화하는 정당성의 근거에 변화가 생기고 있다는 점이다. 이는 특히 바우처와 관련하여 두드러지게 나타나는 것으로 보인다. 바우처를 매개로 새롭게 등장하고 있는 정당성의 근거는 기존의 시혜성과는 확연히 다른 것이다. 그것은 수요자 중심서비스이며 또한 권리성이며 이 경우 권리성은 주로 소비자 선택권을 의미한다. 바우처가 등장하면서 한국의 사회서비스는 시혜성이 아니라 수요자 중심성과 소비자로서의 선택권에 의해 정당화되고 있고 또 민간기관들도 그러한 가치에 맞추어 행위를 변화시키고 있다(이러한 변화를 보여주는 예로는 양난주, 2009; 최성숙, 2008 참조). 그런데 바우처를 매개로 새롭게 나타나고 있는 정당성의 근거인 권리성과 관련해서는 몇 가지 고려해야 할 점이 있다.

앞서 언급한 것처럼 바우처의 도입을 주장하는 정부를 비롯한 이른바 바우처론자들은 수요자 중심서비스를 주장하면서 기존의 공급자 중심의 사회서비스는 문제가 많았다고 주장하는 경향이 있다(유주헌, 2008; 이재원, 2007). 이들이 말하는 공급자 중심서비스에서 공급자는 주로 민간기관들을 가리키며, 이는 앞서 본 사베스(1994)의 논의를 기준으로 하면 사회서비스의 직접제공을 담당하는 생산자이다. 사회서비스의 생산자인 민간기관들 중에는 부정한 기관운영 등으로 물의를 일으킨 기관들도 있지만 이들이 사회서비스 직접제공과정에서 여러 어려움과 한계에 부딪혔던 것은 반드시 이들만의 잘못이라기보다는 이들을 둘러싼 사회서비스의 제도적 구조의 탓도 크다. 그 중에서도 특히 조정역할이 제도화되어 있지 않은 것이 가장 큰 이유라 할 수 있다. 그런 점에서 보면 근본적인 문제를 안고 있었던 공급자는 조정자 역할을 해야 함에도 불구하고 그 역할을 하지 않았던 정부 자신이라고 할 수 있다. 정부를 포함한 바우처론자들은 조정역할을 하지 않은 정부의 잘못을 조정역할의 부재로 어려움을 겪었던 생산자(민간기관)에게 전가하고 있다.

게다가, 바우처론자들이 수요자 중심서비스를 주장하면서 그 근거로 드는 수요자(혹은 소비자)의 권리도 그 성격에서 문제점이 있다. 기본적으로 정부를 비롯한 바우처론자들이 말하는 권리성은 사회서비스를 자본주의적 상품으로 보고, 시민들을 그 상품의 소비자로 간주하는 전제 위에선 상품적·물신적 의미의 권리성이다(Ferguson, 2008 참조). 그리하여 그들은 권리성을 말할 때 소비자로서의 선택권을 가장 중요하게 거론한다. 그들도 물론 선택권이 실현되기에 어려운 계층이 있다는 점을 인정하지만 그것으로 인해 소비자 선택권이라는 명분 자체가 제한되어서는 안된다고 주장한다. 하지만 사회서비스는 단순히 사적인 관계를 넘어서는 사회적 의미를 갖는 것이며 그 사회적 의미는 공동체를 형성하는 데 기여하고 민주적인 권리성이 보장되는 데에 기여할 때 실현될 수 있다. 바우처론자들은 권리를 상품적·물신적인 의미로만 해석하며 민주적·공동체적의미의 권리성은 논의에서 배제하고 있다. 게다가 바우처론자들은 기존에 한국 사회서비스의 정당화 근거였던 시혜성을 지방이양된 서비스와 연결짓고 반면에 소비자 선택권을 핵심으로 하는 권리성을 중앙집중화된 서비스와 연결 짓는 경향도 보이고 있다. 그리하여 이들은 중앙정부가 나서서 사회서비스를 시장화하는 것을 정당화하고 있다.

지금까지 살펴본 내용을 요약한다면 다음과 같이 정리할 수 있을 것이다. 첫째, 한국의 사회서비스는 서비스 조정체계가 결여된 민간중심적인 생산구조로 되어 있으며, 사회서비스에 투입되는 자원이 부족하고, 분절된 행정체계와 통제우선적인 재정체계를 가지고 있고, 이 모든 것들은 기본적으로 시혜성의 논리에 의해 정당화되고 있다.

둘째, 이러한 제도적 구조를 반영하여 사회서비스에서의 국가와 민간의 관계는 기본적으로 민간부문의 종속적 대행자를 특징으로 하고 있다. 좀 더 구체적으로 사회서비스 생산은 비영리민간부문을 중심으로 이루어지고 있으면서 비영리부문은 정부공급을 대행하고 있고 비영리부문에 대한 정부의 통제는 강한 편이다.

셋째, 지방이양 이후 나타난 변화가 사회서비스의 제도적 맥락의 기본적인 구조를 바꾼 것은 아니지만 몇 가지 중요한 변화가 나타나기도 하였다. 사회서비스를 정당화해오던 기존의 시혜성 논리가 소비자 선택권을 중심으로 한 권리성 논리로 대체되고 있으며 그런 한편 행정체계의 분절은 지방이양된 서비스와 중앙집중화된 서비스의 분절이라는 새로운 분절로 더욱 악화되고 있고 이로 인해 서비스 조정체계가 구축될 필요성은 더욱 증가하고 있다. 그리고 이러한 변화를 반영하여 서비스 생산에서 영리부문의 비중이 증가하고 있고, 비영리부문은 기존의 관료적 통제에 더하여 중앙정부에 의한 시장적 통제까지 부과받고 있다.

최근의 시도와 그 함의: 사회복지통합관리망

최근에 사회복지통합관리망(이른바 "행복e음")을 중심으로 시도되고 있는 공공복지전달체계 개편은 상당히 많은 변화를 가져오고 있고 또 대대적으로 추진되고 있기 때문에 여기서 간략하게나마 살펴보고자 한다. 사회복지통합관리망(이하 "사통망")[11]은 2009년 6월의 사회복지전달체계 개선종합대책에서 비롯된 것으로 그 이전에 행정안전부가 관리하던 새올 행정시스템에서 사회복지업무를 보건복지부로 이관하여 2009년 12월부터 도입된 것인데, 이전에 시도되었던 공공복지전달체계 개편시도와는 다소 차별성이 있는 장점을 비교적 많이 가진 것으로 보인다.

사통망은 '상담·신청 - 조사 - 보장결정 - 급여 및 서비스 - 변동·사후관리'의 절차로 이루어지는 공공복지행정업무를 고도로 전산화한 것으로 그 하위에 '복지급여통합관리시스템'과 '상담·사례관리시스템', 그리고 '사회복지시설정보시스템'의 세 가지 전산체계를 두고 있다(강혜규, 2011; 보건복지부, 2011). '복지급여통합관리시스템'은 현재 지자체가 집행하는 약 120여 개의 복지급여 및 서비스 이력을 개인별·가구별로 통합·관리할 수 있도록 한 것으로 복지수급자별 자격과 서비스정보를 비교하여 부정·중복지원을 차단하고 누락된 서비스 안내를 가능케 하였다.[12] 특히 수급자 선정 및 사후관리를 위해 조회가 필요한 공적자료를 기존의 10개 기관 15종에서 27개 기관 218종으로 크게 확대하였다. 또한 공적자료를 조회하여 그 결과를 신청자의 정보로 입력하면 전산상에서 법령상의 기준과 비교하여 수급자 선정여부 결과를 곧바로 알려주고 또한 최저생

---

11. 사회복지통합관리망의 구축을 위해 정부는 2009년 6월 사회복지사업법을 개정하여 사회복지업무의 전산화를 명시하였고 그 업무를 담당할 전담기구의 설치도 명시하였다. 이 전담기구가 보건복지정보개발원이다.
12. 과거 새올행정시스템은 기본적으로 급여중심관리체계를 가지고 있었다. 그리고 정부는 부정수급 및 부적정수급을 방지하기 위해 복지급여통합관리시스템의 구축과 함께 모든 현금성 복지급여를 단일계좌로 통합한 '복지관리계좌'를 도입하였으며, 지방자치단체 예산집행의 모든 단계에 예산집행실명관리카드를 작성하는 '예산집행실명제'도 도입하였다(국회 예산정책처, 2011).

계비 등 선정기준이 변동되면 이 역시 전산상으로 알려주도록 하였고 신청
서류도 크게 간소화하였고 선정결과 통지양식도 일원화하는 등 기계적 반
복업무의 효율화를 기하였다(강혜규, 2011). 또한, '상담·사례관리시스
템'과 '사회복지시설정보시스템'을 통해 현금급여 중심의 복지만으로 대응
하기 어려운 복합적인 문제를 가진 대상자에게 필요한 서비스를 다양한
원천으로부터 동원·연결하게 함으로써 사례관리를 제도화할 수 있는 기
반도 일정정도 마련하였다(강혜규, 2011). 이와 함께 지자체 복지행정체
계도 개편하여 자산조사 등은 시·군·구의 통합조사팀에서 수행토록
하고 읍·면·동 전담공무원들은 이른바 '찾아가는 서비스'를 수행토록
하였다. 또한 사례관리업무의 원활한 수행을 위해 서비스연계팀을 두고
민생안정지원요원 등의 인력도 보강하였다.[13]

하지만 이러한 몇 가지 장점에도 불구하고 사통망이 지역차원의 서비
스전달체계를 얼마나 개혁할 수 있을 지는 불분명한 것으로 보인다. 우선
아직까지 사통망은 현금급여를 중심으로 구축되어 있다. 물론 전산망은
지속적으로 갱신될 수 있기 때문에 현금급여 중심성이 탈피될 가능성을
배제할 수는 없다. 그런데 현금급여의 경우에는 신청자의 자산을 공적자
료로 조회하여 법령상 기준과 비교하여 전산상으로 수급여부를 판단할
수 있지만 사회서비스는 기본적으로 비물질적 욕구를 대상으로 하는 것이
기 때문에 신청자의 자산상태만으로는 그 수급여부를 판단할 수가 없으
며 가정방문이나 상담 등을 통해 획득한 비물질적 정보가 함께 고려되어

---

13. '찾아가는 서비스'나 서비스연계팀은 사실상 참여 정부가 추진했던 주민생활서비스지원체계
구축에서 이미 포함되었던 내용들이다. 이런 점에서 사통망은 전산체계가 이전의 경험을 반영
하여 상당히 획기적으로 개선된 점을 제외하면 참여 정부의 공공복지전달체계 구축 시도의 연
장선상에 있는 것이라 할 수 있다.

야 수급여부를 판단할 수가 있다. 이 때문에 사회서비스는 그 근본성격상 표준화가 어려우며 상담 등을 통해 얻은 정보를 전산에 입력하고 관리하기도 쉽지 않다. 이런 점에서 사통망은 현금급여에 있어서는 상당한 효과를 발휘할 수 있겠지만 사회서비스에서는 그 효과가 회의적이다.

더욱이 이 글에서 지적한 것처럼 한국의 사회서비스는 욕구평가와 욕구와 서비스의 연결을 꾀하는 조정역할이 제도화되어 있지 않은 상황이다. 오프라인상에서 제도화되지 않은 조정역할이 온라인상에서 시스템을 구축한다고 해서 제도화될 가능성은 높지 않다. 욕구평가와 욕구와 서비스의 연결과 관련된 권한과 책임이 오프라인상에서 제도화되지 않는다면 온라인상의 시스템도 효과를 발휘하지 못할 것이다. '사회복지시설정보시스템'을 구축한다 하더라도, 이 시스템에 포함될 사회복지시설의 범위를 어디까지 할 것인지의 문제는 논외로 하고, 시·군·구 서비스연계팀에 권한과 책임이 부여되어 있지 않다면 관할지역 내에 있는 사회복지시설에 관한 정보를 조회하거나 지역주민에게 시설을 소개해줄 수 있을 뿐 실제 시설의 서비스 이용을 보장해줄 수 있는 것은 아니다. 만일 그렇게 된다면 그런 시스템을 구축하는 의미가 무엇인가에 대한 회의가 확산될 수도 있다.

또한, 현금급여에 있어서 업무효율이 증대된 것은 사실이지만 이 역시 예상치 못한 다른 결과도 낳고 있다. 현금급여와 관련하여 수급자격판단이 전산상으로 자동적으로 이루어지며 이는 결국 중앙의 기준이 그대로 적용된다는 것을 의미하여 그렇지 않아도 기계적이었던 자산조사업무가 더더욱 기계적인 업무가 되어버렸다. 이로 인해 자산조사 자체는 부정적인 이미지를 갖는 업무이지만 자산조사업무가 갖는 다른 의미, 즉 그것을 통해 가정방문이 이루어지고 그럼으로써 상담 등의 다른 긍정적인 업무가 수행될 가능성이 있는데 그런 가능성이 완전히 배제되어 버렸다. 또한 자산조사 등의 업무가 시 · 군 · 구의 통합조사팀으로 일원화되었지만 여전히 공적자료의 미비 등으로 인해 현장확인조사는 읍 · 면 · 동에 부과됨으로써 읍 · 면 · 동의 전담공무원들도 사실상 '찾아가는 서비스'를 하기가 여전히 쉽지 않은 데다 읍 · 면 · 동의 전담공무원들은 현장확인조사를 통해 파악된 정보를 사통망에 입력할 권한을 갖고 있지 않아 시 · 군 · 구와 읍 · 면 · 동 간에 책임소재를 둘러싼 갈등도 일부 나타나고 있다(강혜규, 2011; 국회 예산정책처, 2011). 또한 조사업무가 시 · 군 · 구의 통합조사팀으로 일원화되고 조회대상 공적자료가 크게 늘어나 전산의 효율화에도 불구하고 통합조사팀의 업무량은 줄어들지 않았고 여러 가지 급여와 관련된 조사업무가 통합조사팀에 집중되고 그에 의해 수급자격 여부가 결정되기 때문에 통합조사팀에 전반적인 업무집중이 발생하는 현상도 나타나고 있다. 또 공적자료 조회가 예전에 비해 획기적으로 개선되었다고는 하지만 예컨대 국세청자료는 신청자가 복지급여를 신청한 시점보다 6개월 내지 멀게는 1년 전 자료여서 시의성이 떨어져 여전히 문제를 안고 있다.

그리고 무엇보다 사통망이 안고 있는 가장 큰 문제는 건보공단이 관리운영하는 노인요양보험이나 연금공단이 관리운영하는 장애인활동보조에 대해서는 단순히 정보를 조회할 수 있을 뿐 서비스 연계 등과 관련하여 권한을 행사하기가 어렵다는 점이다. 물론 조정역할이 제도화되지 않은 현상황에서 서비스 연계팀이 관할지역의 민간복지기관에 대해서도 서비스연계권한을 행사하는 것이 쉽지는 않지만, 노인요양보험과 장애인활동보조는 지방정부와는 아무런 관계가 없는 기관에 의해 완전히 별도로 운영되는 제도이기 때문에 설사 시·군·구의 서비스연계팀에 조정권한이 주어 진다 해도 건보공단과 연금공단에까지 권한을 행사하게 하기는 어려울 것이다. 다만, 바우처사업이 사통망의 관리체계에 포함된 것은 의미가 있 는 것으로 보인다.[14] 그러나 바우처사업이 포함되었다는 사실이 지역의 복 지전달체계를 통합하는 데 어느 정도나 기여할 수 있을지는 좀 더 두고 봐 야 할 것으로 보인다. 이런 점에서 사통망은, 아직 시행 초기 단계여서 더 지켜보아야 할 점도 있지만, 현금급여를 통합적으로 관리하는 데에는 상 당한 장점을 지닌 것으로 보이는 반면 지방이양 이후 분절된 사회서비스 전달체계를 통합하는 데에는 큰 효과를 발휘하지 못할 것으로 보인다.

전망과 결론

지금까지 한국 사회서비스의 제도적 구조와 지방이양으로 인한 여러 가지 변화들에 대해 살펴보았다. 이 내용을 한마디로 종합하면 과거로부 터 내려오는 제도적 구조는 지방이양과 그 이후의 여러 변화에도 불구하 고 근본적으로는 변화하지 않았다고 할 수 있다. 최근에 시도되고 있는 사통망이 현금급여와 관련해서는 상당히 획기적인 변화를 가져오는 것으 로 보이지만 사회서비스와 관련해서는 그 효과가 회의적이다. 하지만 다 소간의 변화는 나타나고 있다.

---

14. 이와 관련하여 한 가지 의문스러운 점은, 장애인활동보조사업의 관리운영기구는 국민연금공 단으로 정해졌는데 이 사업도 바우처여서 사회복지통합업무에 포함되어 있다는 점이다. 연금 공단의 관리운영과 사통망에 의한 관리가 향후 어떻게 조화를 이룰지는 지켜볼 필요가 있는 것 같다.

역할의 부과와 관련하여 조정역할의 제도화는 여전히 미진한 상태이다. 하지만 지방이양 이후 지방이양된 서비스와 중앙집중화된 서비스 간의 분절로 인해 조정역할 제도화의 필요성이 증가하고 있으며, 최근의 시도, 특히 사통망에 의한 공공복지전달체계 개편 시도로 인해 서비스 연계팀의 권한과 책임이 강화될 소지가 다소간 생겨나고 있는 것으로 보인다. 그러나 그렇다고 해도 지방이양 이후 분절된 서비스 전달체계를 통합하기에는 여러 가지 어려움이 있을 것으로 보인다. 또한, 자원의 할당과 관련해서 통제 우선적인 재정체계도 큰 변화는 없는 것으로 보인다.

통제 및 관리운영체계에 있어서는 중앙정부 차원에서 행정안전부와 복지부 간의 분절구조는 그대로 존속되고 있으며, 거기에 지방이양 이후 지방이양된 서비스와 중앙화된 서비스 간의 분절구조가 새롭게 나타나고 있다. 물론 바우처제도가 사통망에 의한 통합관리에 포함된 점은 다행스러운 일이지만 이것으로 분절된 서비스전달체계가 어느 정도나 통합될 수 있을지는 아직까지는 회의적이다.

정당성의 근거에 있어서는 과거의 시혜성이 지배하던 구조에서 권리성이 새롭게 부각되고 있다. 이 자체는 긍정적인 것으로 평가할 수 있지만 그 권리성이 공동체적·민주적 권리성이라기보다는 상품적·물신적 권리성만 지나치게 부각되는 성격을 띠는 경향이 있다는 점에서 부정적인 측면도 있다.

주지하다시피 한국사회는 저출산·고령화 등으로 사회서비스 욕구가 지속적으로 증가할 것이며 이에 따라 사회서비스의 공급량 확충도 필요하지만 동시에 사회서비스가 적재적소의 욕구에 배분되어 그 목적을 적절히 달성토록 효과성도 제고해야 할 과제에 직면해 있다. 사회서비스의 효과성을 제고하기 위해 가장 중요하게 해결해야 할 과제는 사회서비스의 제도적 구성요소 가운데 조정역할을 제도화하는 것이다. 이를 위해서는 사회서비스 욕구는 단지 경제적 기준의 적용만으로 판단할 수 없다는 사실을 인식하는 것이 중요하다. 사회서비스 욕구는 비물질적 욕구이기 때문에 그 수급자격의 결정 역시 비물질적 기준에 의해 판단될 필요가 있다. 그리고 이것이 가능하려면 법적 권한과 책임, 그리고 조직적 능력이 보장되어야 한다. 또한 조정역할을 제도화함에 있어서는 중앙정부 차원에서 행정안전부와 복지부로 이원화된 구조와 지방이양 이후 나타난 분절된 서비스전달체계의 구조, 그리고 경직적이고 통제 우선적인 재정체계의 개혁 문제도 함께 고려할 필요가 있다.

9장
한국의 조세구조 실태와
복지국가 증세

시작하며

대한민국에서 복지국가 논의가 진행되고 있다. 복지국가를 실현하기 위해 넘어야 될 산 중 하나가 복지재정 확충이다. 이를 위해서는 기존 재정지출 구조를 개혁하는 길과 지금보다 더 세금을 거두는 '증세'의 길이 있다. 보편복지 세력 내부에서 증세 여부를 둘러싸고 찬반 의견이 분분한데, 두 개 길을 모두 가야 한다는 게 필자의 판단이다. 기존 재정지출 구조를 손봐 만들어낼 수 있는 돈으로는 보편복지에 필요한 재정을 모두 충당할 수 없기 때문이다. 이제 재정지출 구조 개혁뿐만 아니라 증세 방안에 대해서도 실질적인 논의를 벌여야 한다.

조세 저항이 강한 우리나라에서 어떻게 증세가 추진될 수 있을까? 이 글은 우리나라 조세 실태를 세목별로 진단해 어떤 세목이 취약한지를 살

---

*오건호 _ 글로벌정치경제연구소 연구실장

펴보고, 증세를 위한 3대 원칙을 제안할 것이다. 이를 토대로 보편복지를 열망하는 시민들의 재정주권운동으로 복지국가 증세를 추진하자고 제안한다.

우리나라 조세구조와 복지재정 현실

국가재정의 세입은 조세, 기금, 부담금, 차입금 등으로 구성되는데, 가장 핵심적인 것이 조세와 기금이다. 우리나라에서 조세는 국세와 지방세를 합한 일반 세금만을 의미하지만, OECD에서 정의한 조세Tax는 일반세금과 사회보장기여금을 모두 포괄한다. 사회보장기여금 역시 모든 국민

표 9-1 OECD 국가 주요 세목 비교

(단위: GDP %, 2008년. 한국 괄호수치는 2009)

| | 소득세 | 법인세 | 자산세 | 소비세 | 기타* | 사회보장기여금 | | | | 조세 부담률 | 국민 부담률 |
						고용주	피고용자	기타**	계		
스웨덴	13.8	3.0	1.1	12.8	4.0	8.7	2.7	0.1	11.5	34.8	46.3
영국	10.7	3.6	4.2	10.3	0.0	3.9	2.6	0.3	6.8	28.9	35.7
독일	9.6	1.9	0.9	10.5	0.0	6.5	6.1	1.3	13.9	23.1	37.0
미국	9.9	1.8	3.2	4.6	0.0	3.3	2.9	0.3	6.5	19.5	26.1
룩셈부르크	7.7	5.1	2.6	9.9	0.0	4.3	4.6	1.2	10.1	25.5	35.5
일본	5.6	3.9	2.7	5.1	0.1	5.0	4.8	1.1	10.9	17.3	28.1
한국	4.0 (3.6)	4.2 (3.7)	3.2	8.4	1.0	2.6 (2.6)	2.4 (2.4)	0.8 (0.8)	5.8 (5.8)	20.7 (19.8)	26.5 (25.6)
OECD	9.0	3.5	1.8	10.8	0.6	5.2	3.3	0.5	9.0	25.8	34.8

자료: OECD(2010a)와 OECD 통계사이트(http://stats.oecd.org/index.aspx). OECD 조세 분류 6개 항목 (소득이윤세, 사회보장기여금, 고용세, 자산세, 소비세, 기타) 중 규모가 크지 않은 고용세와 기타 세금을 '기타*'로 묶었다. 사회보장기여금의 '기타**'에는 자영자, 국가 몫 등이 포함.

들이 소득에 따라 일정비율로 납부하는 의무적 재원이기 때문이다.

우리나라는 다른 선진국에 비해 조세부담률, 국민부담률이 낮다. 그만큼 국가재정 규모가 작고, 복지지출에 투입할 재정 여력도 부족하다. 조세개혁을 추진한다면 어떤 세목에 주목해야 할까?

〈표 9-1〉은 OECD 국가들의 주요 세목별 수입 규모를 비교한 것이다. OECD 국가들의 세입은 2008년 수치이지만, 우리나라는 2008년 부자감세를 감안해 괄호 안에 표기된 2009년 수치를 사용하자. 우리나라에서 2009년 소득세, 법인세, 자산세, 소비세, 기타 등 모든 세금을 합친 조세부담률은 19.8%이고 여기에 사회보험 보험료로 구성되는 사회보장기여금을 합한 국민부담률은 25.6%이다. 이는 2008년 OECD 평균 조세부담률 25.8%, 국민부담률 34.8%와 비교해 크게 낮은 수준이다. 국민부담률은 약 9% 포인트 낮다.

한편 필자의 추정으로 2011년 우리나라 복지지출 규모는 약 GDP 9%로 OECD 평균 약 19%보다 10%포인트가 작다. 결국 국민부담률 차이만큼 복지재정 부족이 발생하고 있다고 볼 수 있다. 따라서 만약 우리가 OECD 국가 평균 수준만큼 복지재정을 확충하려면, 조세부담률이나 국민부담률도 대략 그만큼 상향해야 한다는 결론이 도출된다.

세금을 늘린다면, 논의될 수 있는 세목은 소득세, 사회보장기여금, 법인세, 자산세, 소비세 등이다. 주위를 둘러보면 모두가 세금을 내기 싫어하는데, 위 세목 중에서 어느 세금이 가장 문제일까? 이제 각 세목별로 실태를 살펴보자.[1]

---

1. 소비세는 이 보고서의 논의대상에서 제외한다. 2008년 기준 우리나라 소비세는 세수 규모에

자산세: 낮은 보유세 · 높은 거래세, 세수 가능성 크지 않아

우리나라에 고질적인 부동산 투기와 이에 따른 불로소득에 대한 국민적 분노가 크다. 이러한 공분을 바탕으로 부동산에 대한 보유세를 강화하면 천문학적인 세수가 확보될 수 있다는 주장이 있다. 하지만 〈표 9-1〉에서 보듯이, 우리나라 자산세 세수는 2009년 GDP 3.2%로 OECD 평균 1.8%보다 오히려 높은 수준이다. 한국의 자산세 세입이 상대적으로 큰 이유는 취득세, 등록세, 증권거래세 등 거래세 수입이 많기 때문이다. 따라서 향후 부동산 보유세를 올린다고 하더라도 상쇄관계에 있는 거래세를 인하해야 된다는 점을 감안하면, 실제 확충할 수 있는 세수 규모는 예상보다 크지 않을 것으로 보인다.

재산세 각 항목을 세부적으로 분석한 홍헌호의 자료를 보자(홍헌호, 2011). 〈표 9-2〉를 보면, 2007년 우리나라 부동산 보유세는 GDP 0.94%로 OECD 평균과 거의 동일한 수준이다. 대신 재산거래세는 GDP 2.16%로 OECD 평균 0.68%보다 무려 3배 높다. 부동산 보유세가 높은 미국의 경우를 보면, 보유세는 GDP 2.83%로 매우 높으나 재산거래세는 존재하지 않아 총 자산세 세수가 우리보다 작다.

이러한 상황에서 우리나라에서 부동산 관련 세금을 얼마나 더 늘릴 수

서 GDP 8.4%로 OECD 평균 10.8% 보다 낮다. 요즘 우리나라에서 죄악세라는 이름으로 주세, 담배소비세 인상도 거론되고 있지만 우리나라 조세체계의 근본적 문제점이 직접세 비중이 너무 작은데 있다는 점을 감안하면, 진보적 입장에서 수용하기는 어렵기에 이 보고서에서 소비세는 다루지 않는다. 단, 최근 KDI 유종일 교수가 제안한 것처럼, 부가가치세를 누진세로 재설계한다면, 부가가치세 세입과정에서 소득 간 형평성이 확보되고 과세인프라도 강화된다는 점에서 적극적으로 소비세 증세도 검토할 가치가 있다(유종일, 2011).

국가	재산관련세	부동산보유세	재산거래세	상속, 증여세	부유세	기타
호주	2.74	1.37	1.37	0.00	0.00	0.00
오스트리아	0.58	0.23	0.29	0.06	0.00	0.00
벨기에	2.25	0.39	1.11	0.62	0.08	0.07
캐나다	3.35	2.76	0.19	0.00	0.18	0.22
체코	0.44	0.14	0.28	0.01	0.00	0.00
덴마크	1.87	1.12	0.51	0.23	0.00	0.00
핀란드	1.12	0.47	0.39	0.26	0.00	0.00
프랑스	3.50	2.15	0.64	0.47	0.23	0.00
독일	0.90	0.44	0.29	0.17	0.00	0.00
그리스	1.39	0.11	0.99	0.13	0.06	0.10
헝가리	0.80	0.28	0.46	0.05	0.00	0.00
아이슬란드	2.49	1.57	0.72	0.13	0.00	0.06
아일랜드	2.53	0.67	1.66	0.21	0.00	0.00
이탈리아	2.11	0.83	1.18	0.01	0.00	0.09
일본	2.55	1.93	0.33	0.29	0.00	0.00
한국	3.40	0.94	2.16	0.29	0.00	0.00
룩셈부르크	3.47	0.07	0.93	0.12	2.34	0.00
멕시코	0.30	0.17	0.12	0.00	0.00	0.00
네덜란드	1.21	0.00	0.88	0.33	0.01	0.00
뉴질랜드	1.92	1.86	0.05	0.00	0.00	0.00
노르웨이	1.22	0.28	0.58	0.11	0.24	0.00
폴란드	1.20	1.17	0.00	0.03	0.00	0.00
포르투갈	1.35	0.61	0.74	0.01	0.00	0.00
슬로바키아	1.20	1.19	0.01	0.00	0.00	0.00
스페인	2.97	0.66	1.65	0.28	0.35	0.03
스웨덴	1.16	0.83	0.33	0.00	0.00	0.00
스위스	2.36	0.17	0.66	0.17	1.37	0.00
터키	0.90	0.17	0.72	0.01	0.00	0.00
영국	4.52	3.20	1.04	0.28	0.00	0.00
미국	3.05	2.83	0.00	0.22	0.00	0.00
평균	1.96	0.95	0.68	0.15	0.16	0.02

자료: 홍헌호(2011)

있을까? 현재 우리나라 부동산 보유세의 구조는 매우 복잡하다. 직접적인 보유세로 종합부동산세와 재산세가 있고, 다시 종합소득세에 부가하는 세금surtax으로 농어촌특별세, 재산세에 부가되는 세금으로 지방교육세, 도시계획세(2011년부터 재산세로 통합), 공동시설세(2011년 지역자원시설세로 변경) 등이 있다. 이 부동산 보유 관련 세금을 모두 합하면 2010년 약 10조 원 정도로 추정된다(종합부동산세 1.1조, 재산세 4.6조 등).

필자는 우리나라에서 보유세에 대한 국민들의 원성이 아무리 높다하더라도, 보유세를 지금보다 2배 이상 올리는 것은 어렵다고 판단한다. 즉 최대 10조 원의 보유세 증세가 가능하다. 그런데 2010년 취득세와 등록세를 합해 14조원에 이른다(여기에는 자동차, 선박 등 비 부동산 거래세도 일부 포함). 이에 보유세 인상의 대가로 거래세를 약 5조 원 정도 줄인다면 실제 자산세 증세분은 5조 원 이상 넘기가 만만치 않을 것이다.

법인세: 세수 규모는 국제 평균, 일부 대기업 감면 커

보통 진보진영에서 대표적 증세 세목으로 주장되는 것이 법인세이다. 특히 삼성전자를 비롯해 재벌대기업들이 법인세를 작게 내고 있다는 비판이 핵심 근거로 제시된다. 과연 우리나라 법인세 세입이 그만큼 빈약한 상태일까? 앞의 〈표 9-1〉에서 확인했듯이, 우리나라 법인세 세수 비중은 2008년 GDP 4.2%로 OECD 평균 3.5%보다 높았고, 이명박 정부의 부자감세가 일부 반영된 2009년의 경우에도 GDP 3.7%로 OECD 평균을 웃도는 수준이다.

표 9-3 OECD 국가 법인세율 현황   (단위: %)

국가	2011			2000	변화
	중앙정부	지방정부	합계		
호주	30.0		30.0	34.0	-4.0
오스트리아	25.0		25.0	34.0	-9.0
벨기에	34.0		34.0	40.2	-6.2
캐나다	16.5	11.1	27.6	42.4	-14.8
칠레	20.0		20.0	15.0	5.0
체코	19.0		19.0	31.0	-12.0
덴마크	25.0		25.0	32.0	-7.0
에스토니아	21.0		21.0	26.0	-5.0
핀란드	26.0		26.0	29.0	-3.0
프랑스	34.4		34.4	37.8	-3.3
독일	15.8	14.4	30.2	52.0	-21.9
그리스	20.0		20.0	40.0	-20.0
헝가리	19.0		19.0	18.0	1.0
아이슬란드	20.0		20.0	30.0	-10.0
아일랜드	12.5		12.5	24.0	-11.5
이스라엘	24.0	0.0	24.0	36.0	-12.0
이탈리아	27.5		27.5	37.0	-9.5
일본	28.0	11.6	39.5	40.9	-1.3
한국	22.0	2.2	24.2	30.8	-6.6
룩셈부르크	22.1	6.8	28.8	37.5	-8.7
멕시코	30.0		30.0	35.0	-5.0
네덜란드	25.0		25.0	35.0	-10.0
뉴질랜드	28.0		28.0	33.0	-5.0
노르웨이	28.0		28.0	28.0	0.0
폴란드	19.0		19.0	30.0	-11.0
포르투갈	25.0	1.5	26.5	35.2	-8.7
슬로바키아	19.0		19.0	29.0	-10.0
슬로베니아	20.0		20.0	25.0	-5.0
스페인	30.0		30.0	35.0	-5.0
스웨덴	26.3		26.3	28.0	-1.7
스위스	6.7	14.5	21.2	24.9	-3.8
터키	20.0		20.0	33.0	-13.0
영국	26.0		26.0	30.0	-4.0
미국	32.7	6.4	39.2	39.3	-0.2
평균	23.5		25.5	32.6	-7.1

※ 중앙정부 법인세율은 지방정부 법인세부담에 대한 공제, 부가세(surtax) 등을 반영하여 최고법인세율을 조정한 수치
자료: OECD. Tax Database. 재구성

실제 〈표 9-3〉을 보면 우리나라 법인세율은 OECD 국가 평균에 비해 그리 낮은 편은 아니다. 2011년 OECD 평균 법인세율이 25.5%이고 한국은 24.2%이다. 2000년 이후 국제적으로 법인세 인하 경향이 강하게 진행되었는데, 한국은 법인세율이 30.8%에서 24.2%로 6.6% 포인트 낮아졌는데, OECD 평균 역시 32.6%에서 25.5%로 7.1% 포인트 작아졌다. 정리하면, 법인세 세수 비중이나 법인세율, 모든 면에서 한국은 OECD 평균 수준을 유지하고 있다.

우리나라에서 문제가 되는 것은 세금 감면을 반영한 법인세 실효세율이다. 예를 들어, 삼성전자가 2007~2009년 동안 부담한 평균 법인세 유효세율은 10.48%에 불과한 것으로 조사되었다(조승수, 2011). 이 때문에 우리나라 대기업들이 법인세를 매우 작게 내고 있고, 이에 대한 증세 필요성이 대두되곤 한다.

하지만 2010년 한국재정학회 추계학술대회에서 발표한 김학수(2009)의 연구결과를 보면, 2006~2007년 우리나라의 법인세 실효세율은 19.6%로 같은 시기 분석대상 국가 평균인 19.7%와 유사한 수준이다. 나라별로 보면, 이탈리아의 실효세율(26.4%)이 가장 높고, 네덜란드(10.2%)와 아일랜드(10.0%)가 10%를 소폭 상회하고 있어 격차가 크게 존재하지만, 우리나라는 대략 OECD 주요 국가들과 비슷한 법인세 실효세율을 지니고 있다.

국세청 자료(2010a)를 보더라도, 2009년 우리나라 기업들의 법인세 실효세율은 평균 19.6%로 나타난다. 이중 종업원 1천명 미만의 중소기업이 부담한 실효세율은 15.3%였고, 그 이상 대기업들이 부담한 실효세율은 21.0%였다.

표 9-4 OECD 주요국의 법인세 유효세율

(단위: %)

	1981 - 85	1986 - 90	1991 - 95	1996 - 00	2001 - 05	2006 - 07
오스트리아				19.7		16.4
호주	32.3	22.5	19.9	18.1	15.4	18.0
벨기에		23.6	19.3	14.0	16.3	14.1
캐나다		18.6		20.5	22.8	22.9
스위스		16.1	18.5	19.8	16.3	16.8
독일		48.0	28.2	24.0	25.3	29.2
덴마크				22.9		17.3
스페인				23.1	17.9	20.8
핀란드				22.9	20.4	20.9
프랑스		22.1	19.2	23.4	23.1	21.0
그리스				24.4	20.2	16.1
아일랜드					13.0	10.0
이탈리아				33.3		26.4
일본		35.6	33.1	25.1	19.6	21.8
한국			15.7	18.4	21.4	19.6
네덜란드			7.7	10.8	11.3	10.2
스웨덴			18.8	16.0	17.1	17.4
영국		31.7	25.2	25.9	25.9	26.4
미국	32.2	23.6	22.0	22.7	23.8	25.7
평 균	32.3	26.9	20.6	21.4	19.5	19.7

자료: 김학수(2009)
출처: 국회 예산정책처(2010: 13) 재인용.

한편 동일한 자료를 자본금 규모별로 보다 세분해 재분석한 이정희 의원실 자료에 의하면(이정희, 2011a), 대기업 중 자본금이 500~1000억인 대기업의 실효세율이 22.9%이고, 1000~5000억인 대기업의 실효세율이 21.0%인데 반해, 자본금이 5000억 원을 넘는 대기업, 즉 재벌대기업들의 실효세율은 19.7%로 나타났다. 이는 삼성전자의 사례처럼, 반도체산업 등 유력 성장산업을 지닌 소수 재벌기업에게 세금 감면(R&D 세액공제)이 집중되기 때문이다. 따라서 이는 법인세제 문제라기보다는 세법체계

표 9-5 법인세 감면 전 세율과 감면 후 실효세율 비교(2009)
(단위: %)

자본금 규모	감면 전 세율	감면액 비율	실효세율
5천만 이하	18.4	9.0	16.7
1억 이하	18.0	13.3	15.6
5억 이하	19.1	16.3	16.0
10억 이하	21.0	21.2	16.5
50억 이하	23.1	20.7	18.3
100억 이하	24.1	16.2	20.2
500억 이하	24.7	13.2	21.4
1000억 이하	25.2	9.4	22.9
5000억 이하	25.0	15.9	21.0
5000억 초과	25.0	21.1	19.7
평균	23.6	16.9	19.6

자료: 이정희(2011a) 재구성

에선 '조세특례제한법'에서 다루는 세금 감면 제도를 정비해야 하는 문제이다.

요약하면, 법인세 세수만 보면 우리나라는 OECD 평균 수준이다. 그럼에도 현재 정부의 환율방어정책에 따른 수출 이익, 불공평한 원하청 관계에 따른 비용 절감 등으로 대기업들이 특혜적 수익을 올리고 있다는 점을 감안하면, 복지재원을 확충하는 방안 중 하나로 법인세 강화는 불가피하다. 이에 과도한 법인세 감면을 축소하고 법인세 세수를 늘려 재벌대기업들이 사회적 책임을 다할 수 있도록 해야 한다.

소득세: 우리나라 빈약한 세수의 근본 원인

우리나라가 OECD 국가들에 비해 가장 빈약한 세목이 소득세이다. 앞의 〈표 9-1〉을 보면, 우리나라 2009년 소득세 세입은 GDP 3.6%인데 반해 OECD 평균은 2008년 9.0%로 무려 5.4% 포인트 차이가 난다. 금액으로 치면 65조 원에 달한다. 보통 우리나라 국민들은 자신이 소득세를 많이 내고 있다고 느끼고 있으나 세입 규모로만 보면 가장 적게 내고 있는 세금이 바로 소득세이다. 어째서 우리나라 소득세 세입이 이처럼 작은 것일까? 그 원인은 매우 복합적이다.

첫째, 소득세 최고세율이 다소 낮아 최고상위층 부담이 가볍다. 〈표 9-6〉에서 보듯이, 2011년 기준 우리나라 소득세율은 소득구간에 따라 6~35% 세율이 적용되고 있다. 1990년대 10~40%였던 세율이 김대중, 노무현, 이명박 정부를 겪으면서 차례로 인하된 결과이다.

우리나라 소득세 법정최고세율은 국세 분 35%에 지방정부가 징수하는 1할의 주민세가 부과되어 총 38.5%이다. 〈표 9-7〉을 보면, OECD 국가 법정 최고 소득세율 평균은 41.5%로 우리나라 38.5%에 비해 3%포인트

표 9-6 소득세율 변화 현황 (단위: %)

과세표준	1996	2002	2005	2009	2010
1000만 원 이하(1200만 원)	10	9	8	6	6
1000만 원 초과 ~ 4천만 원 (1200~4600만 원)	20	18	17	16	15
4000만 원 초과 ~ 8천만 원 (4600~8800만 원)	30	27	26	25	24
8천만 원 초과(8800만 원)	40	36	35	35	35(33)

2009년부터는 괄호 안 금액이 과세표준. 33% 세율은 2012년부터 적용.

표 9-7 OECD 주요국가 법정 최고 소득세율 비교(2009)

(단위: %)

	스웨덴	벨기에	일본	프랑스	미국	영국	한국	터키	멕시코	체코	평균
세율	56.5	53.7	50.0	47.8	41.9	40.0	38.5	35.6	28.0	15.0	41.5

자료: OECD. Tax Database.

정도 높다. 한편 근래 OECD에 가입한 동구권 국가인 슬로바키아 19%, 체코 15%를 제외하면 외국 평균은 43.2%로 올라간다. 요약하면, 우리나라 최고 법정 소득세율은 OECD 일반 국가들에 비해 다소 낮은 편이어서 그만큼 상위계층 소득세 부담이 다른 나라에 비해 가볍다(최근 세제 개편으로 2012년 현재 소득세 최고세율은 38%이다).

둘째, 최고세율 적용 과표금액이 높아 역시 상위계층 세부담이 작다. 보통 각국의 소득세 수준을 비교할 때, 법정 최고세율 수치를 활용하는데, 이것만큼 중요한 것이 최고세율이 적용되는 소득금액 수준이다. 최고세율이 적용되는 금액이 노동자 평균소득의 몇 배에 해당하는 지를 나타내는 평균소득배수Multiple Average Worker를 보자. 평균소득배수가 높을수록 최고세율이 적용되는 과세자 규모가 작아질 것이므로 그만큼 상위계층 세부담이 작아진다.

우리나라는 2000년에 소득배수가 5.5배로 상당히 높았다. 이는 OECD 국가와 비교해 매우 높은 수준이다. 그런데 이렇게 소득세 적용 과표금액 1000~8000만 원이 1996년부터 2007년까지 변하지 않았다(2008년부터 1200~8800만 원으로 상향 조정됨). 이렇게 과표금액을 고정시키면 소득의 자연증가에 따라 상위세율 적용 과세자 비중이 늘어나므로 소득세 세입은 저절로 증가하게 된다. 2009년 소득세 최고세율이 적용되는 소득기준액이 한국은 노동자 평균소득의 3.2배로서 OECD 평균 2.6배에

표 9-8 소득세 최고세율 적용 평균소득배수(2009)와 조세부담률(2008)

(단위: 배, GDP %)

	벨기에	영국	스웨덴	핀란드	프랑스	한국	그리스	일본	멕시코	평균
평균소득배수	1.1	1.3	1.5	1.8	2.8	3.2	3.6	4.6	4.7	2.6
조세부담률	30.2	28.9	34.8	31.0	27.1	20.7	20.3	17.3	18.3	25.8

자료: OECD(2010a)와 OECD. Tax Database. 한국은 2000년엔 평균소득배수가 5.5배였으나 과표금액이 1996년 이후 고정되면서 점차 낮아짐.

비해 상당히 근접한 편이다. 그럼에도 여전히 소득배수 차이만큼 우리나라 중상위계층 소득자들은 다른 나라에 비해 상대적으로 세부담이 가볍다(최근 세제 개편으로 최고세율 적용 과표금액이 3억 원으로 높아졌다).

셋째, 소득세에 대한 세금 감면이 많다. 우리나라에서 자영자 소득파악 미비에 따른 형평성 문제를 완화하고자 근로소득공제액이 크다. 그리고, 특별히 사회복지 혜택이 빈약하다보니 정치권이 복지 대신 소득세 공제를 양산해왔다. 이에 저소득계층을 포함해 대부분의 국민들이 소득세 감면 혜택을 보고 있다.

현재 우리나라 소득세법은 '열거주의 방식'에 따라 소득의 종류를 이자소득 · 배당소득 · 사업소득 · 근로소득 · 연금소득 · 기타소득 · 퇴직소득 · 양도소득 등 8가지로 구분하고, 이중 근로자에게는 근로소득세, 다른 소득이 있을 경우 모두를 합산하여 종합소득세가 부여된다(단, 퇴직소

표 9-9 근로소득 감면세액(2009)

(단위: 조 원)

	과세대상 근로소득(a)	근로소득 공제(b)	근로소득 (c=a-b)	소득공제 (d)	과세표준 (e=c-d)	세액공제 (f)	계 (b+d+f)
소득금액	361.5	121.6	239.9	118.5	121.3		
감면세액		10.0		11.1		2.4	23.5
결정세액							12.9

자료: 국세청(2010b) 재구성

득, 양도소득은 분리과세됨). 연말정산에서 경험하듯이, 우리나라 소득세 부과과정은 복잡한 소득 및 세액 공제 과정을 밟는다.

〈표 9-9〉를 보면, 2009년 근로소득자의 경우 총 급여(369.6조 원)에서 연구활동비, 야간근로수당, 출산보육수당 등을 제외한 361.5조원이 과세대상근로소득이다. 여기서 근로자에게 모두 적용되는 근로소득공제 금액이 121.6조 원이고, 다시 인적공제, 보험료, 의료비, 신용카드소득 공제 등 총 118.5조 원의 소득공제를 거쳐 최종적으로 소득세율이 적용되는 과세표준액은 121.3조 원으로 작아진다. 여기서 소득세율이 적용되어 산출된 세금이 15.3조 원인데, 다시 2.4조 원의 세액공제가 행해져 최종 결정된 세금이 12.9조 원이다. 결국 소득공제(11.1조 원), 세액공제(2.4조 원) 몫을 합해 13.5조 원, 근로소득공제(10.0조 원)까지 합하면 감면된 세액은 총 23.5조 원에 달한다.

종합소득도 근로소득과 유사한 경로를 밟는다. 〈표 9-10〉에서 보듯이, 2009년 종합소득자 총수입에서 필요경비를 제외한 과세표준액이 90.2조 원이고, 여기에 소득공제 23.54조 원이 행해져 세금이 부과되는 과세표준 소득은 66.7조 원으로 줄어든다. 여기서 산출된 세금이 15.7조 원인데, 다시 1.4조 원의 세액 공제가 이루어져, 최종적으로 종합소득자가

표 9-10 종합소득 세금감면(2009)

(단위: 조 원)

	종합소득 (a)	소득공제 (b)	과세표준 (c=a-b)	세액공제 (d)	계 (b+d)
소득금액	90.2	23.5	66.7		
감면세액		2.6		1.4	4.0
결정세액					11.7

자료: 국세청(2010b) 재구성

납부하는 결정세액은 11.7조 원이다. 보통 자영자로 불리는 종합소득자의 소득파악에 대한 의구심이 있지만, 국세청이 공식적으로 감면해준 세금이 소득공제를 통해 2.6조 원, 세액공제를 통해 1.4조 원 등 총 4조 원에 이른다.

소득세 감면에서 주목해야 할 점은, 여전히 상위계층일수록 감면액이 크다는 점이다. 근로소득자의 경우 근로소득 2천만 원 이하 자(총급여는 약 3천만 원 이하)의 총 감면액이 1인당 약 30만 원인데 반해, 2천만 원 초과자는 1인당 평균 약 250만 원으로 8배에 이른다. 근로소득이 1억 원이 넘는 사람(총급여로 1억 5천만 원 초과자)의 경우 1인당 약 770만 원을 감면받는다. 종합소득자도 비슷해서, 종합소득 2천만 원 이하 자는 1인당 평균 30만 원, 초과자는 1인당 280만 원을 감면받는다(이정희, 2011b).[2]

여기서 우리가 눈여겨 보아야할 것은 광범위한 조세감면에 의해 상위계층이 더 큰 혜택을 얻고 있지만, 동시에 저소득계층 대다수가 소득세 부담에서 벗어나게 된다는 점이다. 그 결과가 광범위한 면세자 비중인데, 2009년 근로소득세 연말정산자 1천 430만 명 중 과세대상자는 854만 명으로 전체의 59.7%이고, 면세자가 무려 40.3%를 차지한다. 2005년 48.7%에 비해서는 줄어들었으나 여전히 면세자 비중이 높은 편이다. 종합소득자

---

2. 이러한 결과를 바탕으로 이정희 의원은 조세감면의 실효성에 의문을 표하며 세금감면을 줄여 확보한 재원으로 재정지출을 늘리는 것이 바람직하다는 시사점을 제시한다. 이러한 제안은 정책적으로 타당하다고 판단되지만 조세감면을 줄일 경우 이것이 저소득계층에게도 영향을 준다는 점, 소득 간 역진성이 큰 사례로 제시된 다자녀추가공제, 교육비 특별공제, 의료비 특별공제 역시 가계재생산에 필요한 기본 서비스 항목이라는 점에서 본격적인 논의는 아동수당, 무상교육, 무상의료 등 실제 복지 확대가 가시권에 들어 온 이후에야 가능할 것으로 보인다. 이에 조세감면 축소에 대해서는 신중한 논의가 필요하고, 그 방향도 상위계층 혜택이 줄어드는 방식이어야 할 것이다.

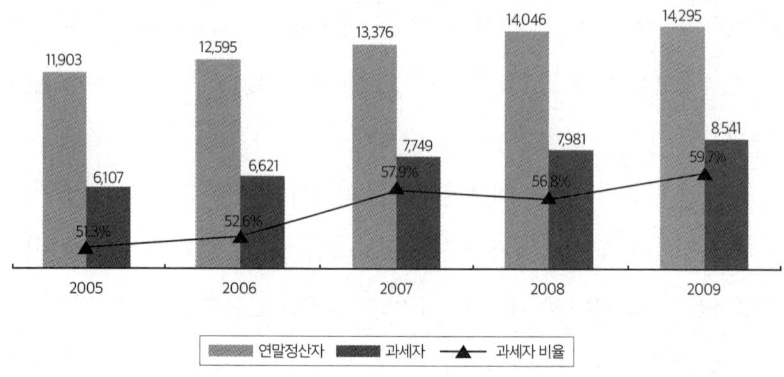

자료: 국세청(2010c)

의 경우도 2009년 약 507명 중 면세자가 228만 명으로 면세자 비중이 약 45%로 추정된다.[3]

넷째, 양도소득의 과세에 틈새가 존재한다. 2010년 국세통계연보를 보면, 2009년 우리나라 국세청에 신고된 양도차익은 총 60.6조 원이고, 장기보유특별공제, 양도소득 기본공제 등을 제외한 과세표준 금액이 47.4조 원이며, 여기에 양도소득세율을 매겨 최종적으로 7.8조 원이 부과되었다. 하지만 이 자료에는 비과세에 속하는 1가구 1주택 양도소득은 원천적으로 빠져 있다. 비록 1가구 1주택의 경우 집을 팔면 대체 주택을 확보하기 위해선 비슷한 금액이 확보돼야 한다는 취지에서 비과세가 적용되지만, 1가구 1주택의 경우에도 양도소득이 발생했다면 세금이 부과돼야 하

---

3. 종합소득자 면세자 비중 추정과정은 다음과 같다. 우선 2010년 국세통계연보에 실린 종합소득자 확정신고자 357만 명(과세자 279만 명 + 비과세자 78만 명)과 2008년 과세미달자 추정인원 150만 명을 합해 전체 종합소득자를 507만 명으로 추계했고, 여기서 비과세자와 과세미달자의 비중을 계산했다. 과세미달자 추정인원은 기획재정부(2009) 참조.

는 것이 원칙이어야 한다. 또한 금융소득 영역에서 주식양도차익과세도 강화돼야 한다. 현재 해당기업 주식의 3%(혹은 시가 100억) 이내를 소유한 개인투자자의 경우 주식양도차익에 대한 과세가 면제되는데, 이것 역시 '소득이 있으면 세금이 있다'는 조세원칙에 위배된다.

결국 다른 나라와 비교해 우리나라 세목 중에서 가장 취약한 것이 소득세이다. 과세인프라가 취약한 구조적 한계도 존재하지만, 앞서 보았듯이 대부분 세율, 감면, 비과세 등 정책적인 결과이다. 그런데 대부분의 근로소득자들이 월급명세서에서 소득세를 원천납부하고 있다는 점에서 소득세는 조세저항의 개연성이 매우 큰 세목이기도 하다. 앞으로 우리나라의 취약한 소득세 세수를 얼마나 늘릴 수 있는지 여부가 향후 복지재원 마련에 중요한 관건이 될 것이다. 이에 조세 저항이 강한 소득세를 직접 증세하기보다는 최근 보편복지 흐름을 결합해 '복지증세' 방식의 목적세를 통해 우회적으로 소득세를 확대하는 방안을 증세 대안으로 검토할 필요가 있다.

사회보장기여금: 낮은 사회보험료 수입, 특히 고용주 몫 적어

우리나라 국민들이 큰 부담을 느끼는 세목 중 하나가 사회보장기여금이다. 현재 사회보장기여금에는 국민연금, 건강보험(장기요양 포함), 고용보험, 산재보험이 있는데, 국민연금과 건강보험은 노사가 각각 절반씩 부담하고, 고용보험은 실업급여 몫은 노사 절반, 고용안정 몫은 기업이

표 9-11 우리나라 사회보험 보험료율 현황(2011)

(단위: %)

		노동자	기업	계
국민연금		4.50	4.50	9.00
건강보험	건강보험	2.82	2.82	5.64
	장기요양	0.18	0.18	0.35
고용보험	실업급여	0.55	0.55	1.10
	고용안정 직업능력개발	없음	0.25~0.85	0.25~0.85
산재보험		없음	1.77	1.77
계		8.05	10.07~10.67	18.11~18.71

*장기요양보험료율은 건강보험료의 13.1%이고, 이것을 보수월액 기준으로 재계산하면 0.35%. 산재보험료율은 전체 업종 평균 수치. 현재 산재보험료율은 위험도를 감안하여 업종별로 상이함. 가장 위험 업종으로 광업의 산재 보험료율은 35.4%, 어업은 32.98%이고, 반면 재해 위험이 적은 금융보험업은 0.6%.

전적으로, 그리고 산재보험은 모두 기업이 부담한다. 〈표 9-11〉에서 보듯이, 2011년 현재 보수월액 기준으로 노동자는 총 약 8%, 기업은 약 10%를 사회보장기여금으로 내고 있다.

그러면 우리나라 사회보험료 규모는 다른 나라와 비교해 어떤 수준일까? 다시 앞의 〈표 9-1〉을 보자. 2009년 우리나라 사회보장기여금 비중이 GDP 5.8%로 OECD 평균 9.0%에 비해 3.2%포인트 작다. 이것을 고용주와 피고용주 몫으로 나누어 살펴보면, 피고용자의 사회보장기여금 비중은 GDP 2.4%로 OECD 평균 3.3%보다는 작고, 고용주의 사회보장 기여금 비중은 2.6%로 OECD 평균 5.2%의 절반에 불과하다. 우리나라는 노사 모두 사회보장기여금 부담이 작은데, 특히 고용주의 몫이 크게 모자란다.

구체적으로 국민연금과 건강보험을 사례로 보자. 국민연금의 경우 우리나라는 보수월액의 9%이다. 반면 OECD 평균은 19.6%로 2배에 달하

(단위: %)

		이탈리아	스페인	프랑스	독일	스웨덴	일본	미국	한국	OECD
보험료율 (보수월액)	고용주	23.8	23.6	9.9	10.0	11.9	7.7	6.2	9.0	19.6
	피고용자	9.2	4.7	6.8	10.0	7.0	7.7	6.2	4.5	11.2
	계	32.7	28.3	16.7	19.9	18.9	15.4	12.4	4.5	8.4
규모 (GDP)	고용주	6.5	6.8	-	3.0	3.7	2.9	2.3	1.0	2.9
	피고용자	2.1	1.3	-	2.6	2.6	2.9	2.3	1.5	1.8
	계	8.6	9.0	-	6.6	6.4	5.8	4.6	2.5	5.1

주: 보험료규모 GDP 비중의 합계가 사용자, 피용자 비중 합계와 일부 차이가 있는 경우는 기타수입 때문. 한국의 지역가입자 보험료는 피고용자에 포함.

자료: OECD(2011b)

고, 이 중 고용주가 낸 사회보장기여금 비중이 GDP 11.2%로서 피고용자가 낸 몫은 GDP 8.4%보다 많다. 일본, 미국, 독일 등 우리나라처럼 절반씩 부담하는 나라도 있지만, 이탈리아, 스페인, 프랑스, 스웨덴 등 고용주가 더 많이 내는 나라도 존재하기 때문이다.

건강보험의 경우에도 우리나라는 보험료율이 상당히 낮은 편이다. 북유럽 국가들과 영국 등이 조세 방식의 공공의료제도를 운영하고 있어, 전체 비교는 어렵지만 〈표 9-13〉을 보면, 우리나라 건강보험료율이 낮은 건 쉽게 확인된다. 우리나라 2011년 건강보험료율은 노사 부담 몫을 합하

표 9-13 주요국가 건강보험료율 비교

(단위: %)

	프랑스	독일	일본	한국
고용주	13.10	7.00	4.25	2.82
피고용자	6.20	7.00	4.25	2.82
계	19.30	14.00	8.50	5.64

자료: 건강보험정책연구원(2009). 한국은 2011년 보험료율.

여 보수월액의 5.64%이지만, 일본은 8.5%, 독일은 14%, 프랑스는 19.3%
이다.

요약하면, 우리나라 사회보장기여금 규모가 낮고 그만큼 사회보험에
의한 복지급여도 취약하다. 이에 사회보험 복지를 강화하기 위해서는 우
선 사회보장기여금을 다른 나라 수준만큼 상향하는 것이 필요하다. 하지
만 소득세와 마찬가지로 우리나라에서 사회보험료는 국민 대다수가 과
세대상이 되는 까닭에 조세 저항이 큰 항목이다. 국민연금의 경우 보험료
절대액이 가장 크고 미래 연금 급여 지급 가능성에 대한 불신이 커 보험료
율 상향 논의가 지금은 사실상 불가능한 상황이고, 건강보험의 경우 근래
'건강보험 하나로 시민회의'처럼 자발적인 보험료 인상 논의가 제안되고
있으나 아직까진 진보 진영 내부에서도 동의를 형성하지 못하고 있다. 고
용보험의 경우에도 노동계의 반발이 크고, 기업이 모두 부담하는 산재보
험료 역시 취약한 산재 급여를 충당하는 수준에서 보험료율이 머무르고
있는 형편이다. [4]

비과세 감면: 대기업 감세 혜택 커

지금까지 살펴본 각 세목들은 세금을 거두는 데 초점을 둔 것이다. 그

---

4. 2011년부터 고용보험 실업보험료율이 0.9%에서 1.1%로 인상되었다. 이에 노동, 시민단체들은
일제히 고용보험료 인상을 비판했다. 고용보험확대 및 실업부조도입 연대회의 외(2010) 참조.
하지만 실업급여 재정이 노사가 소득에 따라 정률로 납부하는 보험료에 의해 조성되고, 실업을
당한 불안정 노동자에게 지급된다는 점에서 고용보험료가 지니는 재분배 연대효과는 크다. 이
에 고용보험기금 지배구조 개혁은 꾸준히 요구해야겠지만, 고용보험료에 대한 비판적인 태도
는 재검토가 필요하다. 일부 저소득 노동자에 대한 보험료 지원을 보완대책으로 마련하는 것을
조건으로, 적극적인 보험료율 상향 논의가 필요하다.

(단위: 억 원)

	07년	08년	09년	10년(잠정)	11년(잠정)
국세감면액(A)	229,652	287,827	310,621	301,396	313,600
국세수입총액(B)	1,614,591	1,673,060	1,645,407	1,750,125	1,878,469
국세감면율(A/(A+B))	12.5%	14.7%	15.8%	14.6%	14.3%
국세감면율 법정한도	14.0%	13.6%	14.0%	14.8%	15.5%

자료: 기획재정부(2010)

런데 정부 재정수입에 영향을 미치는 것에는 세금 징수 외에 세금 감면도 있다. 세금 감면은 주로 해당 세법이 아니라 '조세특례제한법'에 의해 이루어지는데, 〈표 9-14〉에서 보듯이, 2011년 비과세감면 예상액이 31.3조 원으로 국세 수입 188조 원의 14.3%에 해당한다. 지금까지 정부와 정치권이 민생경제를 지원한다는 명분으로 비과세 감면을 남발하고 이후 해당 감면조치의 일몰기간을 유예해 온 결과이다.

이에 근래 정치권이나 시민단체에서 비과세 감면을 줄여 복지재원을 마련하자는 주장이 제기되고 있다. 하지만 비과세 감면을 줄이는 일이 반드시 필요하지만 만만한 과제는 아니다. 2011년 비과세 감면 내역을 보면, 사회, 농림수산, 중소기업 등 민생 관련 분야가 약 70%를 차지한다. 〈표 9-15〉에서 보듯이, 신용카드 소득공제, 교육비 특별공제, 농림수산 소득공제 및 면세유 등은 일반 서민이나 중간계층이 혜택을 보는 감면 분야여서 이것이 축소된다면 사실상 이들에 대한 증세가 이루어지는 꼴이 된다.

따라서 비과세 감면 정비는 서민관련성이 없으면서 대기업이나 상위계층에게 혜택이 돌아가는 친기업, 사행성 감면을 줄이는 데 집중할 필요가 있다. 이에 해당하는 주요 세금 감면들을 모은 것이 〈표 9-16〉이다. 대표

표 9-15 지출 기능별 감면 현황(2011)

(단위: 억 원, %)

	예산분류기준	금액 (잠정)	비중	주요 항목
1	일반공공행정	16,670	5.3	신용카드 소득공제 15,659
2	외교·통일	0.4	0.0	
3	국방	3,096	1.0	
4	교육	14,377	4.6	교육비 특별공제 13,787
5	문화 및 관광	24	0.0	
6	환경	7,167	2.3	
7	사회복지	69,287	22.1	
8	보건	36,714	11.7	
9	농림수산	61,244	19.5	자경농지 양도소득세 공제 18,683 기자재 부가 영세율 16,457 면세유 15,685
10	산업·중소기업·에너지	87,910	28.0	중소기업 특별세액감면 13,015 소상공인 신용카드 부가세 세액공제 12,629
11	교통 및 물류	7,420	2.4	
12	국토 및 지역개발	9,476	3.0	
13	과학기술	215	0.1	
	합 계	313,600	100.0	

자료: 기획재정부(2010)

적 항목으로 오랫동안 변칙적으로 남아 있는 임시투자세액공제 1조 4320억, 첨단 업종 대기업에게 대부분 돌아가는 연구 및 인력개발비 세액공제 2조 8161억, 기업 형평성에 어긋나는 외국인투자기업 법인세 감면 6500억, 사행성 성격을 지닌 골프장/카지노 특례 약 3500억 등이다. 이 항목들이 모두 폐지되면 약 5.2조 원의 재원이 조달된다.

표 9-16 폐지돼야 할 비과세 감면 항목

항목	금액	평가
연구 및 인력개발비 세액 공제	2조 8161억	투자력 높은 대기업 중심 수혜
임시투자세액공제	1조 4320억	기업 세금 감면책으로 고착
외국인투자기업 법인세 감면	6500억	외국인투자 특혜
골프장, 카지노 세금 감면	약 3500억	사행산업 지원
계	약 5조 2000억	

자료: 대한민국정부(2010)의 내용을 재구성

우리나라의 핵심 취약 세목: 소득세, 사회보장기여금

지금까지 복지재원 마련을 위한 증세를 논의하기 위하여, 주요 세목의 실태에 대하여 살펴보았다. 필자는, 우리나라에서 자산세, 법인세도 강화돼야겠지만, 관건은 소득세와 사회보장기여금에 있다는 점을 강조했다. 이 두 가지 세목을, 개인소득에 부과되는 세금이라는 의미에서, 소득과세라고 부른다면, 우리나라 조세구조의 근본 문제는 '취약한 소득과세'라고 정리할 수 있다.

이러한 사실은 소득세, 사회보장기여금이 전체 노동비용이나 총임금소득에서 차지하는 실효세율을 보아도 분명하게 확인된다. 〈표 9-17〉은 2010년 평균 노동비용 대비 노동자가 내는 소득세와 노사가 함께 내는 사회보장기여금의 실효세율을 보여준다. 독일은 49.1%, 스웨덴이 42.7%로 높고, OECD 평균이 34.9%인데 반해 한국은 19.8%이다. 독일의 경우 소득세와 사회보장기여금의 규모가 전체 노동비용의 절반에 해당된다면, 한국은 1/5 수준에 불과하다.

표 9-17 노사의 소득세·사회보장기여금 실효세율(노동비용 대비 2010)

(단위: %)

국가	소득세	사회보장기여금		계
		노동자	고용주	
독일	15.7	17.2	16.2	49.1
스웨덴	13.5	5.3	23.9	42.7
영국	14.7	8.3	9.7	32.7
일본	6.8	11.5	12.2	30.5
미국	13.9	7.0	8.8	29.7
한국	3.7	7.1	9.0	19.8
OECD 평균	12.2	8.5	14.2	34.9

자료: OECD(2011c)

노동자 계층별로 소득과세 실효세율은 어떨까? 〈표 9-18〉을 보면, 우리나라 노동자는 모든 계층에서 OECD 평균에 비해 낮은 세금을 내고 있음을 알 수 있다. 하위 67% 계층, 평균임금계층, 167% 계층으로 나누어보면, 총임금대비 소득과세의 실효세율이 우리나라는 각각 9.1%, 11.9%, 14.9%로 OECD 비교 노동자의 20.3%, 24.3%, 30.0%에 비해 모두 낮

표 9-18 노동자의 소득세·사회보장기여금 실효세율(총임금소득 대비 2010)

(단위: %)

	항목	67% 계층	평균임금	167% 계층
한국	소득세	1.3	4.1	8.3
	사회보장기여금	7.8	7.8	6.6
	계	9.1	11.9	14.9
OECD	소득세	10.0	14.2	20.5
	사회보장기여금	10.2	10.1	9.5
	계	20.3	24.3	30.0

자료: OECD(2011c) 재구성

다. 결국 우리나라 노동자는 전 계층에서 소득세와 사회보장기여금을 적게 내고 있으며, 특히 소득세의 실효세율이 매우 낮다.

만약 금액으로 계산하면 우리나라는 소득세, 사회보장기여금에서 얼마나 덜 내고 있는가? 앞의 〈표 9-1〉을 다시 보면, 두 세금을 합친 규모가 우리나라는 2009년 9.4%로 OECD 평균 18.0%에 비해 8.6% 포인트 작다. 금액으로 약 100조 원이다. 우리나라 국민들이 국제 평균만큼 소득세와 사회보장기여금을 낸다면, 무려 100조 원의 복지재정이 확보된다는 이야기다!

복지국가 증세를 위한 3대 원칙

우리나라 조세구조에서 어떻게 증세를 추진해야 할까? 근래 고무적인 일은, 보편복지 담론이 확산되자 세금에 대한 시민들의 생각이 조금씩 변화하고 있다는 점이다. 여론조사를 보면, 아직 과반수에 이르지는 못하지만, 복지가 늘어난다면 세금을 더 낼 용의가 있다는 시민이 늘어나고 있다. 이에 필자는 부자들에게 '내라!'고 요구하는 것을 넘어 보편복지를 바라는 시민들이 '내자!(낼 테니 내라)'는 참여재정방식의 재정주권운동을 제안한다. 복지재정도 마련하고 대중적 복지주체도 형성하자는 운동이다.

보통 서구 복지국가의 건설 과정을 평가할 때, 정치사회학의 측면에서 복지국가 추진세력의 복지동맹이 강조된다. 그런데 우리나라에서는 복지국가 주체라고 불릴만한 세력이 아직 존재하지 않는다. 이에 복지국가를 위한 복지재정전략은 단순히 복지재정을 마련하는 과제뿐만 아니라 복지

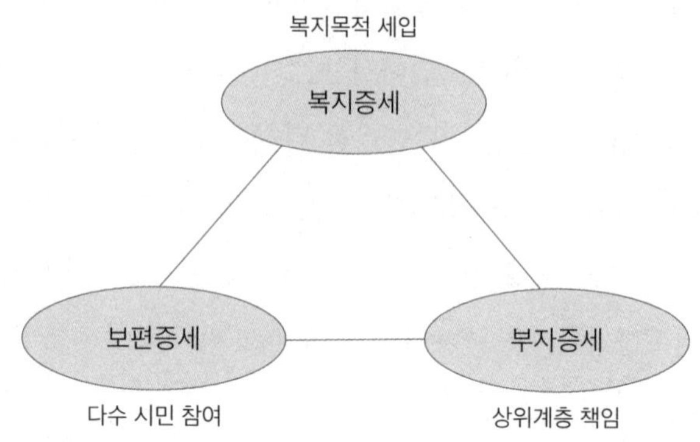

주체를 형성하는 계기도 제공할 수 있으면 최선이다. 필자는 보편복지 수혜자 대다수가 복지재정 확충에 참여하는 '참여재정' 운동을 통해 일반 시민이 복지운동 주체로 세력화할 가능성에 주목한다. 향후 생산적인 논의를 기대하며 다음 3가지를 복지국가 재정확충을 위한 증세 원칙으로 제안한다.

첫째, '복지증세'. 복지지출 목적으로 한정된 증세를 하자. 우리나라는, 재정지출에 대한 국민들의 불신을 감안할 때, 세입과 복지 지출을 결합하는 '복지증세'가 효과적이다. 내가 낸 세금이 '4대강 사업'에 유용될지 모른다는 우려를 불식시켜야 한다. 예를 들어, 사회보장세(사회복지세), 사회보험료 등이 지출 목표가 복지로 정해진 복지목적세이다.

둘째, '보편증세'. 근래 부상하는 보편 복지 흐름에 맞추어, 가능한 많은 사람이 증세에 참여하는 것이 바람직하다. 필자가 보편증세를 강조하는 이유는, 증세 활동을 통해 일반 시민들이 복지운동의 주체로 나서기를 바라기 때문이다. 중간계층이 복지재원 마련에 참여하면서 주체로 성장할 수 있어야 한다.

셋째, '부자증세'. 복지재원은 소득재분배 효과가 극대화되도록 상위계층이 실질적으로 책임지도록 해야 한다. 즉 과세대상에서는 가능한 많은 시민들이 참여하는 '보편증세'를 추구하되, 복지재원의 계층적 성격에서는 상위계층 책임성이 분명해야 한다. 이러한 면에서 부자증세는 보편증세와 조응할 수 있는 원칙이다.

필자는 이러한 3대 증세원칙이 구현된 방안으로 '국민건강보험료를 지렛대로 삼은 무상의료 재원 확보'와 '복지지출 목적과 연계된 사회복지세 도입'을 제안한다. 전자는 국민건강보험료 인상과 보험료체계 개편을 통해 약 15조 원을, 후자는 기존 직접세에 누진 사회복지세율을 적용하여 약 20조 원을 조성한다.

우선 '참여재정' 방식으로 설계된 사회복지세는 현행 국세 중 직접세인 소득세, 법인세, 종합부동산세, 상속증여세와 주로 고가품에 부과되는 개별소비세 세액에 10~30%의 누진율이 적용되는 부가세Surtax이다. 사회복지세는 기존 세금들을 과세대상으로 삼는 단일세목이어서 대중적 증세운동을 위한 상징적 의제로 적합하다. 사회복지세는 조성된 재원을 모두 복지지출에 사용하고, 다수의 시민들이 사회복지세를 납부하며, 대부분의 재원이 상위계층 몫이라는 점에서 복지증세, 보편증세, 부자증세 3대 원칙이 적용되고 있다.

국민건강보험료 강화 방안도 사회복지세와 동일하게 증세 3대 원칙을 구현하고 있다. 우선 국민건강보험료를 지렛대로 조성된 모든 재정은 건강보험 급여 확대에 사용되므로 '복지증세'이다. 또한 기존에 국가, 기업에 무상의료 재정을 책임지라는 방식에서 가입자도 건강보험료를 더 낼테니 그만큼 국가, 기업도 책임을 더 하라고 주장한다는 의미에서 '보편 증세'의 흐름에 있다. 그럼에도 국민건강보험료가 소득에 따라 납부하는 정률 구조를 가지고 있고, 여기에 기업의 부담액(직장가입자와 동일한 금액)과 국고지원액(전체 보험료수입의 20%)이 더해지므로, 추가로 마련되는 재정의 80% 이상이 상위계층과 기업에서 나오는 '부자증세' 성격을 지닌다.[5]

맺으며: 재정주권운동과 복지주체 형성

대통령 선거가 다가올수록 재정 의제는 더욱 부상할 듯하다. 보수세력의 지출통제전략이 변하지 않고 보편복지 세력이 계속 약진한다면, 앞으로 지출 관리를 통해 균형재정을 달성하겠다는 보수의 '재정건전성' 프레임과 재원 확대를 통해 보편 복지를 구현하겠다는 진보의 '복지 확충' 프레임이 격돌할 것이다. 그래서 이명박 정부가 '재정전략'을 펼치듯이, 이제는 진보세력도 미래 비전을 담은 복지재정전략을 마련해야 한다. 지금까지 전개되어 왔던 급식, 의료, 등록금 등 부문별 요구를 넘어 복지국가에서 운영될 전체 복지지출 목표 규모를 정하고, 이것을 구현하기 위한 실행 프로그램을 논의해야 한다.

이를 위해 필자는 재정지출개혁, 조세개혁을 추진하고, 동시에 3대 증세 원칙에 따라 설계된 사회복지세와 국민건강보험료 방안을 복지재정전

---

5. 무상의료와 사회복지세의 구체적 방안에 대해서는 오건호(2011)를 참조하라.

략으로 제안한다. 이 때 증세는 소수에게만 재정확충 책임을 부과하는 '부유세 방식'보다는 일반 시민도 참여하는 '참여재정 방식'의 재정주권운동이 바람직하다. 일반 시민들이 재원마련 참여를 통해 복지국가 논의에서 '관람자observer'에서 '행위자actor'로 스스로 자신의 역할을 전환하고, 여기서 마련된 자긍심을 바탕으로 부자들을 압박하는 에너지를 만들어 가자는 것이다. 필자는 복지국가 재원을 확충하는 핵심 기둥이면서 동시에 복지국가를 실현할 대중주체 형성과 관련을 맺고 있기에, 사회복지세와 국민건강보험료를 총괄해 '복지국가세'로 부르고자 한다.

이제 지역풀뿌리 복지운동, 즉 복지를 직접 얻는 수혜자와 복지 서비스를 전달하는 사회복지사, 그리고 이를 연계하는 지역 NGO들이 복지국가를 위한 재정주권운동의 주체로 나서야 한다. 또한 노동조합, 진보정당 등 전통적 복지국가 운동세력도 적극적으로 자신의 역할을 다해야 한다. 긍극적으로는 보편복지를 요구하는 일반 시민이 나서야 한다. 복지국가 재정확충을 위해 '사회복지세 도입을 위한 입법 운동'과 '무상의료 실현을 위한 국민건강보험 하나로' 시민운동이 대중적으로 펼쳐지기를 바란다.

글의 출처

1장 한국 복지국가, 회고와 전망

남찬섭(2011). "민주정부 10년 복지개혁의 회고와 전망: 최근의 복지국가
　　논쟁에 비추어".『상황과 복지』제32호.

위 글을 일부 수정한 것이다.

2장 연금개혁의 정치경제학

주은선(2009). "신자유주의 시대의 연금개혁".『경제와 사회』제84호.

위 글을 상당 부분 인용한 것이다.

3장 건강보장의 정치경제학

이진석(2009). "건강보장의 정치경제학".『복지동향』12월호.

　　　　(2010). "건강보험 통합의 성과와 한계".『복지동향』7월호.

위 글을 재구성 및 수정 보완한 것이다.

4장 노동시장 유연화와 노동복지

장귀연(2009). "노동시장 유연화와 노동복지".『복지동향』12월호

위 글을 재구성 및 수정 보완한 것이다.

5장 불평등의 확대와 기초생활보장제도의 한계

이 글은 필자가 2009~2010년에 작성한 여러 논문(참고문헌 참조)의 내용을 기초로 하여 본 주제에 맞게 종합 · 수정한 것이다.

6장 후기산업사회의 새로운 요구, 가족정책

윤홍식(2011). "가족정책, 복지국가의 새로운 역할: 보편성과 다양성에 대한 요구".『가족복지학』제33호.

위 글을 수정 보완한 것이다.

7장 지방자치와 사회복지

이재완(2007). "지방자치단체 사회복지지출수준의 결정요인 분석: 1995-2005".

_____(2010). "사회복지 지방이양사업과 지방복지재정위기에 관한 연구".

위 글을 중심으로 수정 보완한 것이다.

8장 한국사회서비스 제도화의 현황과 전망

남찬섭(2009). “최근 사회복지서비스 변화의 함의와 전망: 지방이양, 바
　우처, 노인장기요양보험으로 인한 변화를 중심으로 한 탐색적 고찰”.
　『상황과 복지』 제28호.

위 글을 기초로 최근의 상황을 반영하고 이론적 논의를 보강하여 대폭 수
　정한 것이다.

9장 한국의 조세구조 실태와 복지국가 증세

오건호(2011). 『복지국가 실현을 위한 복지재정전략: 참여재정 운동과 복
　지주체 형성』. 사회공공연구소 연구보고서.

위 보고서의 일부 내용을 재구성한 것이다

참고문헌

1장

국민연금공단(2008).『국민연금 20년사』.
김연명 편(2002).『한국 복지국가 성격논쟁Ⅰ』. 인간과 복지.
김연명(2008). "'말의 성찬' 노무현 복지담론, 상처로 얼룩진 '진보적 복지'".〈신동아〉
　　　　제581호, 188~197쪽.
김영순(2009). "노무현 정부의 복지정책: 복지국가의 제도적·정치적 기반 형성의 문제
　　　　를 중심으로".『경제와 사회』제82호, 161~185쪽.
김원섭(2009). "참여 정부에서 한국 복지국가의 발전: 복지국가 또는 신자유주의 국
　　　　가?". 사회과학연구원 발표원고.
남찬섭(2002). "복지개혁의 성과와 한계, 그리고 한계극복의 가능성: 대선후보들의 공약
　　　　을 중심으로".『민주사회와 정책연구』제2권 제2호, 105~138쪽.
　　　　(2008a). "한국 사회복지서비스에서 바우처의 의미와 평가: 바우처사업의 사회적
　　　　맥락을 중심으로".『상황과 복지』제26호, 7~45쪽.
　　　　(2008b). "한국 복지정치의 딜레마: 낮은 조세능력과 자가복지(自家福祉)로 인
　　　　한 한계에 중점을 두어".『사회복지연구』제38호, 33~59쪽.
　　　　(2009). "최근 사회복지서비스 변화의 함의와 전망: 지방이양, 바우처, 노인요양
　　　　보험으로 인한 변화를 중심으로 한 탐색적 고찰".『상황과 복지』제28호, 7~49
　　　　쪽.
노무현(2009).『성공과 좌절: 노무현 대통령 못 다 쓴 회고록』. 학고재.
대통령비서실 삶의 질 향상 기획단(1999).『새천년을 향한 생산적 복지의 길: 국민의 정
　　　　부 사회정책 청사진』. 도서출판 퇴설당.

___________________________ (2002). 『생산적 복지: 복지패러다임의 대전환』.
대통령자문 빈부격차·차별시정위원회(2005). 『양극화 해결을 위한 동반성장전략 개발』.
대통령자문 정책기획위원회(2006). 『선진복지한국의 비전과 전략』.
___________________________ (2008). 『저출산·고령사회 대응』. 참여 정부 정책보고서, 2~25쪽.
박근혜(2010). 『사회보장기본법 전부개정을 위한 공청회: 한국형 복지국가 건설』.
보건복지부·꽃동네현도사회복지대학교(2003). 『복지와 경제의 선순환관계 연구』.
사회정책비서관실(2007). 『주민서비스 혁신』. 참여 정부 정책보고서, 2~22쪽.
시사저널(1999. 3. 4). "국민연금 파동 …… 졸속이 부른 '준비된 실패'".
안상훈(2010). "한국형 복지국가의 비전과 전략". 『사회보장기본법 전부개정을 위한 공청회: 한국형 복지국가 건설』, 7~14쪽.
안종범(1997). "경제정의를 위한 조세정책(1990년 이후)". 최광·현진권 편, 『한국 조세정책 50년사, 제1권 조세정책의 평가』. 한국조세연구원, 265~323쪽.
______(2002). "공공의 과제, '소득파악'". 〈주간동아〉 제333호.
양동욱·권태용(2002). 『내외수산업 균형성장을 위한 과제: 최근의 '내수주도' 경제로의 전환이론을 중심으로』. 한국은행 금융경제연구원.
양재진(2008). "적극적 복지정책, 그러나 실패한 지지동원" 한반도사회경제연구회 엮음. 『노무현 시대의 좌절: 진보의 재구성을 위한 비판적 진단』. 창비, 107~121쪽.
이봉주·김용득·김문근(2008). 『사회복지서비스와 공급체계: 쟁점과 대안』. EM 커뮤니티.
이상이(2010). "역동적 복지국가의 논리와 전략" 이상이 편. 『역동적 복지국가의 논리와 전략』. 도서출판 밈, 17~81쪽.
이상이 편(2010). 『역동적 복지국가의 논리와 전략』. 도서출판 밈.
이의엽(2011). "민주노동당의 복지담론은 무엇인가" 『민주노동당의 복지담론은 무엇인가』, 민주노동당 복지정책 연속토론회① 발표문.
이혜경(2002). "한국 복지국가 성격논쟁의 함의와 연구방향" 김연명 편. 『한국 복지국가 성격논쟁 I 』. 인간과 복지, 449~484쪽.
전병유(2008). "성장전략의 부재와 미숙한 분배전략" 한반도사회경제연구회 엮음. 『노무현 시대의 좌절: 진보의 재구성을 위한 비판적 진단』. 창비, 89~106쪽.
정대화(2005). "민주화 과정에서 시민운동과 정치개혁의 관계". 『동향과 전망』 통권 제64호, 121~153쪽.
정무권 편(2009). 『한국 복지국가 성격논쟁 II 』. 인간과 복지.
정부·민간합동작업단(2006). 『함께 가는 희망한국 VISION 2030』.
정성희(2011). "보편복지의 세 가지 전제" 『민주노동당의 복지담론은 무엇인가』. 민주노동당 복지정책 연속토론회① 토론문.
조선일보(1998. 5. 31). 사설.
______(1999. 5. 2). "의보통합땐 직장인 부담 가중".
______(2001. 6. 19). "또 하나의 실패 '직장-지역의보 재정통합' 무모한 계획 결국 '브레이크'".
조수진(2011). "복지재원 논의는 조세개혁의 문제" 『복지비용, 누가 내야 하나』. 민주노동당 복지정책 연속토론회③ 토론문.

조승수(2011). "진보정치가 복지다: 진보신당 사회연대 복지국가 구상". 진보신당 당대회 복지 대토론회, 1~32쪽.

천정배(2010). 『정의로운 복지국가: 천정배의 정치구상』. 도서출판 창해.

최영태(2003). "멀고 험한 공평과세의 길" 경향신문 · 참여연대 엮음. 『김대중 정부 5년 평가와 노무현 정부 개혁과제』. 한울, 109~118쪽.

통계청(2001). 『장래인구추계』.

한겨레신문(2010. 8. 17). "복지국가 담론 세 가지" 창간 22돌 기획 대논쟁, 8~9면.

__________(2010. 8. 23). "보수가 말하는 '보수'의 복지" 창간 22돌 기획 대논쟁, 8~9면.

한국개발연구원(1990). 『한국재정 40년사: 재정운용의 주요과제별 분석(제7권)』. 한국재정40년사 편찬위원회.

_______________(2006). 『양극화 극복과 사회통합을 위한 사회경제정책 제안』.

한국은행(2005). "가계와 기업의 성장양극화 현상: 현황 · 원인 · 대책". 한국은행 보도참고자료.

한나라당 정책위원회(2002). "건강보험 재정분리 관련 여야 타협에 대해". 한나라당 정책성명 · 논평자료.

Bernardi, L., Fraschini, A., & Shome, P. (eds)(2006). *Tax Systems and Tax Reforms in South and East Asia*. Routledge.

Kato, J.(2003). *Regressive Taxation and the Welfare State: Path Dependence and Policy Diffusion*. Cambridge University Press.

2장

고득영(2007). "기초노령연금 도입 현황과 향후 발전방향". 「연금포럼」 28호, 25~46쪽.

고용노동부(2008). "월별 퇴직연금 도입현황".

___________(2010). "월별 퇴직연금 도입현황".

___________(2011). "2011년 2월 퇴직연금 도입현황".

국민연금공단(1998). "월별국민연금통계". 국민연금통계연보.

_____________(2008). "월별국민연금통계". 국민연금통계연보.

_____________(2010). "월별국민연금통계". 국민연금통계연보.

국민연금기금운용위원회(2007a). "2008 국민연금기금 위탁운영계획".

___________________(2007b). "분기별 경제 및 연기금동향" 2007년 2분기.

국민연금발전위원회(2003). 『국민연금 재정계산 및 제도개선방안』. 국민연금재정추계 자료집.

국민연금재정추계위원회 · 국민연금운영개선위원회(2008). 『장기재정추계 및 운영개선방향 2008 국민연금재정추계』.

김미원(2001). "사회복지정책의 시장화 논리에 대한 비판적 고찰". 『사회복지와 노동』 3호.

김연명(2008). "고령화와 노후소득보장정책의 개편 방향: 적정부담, 적정급여체계의 확립 필요성". 국회정책개발세미나 자료집.

문형표(2007). "국민연금개혁에 대한 평가와 과제". 『연금포럼』 28호, 5~15쪽.

보건복지부 · 국민연금관리공단(2001). 『국민연금기금의 운용방향과 국민경제 및 자본시장에서의 역할에 관한 심포지엄』.

보건복지부·국민연금연구원(2008).『국민연금기금 장기운용전략 기획단 최종보고 요약』.

보험개발원(2008).『생명보험 가입현황 분석』.

성경륭(2002). "민주주의의 공고화와 복지국가의 발전: 문민정부와 국민의 정부 비교". 김연명 편,『한국복지국가 성격논쟁 I 』. 인간과복지.

연합뉴스(2009. 4. 22). "IMF 국제금융위기 손실 4조 1천억 달러 육박 美 금융기관 손실 2조 7천억 달러로 불어나".

이데일리(2008. 10. 23). "캘퍼스 너 마저, 美 연기금 초비상".

전국민주노동조합총연맹(2009).『퇴직연금의 도입현황 평가와 개선과제』.

조선일보(2009. 4. 23). "세계 금융기관 손실 내년 말 4조 달러 IMF 금융안정 보고서".

조재환 의원실 정책자료(2001).『연기금제도 개선과 증권시장 활성화 방안』. 새천년민주당.

주은선(2001). "영국 보수당정부와 노동당정부의 공적연금 개혁의 성격에 관한 연구: 연속성과 단절".『한국사회복지연구』17호, 219~244쪽.

_____(2006).『연금개혁의 정치: 스웨덴 연금제도의 금융화와 복지정치의 변형』. 한울.

_____(2008). "1998년부터 2007년까지 한국 연금정책의 전개 방향: 국가와 시장의 역할 경계, 사회권을 중심으로". 비판과 대안을 위한 사회복지학회 2008년 춘계학술대회 발표문.

주은선·정해식(2010). "한국 퇴직연금 도입에 관한 연구: 중층화를 통한 점진적 전환?".『사회정책연구』제17권 1호.

최원탁(2004).『신자유주의 연금개혁론 비판』. 한신대학교 사회복지학과 석사학위논문.

프랑수아 셰네(1998). "금융지배적인 세계적 축적체계의 출현". 이병천·백영현 엮음, 『한국사회에 주는 충고』. 삼인.

한국개발연구원(2009).『우리나라 노후소득보장체계 구축에 관한 종합연구(Ⅱ)』

한국금융연구원(2009). "미국 대형 공적연기금들의 최대 손실 기록 발표".『주간 금융브리핑』18권 30호, 20~21쪽.

Baker, D. & Fung, A. (eds)(2001). *Working Capital: The Power of Labor's Pension*. Cornell University Press.

Barr, N. (2004). *Economics of the Welfare State*. Oxford University Press.

Bateman. H. (2007). *Pension Reform and the Development of Pension Systems: An Evaluation of World Bank Assistance*. World Bank.

Clark, G. L. (2000). *Pension Fund Capitalism*. Oxford University press.

De Brunhoff, S. (1999). *Which Europe do we need now? Which can we get?*.

Engelen. E. (2003). The logic of funding European Pension restructuring and the dangers of financialisation. *Environment and Planning*, 35, 1357~1372.

Esping-Andersen, G. (1990). *The Three Worlds of Welfare Capitalism*. Polity Press.

Gillion, C. (2000). The Development and Reform of Social Security Pensions: The Approach of the International Labour Office. *International Social Security Review*, 53(1), 35~63.

Hebb, T. (2001). Introduction. In D. Baker, & A. Fung(eds), *Working Capital: The Power of Labor's Pension*. Cornell University Press.

Holzmann, R., Hinz, R., & Staff of the World Bank(2005). *Old-Age Income Support in the 21st Century: An International Perspective.* Social Protection Discussion Paper Series. World Bank.

ILO(2000). *The Development and Reform of Social Security Pension.*

Minns. R.(2001). *The Cold War in Welfare.* Verso.

OECD(2001). *Flagship Course on Pension Reform.*

______(2005). *Old-Age Income Support in the 21st Century.*

______(2009). *Pension Markets in Focus.*

______(2011). *Pension Markets in Focus*, issue7.

______(2011). *Pension Markets in Focus*, issue9.

Palacios, R.(2000). *The Korean Pension System at a Crossroads.* World Bank.

Pragma Consulting(1999). *Rebuilding Pensions.* European Commission.

World Bank(1994). *Averting the Old Age Crisis.*

Wrighton, J.(2000). The Stalled Promise of European Pension Reform. *Institutional Investor(America's edition), 34*(2).

3장

Lee S. Y., Chun C. B., Lee Y. G., & Seo N. K. (2008). The National Health Insurance system as one type of new typology: the case of South Korea and Taiwan. *Health Policy*, 85(1), 105~113.

4장

고용서비스연구팀(2005). 『고용서비스 선진화 방안』. 노동부 보고서.

김유선(2010). 『비정규직 규모와 실태 통계청: '경제활동인구조사 부가조사'(2010. 8) 결과』. 한국노동사회연구소.

김혜원·김은경·전승훈(2007). 『사회안전망의 경제적 분석: 노동시장 효과를 중심으로』. 한국노동연구원.

노동부 직업상담원 노동조합(2010). 『고용지원센터 운영과 문제점』.

동국대학교 경주캠퍼스 산학협력단(2009). 『적극적 노동시장정책 활성화를 위한 중앙-지방-민간 고용서비스 협력체계 방안』. 노동부 용역 보고서.

박찬임·박성재·김화순·김종일(2009). 『취약계층 고용서비스 이용 실태 및 서비스 개선 방안』. 한국노동연구원.

방하남·김진욱·이성균 외(2008). 『일용근로자 실업급여 수급 실태와 제도개선 과제』. 한국노동연구원.

오성욱·김균·이만기(2010). 『취업(채용)경로별 이용특성 분석을 통한 공공고용서비스(PES)의 발전방안』. 한국고용정보원.

이병희·김혜원·황덕순 외(2009). 『고용안정망과 활성화 전략 연구』. 한국노동연구원.

한국개발연구원(2009). 『우리나라 노후소득보장체계 구축에 관한 종합연구(Ⅱ)』

한국고용정보원(2010). "2009년 고용보험통계 연보".
OECD(2009). OECD *Employment Outlook* 2009.
______(2010). OECD *Employment Outlook* 2010.

5장

강신욱 외(2008).『저소득층 생계비 지원정책의 개선방향 연구』. 한국보건사회연구원 ·
　　한국조세연구원.
김미곤 외(2007). "소득인정액 개념을 적용한 지역별 빈곤현황 및 요인".『2006 한국복
　　지패널 심층분석 보고서』. 한국보건사회연구원.
김미곤 외(2008).『근로능력 수급자의 탈수급에 관한 연구』. 한국보건사회연구원.
김태완 외(2008).『2008년 빈곤통계연보』. 한국보건사회연구원.
노대명(2009). "기초생활보장제도 도입 10년 평가와 발전방향". 2009년 추계학술대회
　　자료집. 한국사회복지정책학회.
노대명 외(2004).『자활정책 지원제도 개선방안연구』. 한국보건사회연구원 · 한국노동
　　연구원.
노대명 외(2006).『근로빈곤층 자활지원 법률체계 개편방안』. 한국보건사회연구원.
류정순(2009). "기초생활보장 10년을 평가한다". 창립8주년 기념 세미나 자료집. 한국
　　빈곤문제연구소.
문진영(2009). "국민기초생활보장법 상 최저생계비 계측 및 활용과 관련된 쟁점에 관한
　　논의". 국민기초생활보장법 제정 10년: 도입 및 제도 운영 평가를 위한 심포지엄
　　자료집. 한국보건사회연구원.
문형표(2009).『2009~2013년 국가재정운용계획 복지 · 보건 · 노동 분야 전문가 간담
　　회 자료』. KDI.
박능후(2007). "최저생계비 개념과 계측에 관한 고찰".『사회복지정책』28권, 297~314
　　쪽. 한국사회복지정책학회.
______(2008). "국민기초생활보장제도 수급권 배제 원인 분석".『사회복지정책』35권,
　　271~295쪽. 한국사회복지정책학회
______(2009). "국민기초생활보장제도 시행 10년의 평가와 향후 발전방향". 경기보건
　　복지포럼 발표원고.
보건복지가족부(2009).『국민기초생활보장사업안내』.
______________(각 년도).『국민기초생활보장 수급자 현황』
______________(각 년도).『주요업무참고자료』.
손병돈(2006). "한국과 미국, 영국의 공공부조제도 급여수준 비교".『사회복지연구』30
　　권, 243~277쪽. 한국사회복지연구회.
안종범 · 송재창(2006).『한국형 EICT제도 도입의 파급효과와 추진방안』. 한국재정학
　　회.
여유진(2009). "현 부양의무자 기준의 문제점과 개선방안".『국민기초생활보장제도 부
　　양의무자 기준 개선 방안』. 한국보건사회연구원.
유경준(2009). "우리나라 빈곤변화 추이와 요인 분석". 한국개발연구원,『KDI정책포럼』
　　제215호.
이병희 · 반정호(2009). "근로빈곤층의 실태와 동학".『동향과 전망』75호, 215~244쪽.

한국사회과학연구소.

이상은(2004). "근로능력 빈곤가구에 대한 빈곤정책의 방향". 한국사회보장학회.

이현주 외(2005). 『차상위계층 실태분석 및 정책제안』. 한국보건사회연구원.

이현주 외(2008). 『2006년 차상위계층 실태분석 및 정책제안』. 보건복지가족부 · 한국보건사회연구원.

임명현 · 이재윤(2007). "국민기초생활보장급여 재정지출 전망". 국회예산정책처.

임봉옥(2006). "성공적 EITC 도입을 위한 제언, 미국의 EITC를 참고로". 『재정논집』, 167~206쪽.

전병목(2006). "우리현실에 맞는 EITC 실시방안". 한국조세연구원.

최희경(2004). "공공부조 수급에서 제외된 빈곤노인의 현황과 특성". 『한국사회복지학』, 56(2).

허　선(2000). "국민기초생활보장제도의 전망과 과제: 기초법 연기론자의 주장에 대한 비판을 중심으로". 『도시와 빈곤』 제44호. 한국도시연구소.

_____(2009a). "한국 최저생계비 결정의 쟁점과 과제". 『한국사회정책』. 한국사회정책학회.

_____(2009b). "국민기초생활보장법 제정 10년의 한계와 과제". 국민기초생활보장제도의 한계와 과제 토론회 자료집. 참여연대 사회복지위원회 · 비판과 대안을 위한 사회복지학회.

_____(2010a). "국민기초생활보장제도에서 근로능력자분리주장에 대한 비판적 고찰". 『상황과 복지』 30집, 197~229쪽. 비판과 대안을 위한 사회복지학회.

_____(2010b). "국민기초생활보장제도의 부정수급에 관한 사례연구". 『순천향사회과학연구』 16집. 순천향대학교사회과학연구소.

허　선 · 권선진(2009). "국민기초생활보장 비수급 빈곤 장애인 가구의 규모 추정 및 생활실태". 『재활복지』 제13권 제1호. 한국장애인재활협회부설 재활연구소.

허　선 · 김미곤 · 유현상(2009). "국민기초생활보장제도에 있어서 재산의 소득환산제도에 대한 평가-형평성을 중심으로-". 『사회보장연구』 제25권 제1호, 1~24쪽. 한국사회보장학회.

허　선 · 유현상(2009). "국민기초생활보장제도의 부양능력자 비율 추정에 관한 연구". 2009년 제2회 한국복지패널 학술대회 논문집. 한국보건사회연구원 · 서울대사회복지연구소

6장

강희경(2007). "탈상품화 개념에 대한 비판적 검토". 『가족과 문화』 19(1), 1~27쪽.

게르하르트 A. 리터(2005). 『복지국가의 기원: 독일과 영국의 사회보험발달사』. 전광석 옮김. 법문사.

고용노동부(2010). 『2010 고용노동백서』.

김유선(2010). 『비정규직 규모와 실태: 통계청, 경제활동인구조사 부가조사(2010.3) 결과』. 한국노동사회연구소.

김종엽(1998). 『연대와 열광: 에밀 뒤르켐의 현대성 비판 연구』. 창비.

노인장기요양보험(2011). "노인요양보험 등급판정결과 현황". 2010.12.31 기준.

로버트 L. 하일브로너 · 윌리엄 밀버그(2010). 『자본주의: 어디서 와서 어디로 가는가』.

홍기빈 옮김. 미지북스.

루이스 A. 틸리 · 조앤 W. 스콧(2008). 『여성, 노동, 가족』. 김영 · 박기남 · 장경선 옮김. 후마니타스.

류만희(2010). "근로빈곤층의 경제활동과 근로빈곤의 정태적 특성". 제1회 서울시 복지패널 학술대회 자료집. 주최 서울특별시 · 서울시복지재단. 대한상공회의소 의원회의실.

메리 힐슨(2010). 『노르딕 모델: 북유럽 복지국가의 꿈과 현실』. 주은선 · 김영미 옮김. 삼천리.

미야모토 타로(2003). 『복지국가 전략: 스웨덴 모델의 정치경제학』. 임성근 옮김. 논형.

보건복지부(2010). 『2009년 보육통계』.

브루스 액커만 · 앤 알스톳 · 필리페 반 빠레이스 외(2010). 『분배의 재구성: 기본소득과 사회적 지분 급여』. 너른복지연구모임 옮김. 나눔의집.

울리히 벡(2010). "위험에 처한 세계-비판이론의 새로운 과제". 한상진 · 심영희 편역, 『위험에 처한 세계와 가족의 미래』. 새물결, 21~49쪽.

윤홍식(2010). "가구특성과 취학 전 아동양육형태의 자유선택: 직접양육, 가족자원, 보육시설". 『사회과학연구』 26(1), 1~25쪽.

윤홍식 · 송다영 · 김인숙(2010). 『가족정책: 복지국가의 새로운 전망』. 공동체.

이병훈(2009). "신자유주의와 비정규직 노동". 최태욱 엮음. 『신자유주의 대안론: 신자유주의 혹은 시장만능주의 넘어서기』. 창비, 120~138쪽.

이삼식 · 최효진 · 서문희 · 박세경 · 윤홍식 · 진미정(2010). 『2009년도 전국 결혼 및 출산 동향조사 심층 분석: 저출산 원인과 정책방향』. 보건복지부 · 한국보건사회연구원.

이윤경 · 정경희 · 염지혜 · 오영희 · 유혜영(2010). 『한국 노인의 삶의 변화 분석 및 전망』. 한국보건사회연구원.

인천시 가정복지국(2011). "보육 소요재원 판단". 내부자료

장지연 · 은수미(2010). 『경제위기에 따른 취약계층의 변화실태와 사회안전망 평가 및 향후 대책방안: 젠더적 관점의 Human New Deal 정책(노동부문)』. 한국여성정책연구원 · 한국노동연구원.

전병유(2009). "신자유주의와 사회적 양극화". 최태욱 엮음, 『신자유주의 대안론: 신자유주의 혹은 시장만능주의 넘어서기』. 창비, 99~119쪽.

정이환(2008). "한국의 비정규 노동과 노동시장 체제". 참여연대 사회복지위원회 편, 『전환기의 한국복지 패러다임: 새로운 방향과 대안의 모색』. 인간과 복지, 163~194쪽.

정책기획위원회(2006). 『선진복지한국의 비전과 전략』. 동도원.

제인 프리드먼(2002). 『페미니즘』. 이박혜경 옮김. 이후.

제프 일리(2008). 『The left 1848~2000: 미완의 기획, 유럽 좌파의 역사』. 유강은 옮김. 뿌리와 이파리.

지그문트 바우만(2010). 『새로운 빈곤: 노동, 소비주의 그리고 뉴푸어』. 이수영 옮김. 천지인.

캐롤린 라마자노글루(1997). 『페미니즘, 무엇이 문제인가』. 김정선 옮김. 문예출판사.

통계청(2010). "2010년 8월 근로형태별 및 비임금 근로부가조사 결과". 통계청.

통계청(2011). "성별 경제활동 인구총괄".

프랑수아 자비에 메랭(2000). 『복지국가』. 심창학 · 강봉화 옮김. 한길사.

프레시안(2009). "삼성전자 작년 법인세율 6.5%……조세부담 중소기업이 더 커".
2009. 7. 7
홍승아(2011). "저출산 대응 체계와 일·가정 양립 역할". 인구구조의 변화에 따른 미래
대응전략: 베이비붐 세대 은퇴와 저출산 대책 학술세미나 자료집. 경제인문사회연
구회 주최.
Abercrimbie, N., Hill, S., & Turner, B. (1984). *Dictionary of Sociology (2nd edn)*,
NY: Penguin Books.
Anttonen, A. (2006). *Toward a European childcare regime?*. Paper presented at
the 4th Annual ESPAnet Conference. Bremen. Retrieved from http://
www.zes.uni-bremen.de/ccm/navigation/das-zentrum/archiv/tagun-
gen/2006/espanet-2006/
Bell, D. (1973). *The coming of post-industrial society: A venture in social fore-
casting*. NY: Basic Books.
Block, F. (1990). *Post industrial possibilities: A critique of economic discourse*.
LA: University of California Press.
Blomqvist, P. (2004). The choice revolution: Privatization of Swedish welfare
services in the 1990s. *Social Policy and Administration, 28*(2), 139~155.
Bonoli, G. (2007). *The political mobilization of new social risk groups*. Paper
presented at the WARSAW State of the Art conference of the RECWOWE
network of excellence. Retrieved from http://recwowe.vitamib.com/pub-
lications-1/papers/wp01/wp01.
Castles, F. (2004). *The future of the welfare state: crisis myths and crisis realities*.
NY: Oxford University Press.
Ellison, N. (2006). Beyond universalism and particularism: Rethinking contem-
porary welfare theory. In C. Pierson, & F. Castles(eds), *The welfare state
reader*(2nd edn)(pp. 408~431). MA: Polity Press.
Esping-Andersen, G. (1990). *The three worlds of welfare capitalism*. Princeton,
NJ: Princeton University Press.
________________(1999). *Social foundations of postindustrial economics*.
New York, NY: Oxford University Press.
________________(2009). *The incomplete revolution: Adapting to women's
new roles*. UK: Polity.
Ginsburg, N. (2003). Socialist perspective. In A. Alcock, A. Erskine, & M.
May(eds), Social policy(2nd edn)(pp. 92~99). UK: Blackwell Publishing.
Jacobs, J. & Gerson, K. (2004). *The time divide: Work, family, and gender in-
equality*. MA: Harvard University Press.
Judt, T. (2011). *A grand illusion?: an essay on Europe*. NY: New York University
Press.
Knijn, T. & Ostner, I. (2002). Commodification and de-commodification. In B.
Hobson, J. Lewis, & B. Siim(eds), *Contested concepts in gender and so-
cial politics*(pp. 141~169). MA: Edward Elgar.
Lewis, J. (1993). Introduction: Women, work, family and social policies in Eu-
rope. In J. Lewis(ed), *Women and social policies in Europe*(pp. 1~24).

Vermont: Edward Elgar.

Lindert, P. (2004). *Growing public: Social spending and economic growth since the eighteenth century, Volume 1 The story*. NY: Cambridge University Press.

OECD(2010). *OECD Factbook 2010: Economic, environmental and social statistics*. Paris: OECD.

Orloff, A. (1993). Gender and the social rights of citizenship: The comparative analysis of gender relations and welfare state. *American Sociological Review*, 53, 308~328.

Rosen, S. (1995). *Public employment, taxes and the welfare state in Sweden*. Working Paper No. 106. Center for the study of the economy and the state.

Sainsbury, D. (1996). *Gender, equality, and welfare states*. Great Britain: Cambridge University Press.

Taylor-Gooby, P. (2004). New risks and social change. In P. Taylor-Gooby(ed), *New risks, new welfare*(pp. 1~28). New York: Oxford University Press.

Titmuss, R. (2006). Universalism versus Selection. In C. Pierson, & F. Castles(eds), *The Welfare state reader*(2nd edn)(pp. 40~47). London: Polity.

Yoon, H. S. & Chung, S. (2009). A comparison between conservative welfare states and Korean childcare policy, 1993-2003. *Asian Women, 25*(3), 1~30.

Yoon, H. S. (2010). *Emerging role of welfare state in Korea*. Paper for the 8th Annual ESPAnet Conference in Budapest, Hungary.

7장

강혜규(2004). 『지방정부 사회복지 지출 결정요인: 기초자치단체 세출예산의 규모와 구조를 중심으로』. 연세대학교 박사학위논문.

______(2011). "공공전달체계의 정보화" 한국사회복지행정학회 추계학술대회 자료집.

국무총리실 · 행정안전부 · 보건복지가족부(2009). 『시 · 군 · 구 복지전달체계 개선 대책』.

김경수(2009). "감세의 지방재정 영향 분석". 『예산현안분석』 제30호. 국회예산정책처.

김수완(1998). 『한국 지방자치제가 지방정부의 복지예산에 미친 영향에 관한 연구: 1990-1995년 기초자치단체를 중심으로』. 서울대학교 대학원 석사학위 논문.

남궁근(1994). "우리나라 지방정부지출수준의 결정요인 분석". 『한국행정학보』 28권 3호.

남찬섭(2011). "사회복지공급체계 제도화의 현황과 과제". 사회정책연합공동학술대회 자료집.

백종만(2004). "사회복지 재정분권의 과제와 대응". 2004년 추계학술대회 및 워크숍 자료집. 한국사회복지행정학회.

보건복지가족부(2008). 『희망복지 전달체계 개편방안 공청회 자료집』.

보건복지부(2004). 『사회복지사무소 시범사업 안내』.

__________(2005).『사회복지사무소 시범사업 1차년도 평가 연구』.

__________(2006a).『2006년 사회복지사무소 시범사업지역 워크숍 자료집』.

__________(2006b).『사회복지사무소 시범사업 2차년도 평가 및 사회복지전달체계 개선방안 연구』.

__________(2011).『수요자 중심의 맞춤형 복지실현을 위한 복지전달체계 개선대책』.

보건복지부 · 한국사회복지학회(2006).『사회복지사무소 시범사업 2차년도 평가 및 사회복지전달체계 개선방안 연구』.

손희준(1999). "지방자치제 실시에 따른 지방재정지출의 결정요인분석".『한국행정학보』33권 1호.

심혜정(2009).『사회복지분야의 분권화에 따른 지방재정 영향분석』. 국회예산정책처.

안강식(1995).『한국 사회복지비지출의 결정요인에 관한 연구』. 부산대학교 대학원 박사학위 논문.

안혜영(2010). "사회복지통합관리망 출범과 공공전달체계 개편".『복지동향』제135호. 참여연대 사회복지위원회.

이승종(2000). "지방자치와 지방정부의 복지정책정향".『한국행정학보』34권 4호.

이인재(2004).『한국지역복지실천론』. 나눔의집.

이재완(1998). "지방자치와 사회복지 : 지방화, 분권화"『한국사회복지의 현황과 쟁점』. 인간과복지.

______(2008). "참여 정부 복지정책 평가: 전달체계".『복지동향』제111호. 참여연대 사회복지위원회.

______(2009). "지방자치와 사회복지-지방정부 복지수준과 전달체계의 변화".『복지동향』제134호. 참여연대 사회복지위원회.

______(2010). "사회복지 지방이양사업과 지방복지재정위기에 관한 연구".『한국지역사회복지학』제35집. 한국지역사회복지학회.

이재완 · 김교성(2007). "지방자치단체 사회복지지출수준의 결정요인 분석: 1995-2005".『사회복지정책』제31집. 한국사회복지정책학회.

이태수 편(2010).『사회복지전달체계의 개편과 민관협력』. 학지사.

장동호(2007). "기초지방정부 사회복지비 지출비중의 변화요인 탐색".『한국사회복지학』제59권 제1호, 329~351쪽. 한국사회복지학회.

정세은(2008). "이명박 정부의 조세 및 재정정책평가". 사회경제학계 공동학술대회 발표자료.

정진현(2003). "지역복지재정 결정요인에 관한 연구: 광역자치단체 사회보장비를 중심으로".『지방정부연구』7권 4호.

정헌영(2007).『지방재정지출의 결정요인』. 한국학술정보.

지병문 · 김용철(2003). "지방정부지출의 결정요인에 관한 실증적 연구: 정당효과 및 선거경쟁효과를 중심으로".『한국동북아논총』8권 1호.

진재문(2006). "지방정부의 사회복지예산 결정요인 연구".『사회복지정책』제24집. 사회복지정책학회.

초의수(2003). "정부 간 복지행정의 기능배분과 복지분권의 과제".『한국사회복지행정학』제9호. 한국사회복지행정학회.

통계청(2007, 2008).『국가통계포털(KOSIS/e-지방지표) 분석』.

한국보건사회연구원(1992).『사회복지사무소 모형개발』.

___________________(1997). 『시범보건복지사무소 운영평가 및 모형개발』.

한국사회복지학회 · 한국사회복지행정학회 · 한국지역사회복지학회(2005). "사회복지
　　서비스전달체계의 통합". 사회복지정책대토론회 자료집.

행정자치부 주민서비스혁신추진단(2006). 『주민생활지원서비스 업무운영 매뉴얼』.

Carmines, E. G. (1974). The Mediating Influence of State Legislatures on the
　　Linkage between Interparty Competition and Welfare Policies. *American
　　Political Science Review*, 68.

Cochrane, A. (1993). Whatever Happened to Local Government?. Open Univer-
　　sity Press.

Dawson, R. E. & Robinson, J. A. (1963). Interparty Competition, Economic Vari-
　　ables and Welfare Policies in the American States. *Journal of Politics*, 25.

Fabricant, S. (1952). *The Trend of Government Activity in the United States
　　Since(1900)*. New York: National of Bureau of Economic Research.

Jessop, B. (1991). The welfare state in the transition from Fordism to post-
　　Fordism. In B. Jessop et al. (eds), *The Politics of Flexibility: Restructuring
　　State and Industry in Britain, Germany and Scandinavia*. Aldershot: Ed-
　　ward Elgar.

Perterson, P. E. (1981). *City Limits*. Chicago: University of Chicago Press.

Sharkansky, I. & Hofferbert, I. (1969). Dimensions of State Politics, Economic,
　　and Public Policy. *The American Political Science Review*, 63.

Wildavsky, A. (ed)(1985). *The Politics of Budgetary*. Boston: Little Brown.

Wilensky, H. (1975). *The Welfare State and Equality*. Berkeley: University of
　　California Press.

8장

강혜규(2011). "공공전달체계의 정보화: 사회복지통합관리망의 운영과 전달체계 개선의
　　기대효과". 한국사회복지행정학회 춘계학술대회 발표논문.

고경환 · 장영식 · 김교성 · 최성용(2007). 『한국의 사회복지지출 추계(1990~2005)와
　　자발적 민간급여 실태조사』. 보건복지부 · 한국보건사회연구원.

국회예산정책처(2009). 『사회복지분야의 분권화에 따른 지방재정 영향분석』. 『경제현안
　　분석』 제46호.

___________(2011). 『사회복지전달체계 개선종합대책 평가』. 사업평가 11-03.

기획예산처 사회서비스 향상기획단(2006). 『사회서비스 향상기획단 업무계획』.

노대명(2006). "사회서비스부문 고용창출을 위한 정책과제". 『일자리 창출을 위한 국가
　　고용전략과 비전』. 대통령자문 사람입국일자리위원회 · 대통령자문 빈부격차차
　　별시정위원회 · 한국노동연구원 · 한국보건사회연구원, 263-304쪽.

닐 길버트 · 폴 테렐(2007). 『사회복지정책론: 분석틀과 선택의 차원』. 남찬섭 · 유태균
　　옮김. 나눔의 집.

대통령자문 정책기획위원회(2008a). 『저출산 · 고령사회 대응』. 참여 정부 정책보고서,
　　2~25쪽.

___________________(2008b). 『참여 정부의 재정분권: 재정분권 추진과정의 생생

한 기록』. 참여 정부 정책보고서, 3~19쪽.

문순영(2005). 『한국의 민간비영리 사회보건복지부문에 대한 이해』. 한국학술정보.

박병현(2008) "노무현 정부의 복지재정분권정책에 따른 지방정부 사회복지재정 실태 분석 및 정책적 개선방안". 『한국사회복지학』 제60권 1호. 한국사회복지학회.

보건복지부(2011). 『2011년 사회복지 통합업무 안내』.

__________(각년도). 『보건복지통계연보』.

사베스(1987). 『민영화의 길』. 박종화 옮김. 한마음사.

석재은 · 김수정 · 여유진 · 남찬섭(2006). 『사회서비스 제도화모형 구축에 관한 연구』. 대통령자문 빈부격차 · 차별시정위원회 연구용역보고서, 한림대학교 산학협력단.

양난주(2009). 『바우처 정책집행연구: 노인돌보미바우처 사례』. 서울대학교 대학원 박사학위논문.

유주헌(2008). "사회서비스 바우처제도 도입에 따른 사회복지관의 위상과 대응방향". 한국지역사회복지학회 춘계학술대회 자료집, 87~100쪽.

이봉주 · 김용득 · 김문근(2008). 『사회복지서비스와 공급체계: 쟁점과 대안』. EM 커뮤니티.

이인재(2006). "사회복지 재정 분권정책의 평가와 개선과제". 『동향과 전망』 가을 · 겨울호.

이재원(2007). "사회서비스 전자바우처 사업 성과와 전망". 사회서비스 전자바우처 시행 100일 정책토론회. 보건복지부 · 사회서비스관리센터, 33~79쪽.

이현주 · 강혜규 · 서문희 · 정경희 · 유동철 · 정재훈 · 이승경 · 노언정 · 현명이(2003). 『공공부조와 사회복지서비스의 체계분석 및 재편방안』. 한국보건사회연구원.

조영훈(2001). "지방분권화와 복지수준의 지역간 격차" 『사회보장연구』 17권 2호. 한국사회보장학회.

최성숙(2008). "사회서비스 바우처제도 도입에 따른 사회복지관의 위상과 대응방향에 대한 토론문." 한국지역사회복지학회 춘계학술대회 자료집, 104~106쪽.

Alber, J. (1995). A Framework for the comparative study of social services. *Journal of European Social Policy*, 5(2), 131~149.

Bahle, T. (2003). The changing institutionalisation of social services in England and Wales, France and Germany: Is the welfare state on the retreat?. *Journal of European Social Policy*, 13(1), 5~20.

Daniels, R. J. & Michael, J. T. (2005). *Rethinking the Welfare State: The Prospect for Government by Voucher*. Routledge.

Dean, H. (2010). *Understanding Human Need*. Policy Press.

Ferguson, I. (2008). *Reclaiming Social Work: Challenging Neo-Liberalism and Promoting Social Justice*. Sage Publications.

Jewell, C. J. (2007). *Agents of the Welfare State: How Caseworkers Respond to Need in the United States, Germany, and Sweden*. Palgrave Macmillan.

9장

건강보험정책연구원(2009). "외국의 건강보험제도"(http://www.nhic.or.kr)

고용보험확대 및 실업부조도입 연대회의 외(2010). "기자회견문: 정부의 방만한 기금운영, 고용안전망 확충 방안 없는 고용보험료 인상 수용할 수 없다". 2010. 12. 27.

국세청(2010a). "중소기업 법인세 실효세율 15.3%, 일반기업보다 5.7%p. 낮아". 2010. 7. 26.

______(2010b). 『2010 국세통계연보』.

______(2010c). 『2010년 국세통계연보 참고자료』. 2010. 12. 27.

국회 예산정책처(2010). "소득세와 법인세의 유효세율 국제비교". 2010. 5.

기획재정부(2009). "면세자 비율 현황". 이정희 의원실 제출자료.

________(2010). "보도자료: 2011년도 조세지출예산서". 2010. 10. 1.

김학수(2009). "법인세 부담 국제비교를 위한 법인세 감면율 추정 및 시사점". 2010년 한국재정학회 추계학술대회 발표자료집.

대한민국정부(2010). 『2011년도 조세지출예산서』.

오건호(2011). 『복지국가 실현을 위한 복지재정전략: 참여재정 운동과 복지주체 형성』. 사회공공연구소 연구보고서.

유종일(2011). "부가가치세를 누진세로 만들자". 〈이코노미 인사이트〉 5월호.

이정희(2011a). 『법인세 감면이 재벌기업 실효세율에 미치는 영향』. 상임위 정책보고서.

______(2011b). 『각 공제제도의 계층별 세금감면액 조사 보고서』. 상임위 정책보고서.

조승수(2011). "우리나라 조세재정 현황과 사회복지세 도입 의의". 정동영/조승수 의원실 공동주최 토론회 발표문.

홍헌호(2011). "선대인 부소장의 보유세 증세론에 동의하기 힘든 이유". 〈프레시안〉. 2011. 4. 5.

OECD(2010a). *Revenue Statistics 1965-2009*(2010 Edition)

______(2011b). *Pension at a Glance 2011*.

______(2011c). *Taxing Wages 2009-2010*.

______. *Tax Database*.

ㄱ

간접고용 / 129~131, 143, 148, 149, 151
감세정책 / 218, 230~232, 250
개인계정 / 60, 61, 72
건강보험 통합 / 111~115, 326
경성적 중앙집권적 시스템 / 217
경제적 제약이론 / 220
고용센터 / 137~139, 150, 151
공공고용서비스 / 137~142, 148, 151, 333
공공복지전달체계 / 219, 234~240, 249, 251, 278, 286, 289~291, 295
구사회위험 / 11, 30
구성의 오류 / 65
국가보험체계 / 112
국영의료체계 / 112
권리성 / 272, 273, 287~289, 295
근로장려세 / 158, 160, 163, 179, 180
금융주도 축적체제 / 74
기초노령연금 / 84~87, 89, 90, 102, 106, 180, 331

ㄴ

남성 생계부양자 / 191, 213
노동시장 유연화 / 5, 11, 13, 18, 29, 33, 34, 37, 44, 45, 51, 75, 123~133, 135, 137, 139, 141~143, 145~147, 149~152, 327

ㄷ

다양성 / 182, 187~189, 214, 215, 327
돌봄의 사회화 / 203

ㄹ

로컬 거버넌스 / 224, 225

ㅁ

무상복지 / 18
민간의료보험체계 / 112
민주화 / 5, 15, 16, 19, 20~24, 26, 27, 32, 34, 43, 44, 52, 330

ㅂ

바우처 / 41~43, 45, 52, 239, 257, 264, 273, 280, 281, 283~288, 294, 295, 328, 329, 341
법인세 / 211, 218, 232, 298, 299, 302~306, 318, 319, 323, 337, 342
변형시간근로제 / 125
보건복지사무소 / 235, 236, 238, 240, 241, 249, 277, 340
보편성 / 182, 187~189, 206, 215, 327
보편적 복지 / 18, 47~49
복지국가 재구조화 / 225
복지국가세 / 325
복지동맹 / 321
복지재정분권 / 39~43, 45, 52, 341
부가세 / 303, 318, 323
부과방식 / 59, 60, 64, 65, 70, 73, 82
부정수급자 / 165, 166
분권교부세 / 231~234, 275, 276
분절성 / 270
불안정화 / 124, 130, 152
비결정의 정치 / 119